리시아스 변론집 2

나남
nanam

한국연구재단 학술명저번역총서
서양편 415

리시아스 변론집 2

2021년 1월 25일 발행
2021년 1월 25일 1쇄

지은이   리시아스
옮긴이   최자영
발행자   趙相浩
발행처   (주) 나남
주소   10881 경기도 파주시 회동길 193
전화   (031) 955-4601 (代)
FAX   (031) 955-4555
등록   제 1-71호 (1979. 5. 12)
홈페이지   http://www.nanam.net
전자우편   post@nanam.net
인쇄인   유성근 (삼화인쇄주식회사)

ISBN 978-89-300-4056-3
ISBN 978-89-300-8215-0 (세트)

책값은 뒤표지에 있습니다.

'한국연구재단 학술명저번역총서'는 우리 시대 기초학문의 부흥을 위해
한국연구재단과 (주)나남이 공동으로 펼치는 서양명저 번역간행사업입니다.

한국연구재단
학술명저번역총서
415

리시아스 변론집 2

리시아스 지음

최자영 옮김

나남
nanam

Lysias

차 례

― 제 2 권 ―

제 1 권 차례

제 1 부 변론

일러두기

1. 이 책의 번역은 그리스어 원문과 영어 번역본을 함께 참고한 것으로, 미국 Loeb 총서의 *Lysias*(W. R. M. Lamb 편집 및 번역, 1930/1976)를 기본으로 하고 그 외에 복구된 글자나 해석상의 차이가 있는 경우 독일 Teubner의 *Lysias*(1880), 프랑스 Les Belles Lettres의 *Lysias*(1962), 그리스 Kaktos의 *Lysias*(1992)를 참고했다.

2. 인명·지명 표기에 있어 외래어표기법보다 그리스어 발음을 우선했다. (예: 아테네 → 아테나이, 시칠리아 → 시켈리아, 이집트 → 아이깁토스, 다리우스 → 다레이오스)

3. 본문 좌우측 여백에 표기된 숫자는 고전 원문의 쪽수(절)이다.

4. 참고문헌 표기에 있어, 고대 문헌의 장과 절은 '12. 34'와 같이 표기했다. '12장 34절'을 뜻한다.

20

폴리스트라토스를 변호하여

역자 해설

기원전 413년 시켈리아에서 아테나이가 시라쿠사이-스파르타 연합 세력에게 패배한 다음, 아테나이에서는 정치체제 변혁의 토양이 마련되었고, 마침내 기원전 411년 400인 과두정 체제가 수립되었다. 과두정체는 기존의 민회를 무력화하고 그 대신 5천 명으로 참정권자의 수를 축소하려 했다. 그러나 그것은 오래가지 못해 약 4달 후에 무너지고 다시 민주정체로 환원되었다.

이 변론에서 피고인 폴리스트라토스는 400인 의회의 과두정체에서 단 8일간 의원직에 있었다. 그런 다음 에레트리아로 갔다가 그곳에서 벌어진 해전에서 부상을 당했고, 민주정체가 회복되고 난 다음 아테나이로 다시 돌아왔다. 기원전 411년, 민주정체가 회복되던 바로 그해, 그는 재판에 회부되었고, 거액의 벌금형을 선고받았다. 몇 년이 지난 후(최대한 늦게 잡아서 기원전 408년), 다시 재판에 회부되었는데, 이번에는 민주정을 해체하려 했다는 혐의였다.

이 변론은 "민주정 해체"의 혐의와 관련된 것이고, 폴리스트라토스를 위하여 그의 둘째아들이 발표한 것이다.

이 변론은 리시아스의 작품이 아닌 것이라는 의혹을 사기도 한다. 그러나 리시아스 작품에서 일관적으로 보이는 간결함과 자연스러움은 이 작품에서도 예외가 아니다. 작품의 시기는 비교적 그 생애 앞부분에 속한 것으로 추정된다.

⚖

1   제 소견으로는 여러분이 400인[1] 전체가 아니라 그 가운데 몇 사람의 행적에 대해서 분노해야 할 것 같습니다. 일부 음해하려는 자들이 있었기 때문입니다. 나머지 사람들은 도시나 여러분에게 해를 끼칠 생각이 없었고 오히려 선의를 가지고 의회장으로 들어갔던 것이죠. 피고인 폴리스트라토스도 바로 그런

2   사람이었습니다. 그는 출신 마을(데모스)에서 그랬듯이 여러분 민중에게도 쓸모 있는 사람으로서 자신의 부족 사람[2]들에 의해 선출되었어요. 그런데 그들(고발인)이 마치 그가 민중 여러분에게 악의를 가진 것처럼 그를 고발했어요. 서로들 이런저런 사람의 인품을 가장 잘 구분할 수 있는 부족 사람들이 그

3   를 선출하고 난 다음에 말이죠. 그가 무슨 이유로 과두정체를 원했겠습니까? 변론가로서 여러분의 마음을 살 수 있는 연륜

---

1   폴리스트라토스는 기원전 411년 아테나이에 성립된 400인 과두정부에 속했다.
2   부족 사람들이 그를 선출했다는 사실은 그가 민주정치적 성향을 가졌음을 증명한다는 뜻이다. Lysias, 21(특정되지 않은 뇌물 혐의에 대한 변호). 6 참조.

이 있어서, 아니면 여러분 중 누구를 음해할 수 있다고 믿었기 때문에, 둘 중 어느 쪽일까요? 나이로 말하자면, 오히려 그런 수작을 하지 않도록 다른 사람들을 만류하는 그런 입장에 있을 나이지요. 지난날 잘못을 범해서 불명예에 처해진 사람은 자 [4] 신이 행한 옛 과오 때문에 정치체제의 전복을 원할 수도 있겠 지요. 그러나 그는 자신이나 자식들 문제로 민중 여러분을 미 위하는 그런 상황에 있지 않았습니다. 자식 한 사람은 시켈리 아에 있었고, 다른 자식들은 보이오티아3에 있었거든요. 그래 서 이들이 그전에 지은 죄 때문에 다른 정치체제를 원하는 그 런 상황은 아니란 말이죠. 또 고발인들은 그(폴리스트라토스) [5] 가 여러 관직을 역임했다고 비난하지만, 아무도 그가 직무를 잘못 수행했다고 비난하는 이는 없어요. 제 소견으로, 관직을 여러 번 역임했다고 죄가 되는 것이 아니라 짧게 역임해도 도 시를 위해 최선을 도모하지 못한 사람이 잘못한 것이지요. 직 무를 잘 수행한 사람들이 아니라 올바르게 수행하지 못한 사람 들이 도시에 해를 끼치기 때문입니다. 폴리스트라토스는 처음 [6] 에 오로포스의 지사로 임직했으며, 그 체제를 배반하거나 전 복하지 않았습니다. 그런데 다른 사람들이 모두 본분을 저버 렸지요. 수행보고서를 제출하지 않아 스스로 부정한 사람으로 낙인찍히도록 했거든요. 그런데 아무 잘못을 저지르지 않았다

---

3 이 변론의 화자인 둘째 아들은 시켈리아에 가 있었고(이 변론 4절 참조), 그의 형 제들은 보이오티아 전투에 참가했다.

7 고 자신하는 폴리스트라토스가 재판에 회부되다니요! 실로 고
발인들은 잘못을 저지른 사람들은 뇌물을 받고 눈감아주고,
자신들에게 아무런 이득이 안 되는 이들은 오히려 부정한 이로
매도했습니다. 그들은 의회4에서 어떤 견해를 진술한 이들과
그렇지 않은 이들에게 같은 죄를 덮어씌웠어요. 폴리스트라토
8 스는 민중을 음해하는 어떤 의견도 개진한 적이 없습니다. 제
소견으로, 여러분에게 우호적이었으나 저들(400인)에 대해 적
대적이지 않았다고 해서 여러분으로부터 어떤 처벌을 받아서
는 안 된다고 봅니다. 400인에 반대한 사람들이 일부는 추방되
었고 또 일부는 처형되었으므로, 여러분 편을 들어 그들에게
맞서려 했던 사람들이라 해도, 두려움과 희생자의 죽음을 보
9 고는 위축되었어요. 그래서 그들 중 다수가 포기상태가 된 것
10 이지요. 반면, 그들의 말에 순종하고 음모나 고발을 시도하지
않은 사람들은 공직에 등용되었지요. 그래서 정치체제의 변혁
(민주정의 회복)은 여러분에게 결코 만만한 일이 아닐 뻔했지
요. 그러니 여러분에게 신의를 지킨 사람들을 처벌하는 것은
공정한 대우가 아닙니다. 제가 곤혹스러워하는 것은, 민중 여
러분에게 최선이 아닌 것을 사주한 사람과 아무것도 말하지 않
은 사람을 같이 처벌하는 것입니다. 폴리스트라토스는 70년
동안 여러분에게 죄지은 적이 없는데, 불과 여드레 동안 그랬

---

4 여기서 '의회'란 기원전 411년 400인 의회를 말한다. 다른 곳에서 리시아스는 '의
회'란 말을 아레오파고스 의회, 500인 의회, 30인 등에게 다양하게 쓴다.

겠습니까? 평생 사기꾼으로 지낸 이들이 회계보고5에 임했을 때 고발인들과 내통해 정직한 사람으로 둔갑하는 반면, 늘 여러분에게 신실했던 사람들이 교활한 사람으로 비치는 거예요.

그들은 지난번 고소 사건에서 제 아버지에 대해 거짓 진술을 하고 또 프리니코스6가 아버지의 친척이라고 진술했어요. 원하는 이가 있다면 누구라도, 제게 주어진 발언 시간에, 프리니코스가 그의 친척이라는 사실을 증명하도록 하십시오. 그것은 거짓말입니다. 프리니코스는 아버지의 어릴 적 친구도 아니었어요. 그는 전원의 빈한한 목동이었고, 제 아버지는 도시에서 교육을 받았어요. 성인이 되자, 제 아버지는 농부가 되고, 프리니코스는 도시로 들어와 험담꾼이 되었어요. 그러니 두 사람은 서로 함께한 적이 없어요. 프리니코스가 공공금고에 벌금을 지불해야 했을 때도 제 아버지는 그에게 돈을 준 적이 없어요. 보통 그런 특별한 경우에 서로 친분이 있는지가 드러나는 법이거든요. 만일 프리니코스가 아버지와 같은 마을(데모스) 출신이라 해도, 그 때문에 제 아버지가 벌을 받는 것은 부당한 것이죠. 여러분이 그와 같은 마을 출신이라고 해서 벌을 받는 것이 아니라면 말입니다. 여러분이 정부를 5천 명에게 위임하도록 결정한 다음 서기7가 되어 9천 명의 명단을 작성한

11

12

13

---

5 공직자가 공비지출 등 수행한 업무에 대해 회계처(*logesterion*)에 보고하는 절차를 말한다.
6 400인의 핵심인물이다.
7 서기가 시민의 명부를 작성한다.

사람보다 더 민주적인 사람이 될 수 있습니까? 그는 동족 시민들 그 누구와도 마찰을 빚지 않고, 이름 올리기를 원하는 사람은 올리고 올릴 형편이 안 되는 사람은 또 원하는 대로 해주었으니까요. 민주정을 해체하는 것은 시민의 수를 증가시키는 자가 아니라, 오히려 많았던 수를 줄이는 자들이지요. 폴리스트라토스는 맹세를 하거나 목록을 작성하기를 원하지 않았으나, 그들이 벌금을 매기고 징수를 하면서 그에게 강요를 했습니다. 이렇게 부득이 맹세를 하고 여드레 동안 의회로 들어와서 일을 한 바로 다음 그는 배를 타고 에레트리아로 갔습니다. 그곳 해전[8]에서도 비겁한 구석이 없었고 상처를 입고 귀향했는데, 그때가 다시 정치체제가 바뀐 다음이었지요. 그는 아무런 의견을 개진한 적이 없고 또 의회에도 여드레 이상 앉아본 적이 없는데도, 거액의 벌금형을 받게 되었어요. 오히려 여러분을 음해하는 발언을 하고 마지막까지 의회에 출석했던 많은 이들이 무죄로 방면되는 마당에 말입니다. 제가 그들을 시기하는 것이 아니라 저희 처지를 연민하는 겁니다. 부정을 저지른 것으로 혐의를 받는 사람들은 여러분을 위해 열성을 다한 사람들의 양해로 풀려났고, 또 죄가 있는 또 다른 이들은 고발인들을 매수하여 짐짓 잘못이 없는 것처럼 포장되었어요. 이런 판에 어떻게 우리가 억울하지 않겠습니까? 또, 400인이 나

14

15

16

---

8 에레트리아에서 아테나이와 펠로폰네소스인들 사이에 벌어진 해전은 투키디데스
 (8. 95) 에 언급된다. "한동안 버티다가 쫓겨서 뭍이 있는 쪽으로 달아났다."

쁜 짓을 했다고 비난들을 하지만, 여러분 스스로가 그들의 말을 듣고 권력을 5,000인에게 위임했고, 여러분도 그들의 말에 동의한 마당에 400인에 속하는 사람이라고 해서 왜 여러분처럼 동의를 하면 안 되는 겁니까? 죄가 있는 것은 이들(400인) 자체가 아니라 여러분을 속이고 음해한 자들입니다. 이에 대해 다른 증거도 있지만 무엇보다 다음과 같은 사실이 있습니다. 폴리스트라토스가 정치체제의 변혁을 도모하여 여러분을 음해하려 했다면, 불과 여드레 동안만 의회에 참석한 다음 바로 배를 타고 떠나지는 않았겠지요. 혹자는 그가 다른 사람처럼 약탈을 해서 이익을 챙기려 배를 타고 나갔다고 말을 할 수도 있겠지요. 그러나 그가 여러분이 가진 어떤 것을 도둑질했다고 말하는 사람은 아무도 없을 것이고, 또 그를 비난하는 내용이 모두 권력의 행사가 아닌 다른 것들이에요. 고발인들은 그때 당시 민중에게 호의를 가지거나 도움을 주려는 생각을 갖지 않았음이 드러났지만, 민중이 결정권을 장악한 지금에 와서는, 말로는 여러분을 위하는 척하면서 실제로는 자신들의 안위를 도모하고 있습니다. 배심원 여러분, 폴리스트라토스가 거액의 벌금형을 받은 사실을 뜻밖이라고 여기지 마십시오. 그들은 폴리스트라토스의 배후에 지지세력이 없는 것을 알고는, 그를 우리들과 함께 고발하여 유죄로 몰았습니다. 어떤 이가 그에게 유리한 증거를 가지고 있어도 고발인들이 무서워서 내놓지 못하고요, 또 겁이 나서 그들을 위해 거짓말까지 했습니다. 배심원 여러분, 여러분의 재물을 훔친 사실을 부인

17

18

19

하지 못했던 사람들도 친구들의 간청으로 무죄 석방되는 판에, 민중 여러분에게 신실했던 우리는 물론 여러분께 어떤 손해도 끼친 적이 없는 우리 아버지에 대해 자비를 베풀지 않는다면, 우리는 참담한 운명에 처하게 될 것입니다. 한 이방인이 와서 돈을 요구하거나 시혜자로 기록되기를 원한다면 청을 들어주었겠지요. 그런데 우리가 가진 권리를 유지하고 여러분 옆에 머무는 것을 거절하시겠습니까? 누군가가 여러분의 체제를 음해하거나 부당한 제안을 개진한다면, 그 사태의 책임은 여기에 있지 않은 사람들에게 돌아가는 것이 아닙니다. 바로 여러분 자신이 옆에 있는 사람들을 무죄 방면한 것이니까요. 또 사람들 가운데 누가 바르지 못한 말로 여러분을 설득하려 한다면, 그 잘못은 여러분이 아니라 여러분을 속이려 한 자에게 있습니다. 그런 자들은 미리 자신의 잘못을 계산하고 재판을 피하기 위해서 달아났습니다. 또 다른 사람들은, 그 잘못이 덜하다 해도 어쨌든 잘못한 것이 있으므로, 여러분과 고발인들을 두려워해서 고국에 있지 않고 원정을 갔어요. 그것은 여러분의 마음이 누그러지기를 기다리거나 동정을 사려는 것이었지요. 그러나 폴리스트라토스는 여러분에게 아무런 잘못이 없는데도 사건 발생 직후 여러분으로부터 재판을 받게 되었어요. 그때 여러분은 일어난 상황에 대해 자못 기억이 생생했고, 폴리스트라토스는 수행보고를 하려고 했어요. 그는 정의가 그 앞에 닥친 시련을 극복하도록 도와줄 것이라 믿었던 것이죠. 폴리스트라토스가 민주정체의 지지자였던 사실을 제가 여러분

에게 입증하겠습니다. 무엇보다도 그는 군사 원정에서 한 번   23
도 빠지지 않았어요. 이 사실은 그를 잘 알고 있는 같은 동네
사람들이 말해줄 거예요. 또 재산을 비가시(非可視)의 것(일종
의 동산)9으로 바꾸어서 여러분에게 불이익이 가도록 할 수도
있었으나, 오히려 그는 여러분이 잘 파악할 수 있도록 두어서,
나쁜 마음을 먹는다 해도 다른 도리가 없도록 했고, 특별 기부
와 공공사업의 경비도 부담했어요. 그는 또한 우리가10 도시
에 가장 유용한 사람들이 되도록 만들었지요. 저를 시켈리아   24
로 보냈고, 여러분에게 … 하지 않도록 … .11 그래서 기병들은
군대가 건재했던 동안 제가 얼마나 착실했는지를 알고 있어
요. 그런데 군대가 궤멸했을 때 저는 카타네로 피신해갔고, 그
곳을 거점으로 약탈을 하고 적에게 타격을 주었습니다. 그렇
게 얻은 전리품에서 십일조로 저는 여신에게 30므나 이상을 바
쳤고, 또 적에게 사로잡힌 병사들을 빼냈지요. 카타네의 주민   25
들이 저에게 기병에 복무하도록 요구했을 때 저는 기병에 편입

9　세금을 회피하기 위해 가시적 재산을 팔고 금전으로 바꾸어 가지고 있다. 가시적
　(可視的) 재산은 집, 가옥 등 부동산은 물론 거기에 딸린 농기구나 가구 등(요즘
　우리가 동산이라고 생각하는 것들)도 포함된다. 반면, 비가시적(非可視的) 재산
　은 밖에서 보아서 파악하기 어려운 귀금속이나 금전 등을 말한다. 가시적 재산과
　비가시적 재산에 대한 설명은 이 변론 33절 및 최자영, 《고대 그리스 법제사》,
　463쪽, 471쪽 참조.

10　이 변론은 폴리스트라토스의 둘째 아들이 화자가 되어 발표한 것으로 추정된다.
　이 변론 23~29절 참조. 28절에는 동생, 29절에는 형이 언급되고 있다.

11　고대 원문에 공백이 있어 뜻이 불분명하다.

되어 어떤 위험도 불사했습니다. 그래서 모든 이들이 기병과 중무장보병으로 제가 얼마나 성실했는지를 알고 있습니다. 이 사실에 대하여 여러분에게 증인을 소개합니다.

증인들

26 배심원 여러분, 증인들의 말을 들으셨지요. 민중 여러분을 향한 제 입장이 어떠했는지를 말씀드리겠습니다. 고유의 맹세 관습을 가진 시라쿠사이인 한 사람이 와서 카타네에 있는 사람들에게 개별적으로 접근하여 맹세를 하려고 했을 때, 저는 바로 이의를 제기하고는 티데우스에게로 가서 사실을 고했습니다. 티데우스[12]는 민회를 소집했고 많은 발언들이 오갔습니다. 이런 사실에 대한 증인을 소개합니다.

증인들

27 이제 제 아버지의 서신을 봐주십시오. 그것은 저에게 보내는 것이었고, 민중 여러분에 대해 긍정적인지 부정적인지를 드러내고 있습니다. 거기에는 국내의 일도 언급하고 있고, 또 시켈리아 상황이 진정되면 돌아오라는 부탁도 적혀 있어요. 실로

---

12 티데우스는 아이고스포타모이해전의 장군이었고, 카타네에서도 장군으로 봉직했다. Xenophon, *Hellenika*, 2. 1. 16; *Thucydides*, 7. 83. 85.

이런 입장은 여러분과 그곳 사람들을 모두 위하는 것으로서, 만일 그가 이 도시와 여러분에게 호의를 갖지 않았다면, 그런 내용의 서신을 쓰지는 않았을 것이니까요.

이제 제 남동생[13]이 어떤 사람인지를 말씀드리겠습니다. 추 28 방된 사람들이 돌아와서는 여기 있는 여러분에게 할 수 있는 해악은 다 끼쳤을 뿐 아니라 요새로부터 여러분을 공격하고 약탈했을 때, 그는 다른 기병들 가운데서 튀어나와 한 사람을 죽였지요. 이 사실에 대한 증인들을 여러분에게 소개합니다.

증인들

한편, 제 형님은 함께 원정 간 사람들, 또 여러분 중에서 헬레 29 스폰토스의 레온에 있었던 분들은 모두 알고 있는 바와 같이, 그 용기가 타인에게 뒤지지 않았습니다. 증인들은 이쪽으로 올라와주십시오.

증인들

저희가 이런 사람들인데, 어떻게 여러분에게 호의적이 아닐 30 수가 있습니까? 제 아버지가 여러분 앞에 거짓 음해를 받았기 때문에 우리가 마땅히 파멸해야 하며, 저희가 이 도시를 위해

---

13 이 변론 23절 참조.

서 기꺼이 기여했던 것들로부터 우리가 어떤 혜택도 받지 말아야 합니까? 그런 것은 옳지 않습니다. 만일 제 아버지에 대한 험담 때문에 저희가 피해를 보아야 한다면, 저희가 나라에 바친 정성으로 인해 제 아버지는 물론 우리 자신도 구제를 받아

31 야 합니다. 저희가 재물을 바라서 여러분에게 봉사한 것이 아니라, 위기에 처했을 때 저희가 한 봉사의 대가로 여러분의 양해를 구하려는 것이었습니다. 누군가가 여러분을 위해 기꺼이 기여하려고 할 때, 여러분은 우리들만을 위한 것이 아니라는 것을 주지하고, 다른 사람들을 위해서도 여러분은 그렇게 해야 합니다. 저희에게 요구를 하기도 전에 이미 여러분은 우리가 여러분에게 어떤 입장을 가진 사람인지를 알고 있었던 것이지요. 여러분을 위해 이루어진 모든 공헌에 어울리는 은혜를 베풀어, 여러분은 다른 사람들도 더욱 열심히 봉사하도록 만

32 들 수 있습니다. 모든 것 가운데서 가장 사악한 말을 하는 사람들을 편들지 마십시오. 왜냐하면 부당한 일을 당한 사람이 좋은 일을 겪은 사람보다 기억을 더 잘한다고들 하기 때문입니다. 공헌을 한 사람들이 해를 끼친 사람들에게 패소한다면 더 이상 누가 공헌을 하려고 하겠습니까?[14] 배심원 여러분, 여러분에게 주어진 상황은 다음과 같습니다. 여러분의 결정은 저

33 희의 인격에 관한 것이지, 그 재산에 관한 것이 아닙니다. 평화 시에 저희의 재산은 가시적[15]이었고, 저의 아버지는 성실한

---

14 부정을 행한 자는 모두 무죄 석방되고, 기여한 자는 모두 유죄 선고된 것을 말한다.

농부였습니다. 그런데 적이 공격해 들어오면서, 그 모든 것을 잃었습니다. 그 때문에 저희는 언제나 여러분에게 봉사하려는 마음을 가졌습니다. 저희는 벌금으로 지불할 돈이 없다는 것을 알고 있고, 또 여러분에게 봉사하려는 마음을 가졌으므로 여러분의 자비를 구할 자격이 있다고 생각했습니다. 배심원 여러분, 여러분을 보건대, 만일 누가 아이들을 대동하여 울고 **34** 한탄하면 아이들이 그 아버지 때문에 권리를 잃는 것에 대해 연민하겠지요. 그래서 아이들을 생각하여 부모의 죄를 용서합니다. 그러나 그 아이들이 커서 좋은 시민이 될지 나쁜 시민이 될지는 여러분이 몰라요. 그러나 저희의 경우에 여러분은 우리가 여러분에게 신실하다는 사실을 알고 있고, 또 저희 아버지는 아무런 잘못을 범하지 않았습니다. 여러분의 입장에서 보면, 나중에 어떤 사람이 될지 모르는 경우보다는 이미 겪어서 알고 있는 사람들에게 자비를 베푸는 것이 더 타당할 것입니다. 16 저희가 처한 질곡은 다른 사람들과는 차이가 있습니 **35** 다. 다른 사람들은 아이들을 옆에 데리고 와서 여러분에게 간청하지만, 저희 자신과 저희 아버지를 두고 저희가 부탁드리는 것은 지금 가진 권리를 빼앗지 말라는 것이고, 시민인 저희를 조국이 없는 자로 만들지 말라는 것입니다. 연로한 저희 아

---

15 '가시적 재산'에 관련하여 이 글 23절 참조.

16 다른 사람들은 재판관의 동정을 사기 위해서 그냥 아이들을 대동하기도 하지만, 폴리스트라토스는 그의 자식들이 이미 도시를 위해서 기여한 바가 있으므로 재판관들의 호의를 더 당당하게 받을 자격이 있다는 사실을 지적한 것이다.

버지와 저희를 연민해주십시오. 만일 부당하게 저희에게 유죄를 선고한다면, 그가 어떻게 저희와 함께 기쁨을 찾을 것이며, 또 저희가 여러분과 이 도시에 가치 없는 존재가 된다면 어떻게 서로 협조할 수가 있겠습니까? 여러분께 청컨대, 저희 세 사람이 더 쓸모 있는 사람으로 거듭나도록 해주십시오. 아울러 부탁드리는 것은, 여러분 제각기 소중하게 여기는 것17들의 이름으로, 아들을 가진 자는 누구라도 그들을 위해 저희를 연민하시고, 또 저희 혹은 저희 아버지와 나이가 같다면, 마찬가지로 저희를 연민하여 무죄 석방해주시라는 것입니다. 저희가 도시를 위하여 봉사하려는 것을 여러분은 막지 말아주십시오. 당연히 저희의 안위를 말살하려는 적의 손아귀에서도 살아남은 저희가 여러분의 손에서 구원받지 못한다면, 저희 운명은 참담해질 것입니다.

36

---

17 다음에 나오는 아들, 자신, 어른 등을 가리킨다.

21

특정되지 않은 뇌물 혐의에 대한 변호

역자 해설

이 변론은 그 제목에서 보듯 뇌물수수 혐의로 고발된 사람을 위한 변론이다. 변론 작성자는 사건의 핵심이나 변론의 전체 내용에 대해 명확한 정보를 가지고 있지 않은 상태이다.

표제에서 보이는 '특정되지 않은'이라는 부가어는 충분한 정보를 가지고 있지 않음을 뜻한다. 남아서 전하는 내용은 변론의 일부일 뿐으로, 아마도 변론을 마감하며 변론 전체를 개괄하는 부분에 해당한다고 볼 수 있겠다.

제목의 취지는 현존하는 부분에서 확인할 수 있다. 돈을 횡령한 피고는 결백을 주장하면서, 그전의 정치체제와 타협하지 않은 점을 비롯해 자신의 도덕성을 거론한다. 도시에 대한 자신의 일관성 있는 태도와 관련하여, 국가에서 요구하는 의무를 부담하기 위해 자신이 가진 재산의 상당 부분을 소비한 점도 언급한다. 특히 국가 부담을 수행한 사실에 대한 정보는 이 변론에서 빈번하고 상당한 비중이 있는 것으로 다루어진다. 그래서 듣는 사람은 피고가 자신의 덕성에 호소하여 배심원들의 마음을 사려 한다는 점을 간파할 수 있겠다.

피고의 나이는 공직 피선거인 자격의 최소 연령인 30세에 근접한 사실, 만일 판결에 의해 자신의 재산이 몰수된다면 자식과 함께 빈곤의 나락으로 떨어지게 된다는 사실이 변론의 내용에서 드러난다. 레온티스 부족의 프레아리오이구(區) 출신의 아르케스트라토스에 대한 언급으로부터, 피고도 같은 지역 출신으로 추정되기도 한다. 이 변론의 발표 시기는 기원전 403~402년으로 본다.

⚖

1   배심원 여러분, 제게 주어지는 혐의와 무관하다는 점에 대해 충분한 증거가 여러분 앞에 제시되었습니다. 이제 나머지 사안에 대해서도 제 말을 들으시고 제가 어떤 사람인가를 이해하신 뒤 결정을 내리십시오. 테오폼포스가 장관[1]으로 있던 해에 저는 성인 자격심사[2]를 받았고, 또 비극 경연에 기부자의 의무를 지고 30므나를 썼어요. 그 두 달 뒤 타르겔리아 축제[3]에서는 2천 드라크메를 썼고 그때 제가 남성 무창단(舞唱團)에서 수상했지요. 또 글라우키포스 장관[4] 때 대(大) 판아테나이아 제전[5]에서

---

[1] 기원전 411~410년의 수석(명칭) 아르콘.
[2] 18세에 적법한 성인 시민으로서의 자격을 심사받는다(Lysias, 10. 31 참조). 기원전 411~410년 성인 자격심사를 받았으므로, 출생연대는 기원전 429년이다.
[3] 아폴론과 아르테미스를 기리는 축제 중의 하나로서, 아테나이에서 타르겔리온 달(5~6월)에 거행된다. 기본적으로는 식물축제로서, 첫 열매 또는 그해 밀로 처음 빚은 빵의 이름을 따서 그 이름을 지었다.
[4] 기원전 410~409년.
[5] 아테나 여신을 위한 제전이다.

는 피리케6 춤꾼들을 위해 800드라크메를 소비했습니다. 그 외　　2
에도 저는 같은 이가 장관으로 있던 해에 디오니시아 제전에서
남성 무창단으로 승리를 거두었고, 세발솥 외에도 5천 드라크
메를 내놓았으며, 디오클레스 장관7 때에는 소(小) 아테나이아
제전의 원형무(圓形舞) 8에 또 3백 드라크메를 썼습니다. 다른
한편, 7년 동안 삼단노전선주로서 6탈란톤을 소비했습니다.
제가 이렇듯 비용을 부담하면서 매일같이 여러분을 위해 위험　　3
을 무릅쓰고 이방의 땅을 밟고 다니면서도, 30므나에 더해 또 4
천 드라크메를 특별세로 기부했습니다. 알렉시오스 장관9 때에
제가 배를 타고 돌아왔을 때, 프로메테우스를 위한 경기10를 주
관하고 12므나를 쓰면서 승리를 얻어냈습니다. 그 후에도 어린　　4
이 무창단을 위한 기부자로 지명되어 15므나 이상을 썼고요.
에우클레이데스 장관11 때에는 케피소도로스12를 위해 희극 상
연 기부자가 되어, 장비13 마련에 더해 16므나를 소비하여 승리
를 거두었습니다. 소(小) 아테나이아 제전에서는 수염이 나지

6　피리케(*pyrriche*) 춤은 전무(戰舞)의 일종으로 그 춤을 추는 사람을 피리히스테
　스(*pyrrichistes*) 라고 한다.
7　기원전 409~408년.
8　보통 주신(酒神) 디오니소스 숭배를 위한 원형 무창(舞唱)을 뜻한다고 추정된다.
9　기원전 405~404년.
10　프로메테우스를 기려서 햇불 경주를 한다.
11　기원전 404~403년.
12　케피소도로스는 희극 작가이다.
13　이때 '장비'란 비극 상연에서 세발솥을 헌납하는 관례를 말한다.

않은 소년 피리케 춤꾼들을 위한 기부자로서 7므나를 썼지요.

5   수니온의 삼단노전선 경주에서는 15므나를 써서 승리를 거두었어요. 그 외에도 테오리아(신성의 사신)의 대표직, 에레포리아[14] 행진, 비슷한 다른 행사들을 수행하는 데 30므나 이상이 들어갔습니다. 만일 제가 법에 따라 부과되는 것에 한하여 의무를 수행했더라면, 앞에서 제가 열거한 금액의 4분의 1도 소비

6   하지 않았을 거예요. 제가 삼단노전선을 관장하고 있을 때, 제가 맡은 배가 전체 함대 가운데 가장 훌륭했지요. 이런 사실에 대한 분명한 증거를 말씀드리겠습니다. 처음에, 알키비아데스가 제 배를 타고 갔습니다. 그는 제 친구도, 친척도, 같은 부족 출신도 아니었으므로, 제가 그와 함께 같은 배를 타고 가는 일

7   이 없도록 하고 싶었지만 말입니다.[15] 실로, 제 소견으로, 또 여러분이 주지하듯이, 장군이 되어 원하는 대로 할 수 있는 지위에 있게 되면 당면한 위험을 고려하여 가장 훌륭한 배가 아닌

8   다른 배를 타지 않지요. 그들의 권력을 빼앗고는 여러분이 트라실로스를 포함한 10인을 선출했을 때, 이들도 모두 저의 배를 타고 싶어 했고, 옥신각신 많은 말다툼 끝에 프레아리오이구(區)[16] 출신 아르케스트라토스가 승선하게 되었어요. 그가 미틸레네에서 죽자 에라시니데스[17]가 저의 배에 올랐고요. 이렇

---

14 *errhephoria. arrhephoria*(아레포리아)라고도 하며 판아테나이아 축제 때 여인들이 아테나 여신에게 드릴 신성한 옷가지와 성물들을 옮기는 행사를 말한다.

15 Xenophon, *Hellenika*, 1. 5. 16 참조.

16 아테나이의 한 지역의 이름이다.

듯 훌륭한 장비를 갖춘 배를 마련하기 위해 제가 얼마나 많은 돈
을 들였고, 얼마나 큰 피해를 적들에게 끼쳤으며 이 도시를 위   9
해 얼마나 큰 기여를 했겠습니까? 그럼에도 가장 확실한 증거는
다음의 것입니다. 마지막 해전에서 전선들이 파괴되었을 때,
제 배 위에는 장군이 한 사람도 없었어요. 제가 이런 말을 하는
것은 당시 일어났던 불행한 사건 탓에 여러분이 삼단노전선주
에게도 분노하고 있었기 때문이에요. 그런 가운데 저는 제 배를
가지고서 팔레론 출신의 나우시마코스의 배를 구출했습니다.
이것은 우연이 아니라 저의 배가 갖추었던 만반의 장치 때문이   10
었습니다. 돈을 들여 줄곧 판디아스를 선장으로 고용했는데,
그는 헬라스인 가운데 가장 우수한 자로 명성을 얻고 있었지요.
또 저는 그에 어울리는 승무원과 그 밖의 보조 인력까지 두고 있
었어요. 그곳에서 병사로 함께했던 사람이면 누구나 제가 진실
을 말하고 있음을 압니다. 여기 나우시마코스를 불러주십시오.

증거

당시 구조된 배는 12척18이었고, 그중 제 것과 나우시마코스   11
의 배, 이렇게 두 척을 제가 여러분에게 인도했습니다. 여러분

---

17 10인 장군 가운데 한 사람으로 Xenophon, *Hellenika*, 1. 5. 14 참조.
18 리시아스가 전하는 '12척'이라는 정보는 크세노폰이 전하는 정보와 차이가 있다.
    크세노폰(*Hellenika*, 2. 1. 29)은 180척 가운데서 9척이 남았다고 전한다.

을 위해 이렇게도 많은 위험을 감내했으며 이렇듯 이 도시를 위해 갖은 봉사를 마다하지 않았음에도, 저는 지금, 다른 이들이 받은 것과 같은 대가를 여러분에게서 받아내려는 것이 아니고, 다만 저의 재산을 빼앗지 말아달라고 부탁할 뿐입니다. 제가 원하든 원치 않든 저의 재산을 빼앗는 것은 여러분에게도

12 수치가 된다고 생각하기 때문입니다. 제가 가진 것을 잃는다는 사실에 대해 저는 크게 개의치 않습니다. 다만 제가 모욕당하는 것, 그리고 공적 기부를 회피한 이들이 제가 여러분을 위해 쓴 돈에 대해 제게 아무런 도움이 되지 않는다고 하는 것, 또 그들이 여러분을 위해 자신의 재물을 소비하지 않은 것이 백번 잘한 일이라고 생각하는 것은 참을 수가 없습니다. 만일 여러분이 제 말을 경청하신다면, 공정하게 결정을 내리시고, 또 여러분에게 득이 되는 길을 선택하시게 될 것입니다. 배심

13 원 여러분, 여러분은 도시의 수입이 얼마나 미미하며, **19** 권력을 가진 자들이 얼마나 도둑질을 해먹는지 아시지요. 그러니 기부 의무를 맡으려 하는 사람들의 재산이 도시의 확실한 수입원이 된다고 볼 만한 것이지요. 여러분이 잘만 생각하신다면,

14 저희 재물과 여러분의 자금을 같이 보호하게 될 것입니다. 그전에 해온 것같이 우리가 가진 것을 모두 여러분이 가용할 수 있다는 점을 고려한다면 말이죠. 제 소견으로는, 도시의 금고

---

19 기원전 402년의 상황을 말하는 것이다. 그 20년 전에는 도시의 수입이 2천 탈란톤에 달하였다.

를 돌보는 사람들보다 오히려 제가 여러분에게 득이 되도록 저의 재산을 더 잘 관리한다는 사실을 여러분 모두가 알고 계실 것입니다. 만일 저를 가난뱅이로 만들면, 여러분에게도 좋을 것이 없어요. 다른 것들과 같이 저의 재산도 사람들 각각에게 돌아갈 테니까요.

여러분은 제가 제 것이라고 요구하는 것을 부정하기보다 여 **15** 러분의 것을 제게 주는 것이 더 온당하다는 사실에 유념하시고, 또 저의 부를 시기하기보다 혹여 제가 빈곤해지는 것을 연민해주십시오. 그리고 다른 사람들도 여러분의 것을 탐내지 말고 오히려 자신의 것을 여러분을 위해 쓰는 시민이 되도록 신들에게 빌어주십시오. 실로 제 소견에, 배심원 여러분, 여 **16** 러분 가운데 아무도 기분 상해하시는 일은 없기 바랍니다만, 제가 지금 공금을 횡령한 것으로 기소당하기보다는, 여러분이 저의 재산을 가지고 있는 것이라고 제테타이[20]가 공시하는 편이 훨씬 더 타당하다고 저는 생각합니다. 도시에 대한 제 입장에 대해 말씀드리자면, 저는 제 재산을 사적으로 소비할 때는 검소하나, 공적 부담의 수행에서는 관대한 입장에 있었고, 또 제 손에 남은 것이 아니라 여러분을 위해 소비한 것에서 긍지를 느낍니다. 여러분을 위해 소비한 것은 제가 자진해서 한 것 **17** 이지만, 저의 재산은 다른 이에 의해 제게 상속된 것이고, 또

─────

20 '제테타이'(*zetetai*)는 개인이 점유한 재산을 찾아서 목록을 작성하는 일을 하는 공무원이다.

그 재산 때문에 저의 적으로부터 부당하게 공격당할 때 제가 기부한 재물로 인해서 마땅히 여러분의 도움을 받을 수 있다고 믿기 때문입니다. 그러니, 다른 사람들이 저를 위해 여러분에게 구명운동을 할 일이야 없겠지만, 제 친구인 누군가 이와 같은 재판을 받게 될 때 제가 여러분에게 양해를 구하게 될 것이고, 또 제가 다른 재판관들에 의해 재판을 받게 될 때 여러분이 저를 위해 탄원을 해주기를 바랐던 것이지요. 실로, 제가 많은 공직에 임하면서 여러분에게 신세를 졌다든가, 수치스러운 사안으로 재판을 받았다든가, 수치스러운 어떤 사안에 연루되었다든가, 도시의 불행을 흐뭇하게 방관했다고는 아무도 주장할 수가 없어요. 21 공적, 사적인 모든 사안에서 저는 이런 입장을 견지했고, 여러분 모두가 그런 사실을 알고 있으므로, 그에 관해 변명할 필요도 없을 것 같습니다. 그러니 제가 부탁드리고자 하는 것은, 배심원 여러분, 저에 대해 지금까지 여러분이 가졌던 그런 의견을 유지하시고, 제가 공적 부담을 수행했던 사실을 기억해주실 뿐만 아니라, 저의 사적인 단정함도 고려해주셨으면 하는 것입니다. 사람이 끝까지 단아하고 사려 깊은 태도를 지니고 쾌락에 지거나 이득에 한눈팔지 않고, 어떤 시민도 그를 비난하거나 감히 재판에 회부하려고 하지 않는 삶을 사는 것이야말로 수행하기 가장 어려운 공적 기여가 된다는 점을 유념하셔서 말입니다.

18

19

---

21 Lysias, 16(의회 의원의 자격심사에 임한 만티테오스를 변호하여). 12 참조.

그러니 배심원 여러분, 고발인들의 말에 넘어가서 여러분이   20
저를 유죄로 단정하는 것은 부당합니다. 그들은 지금까지도 불
경죄 혐의로 재판에 회부되어 있고, 그 혐의를 벗어날 수 없게
되자 뻔뻔하게도 다른 사람을 고발하기에 이르렀습니다. 키네
시아스[22]도 이들보다는 더 많이 원정에 나섰던 판에, 지금은
오히려 이들이 도시를 위해 염려하는 척하고 있거든요. 이들은
도시가 번영하는 데 봉사한 것도 없으면서, 오히려 도시에 기
여한 사람에 대해 여러분의 화를 돋우기 위해 진력을 하고 있습
니다. 배심원 여러분, 차라리 민회에서 이들이 그 행적을 여러   21
분에게 고하도록 하는 것이 좋겠습니다. 이보다 더 열악한 운
명에 이들을 몰아넣는 방법을 저로서는 찾을 수가 없기 때문입
니다. 제가 요구하고 청원하고 간청하는 것은 오직 여러분이
제게 주어진 뇌물죄[23] 혐의에 유죄선고를 내리지 말라는 것,
그리고 아무리 거액이라고 해도 돈 때문에 제가 도시에 재앙이
내리기를 원하는 사람이라고는 생각하지 말아달라는 것입니
다. 게다가 배심원 여러분, 물려받은 재산으로 긍지를 가지고   22
여러분을 위해 소비한 제가 도시에 해악이 되도록 다른 이에게
서 뇌물을 받았다면 미친놈이겠지요. 배심원 여러분, 한때 자   23
신이 은혜를 베푼 적이 있는 사람에게서 재판을 받고 싶어 한다
면, 여러분 외에 다른 어떤 이를 저의 재판관으로 세워야 할 것

---

22 유명한 겁쟁이이다.
23 이 변론이 뇌물죄 혐의에 관련된다는 사실이 여기서 분명히 드러난다.

인지를 저로서는 알 수가 없습니다. 더구나 배심원 여러분, 저는 다음과 같은 점도 밝혀두렵니다. 제가 여러분을 위해서 공적 의무를 수행할 때, 제 자식들을 극심한 가난 속에 버려두게 되지나 않을까 하는 걱정보다는 오히려 도시의 명령을 기꺼이 수행하지 못하게 될 것이 아닌가 하여 훨씬 더 마음고생을 많이 했습니다. 때로 해전에서 내 생명이 위협받을 때도 제 아내, 제 자식을 위해 연민하거나 눈물을 흘리거나 후회하지 않았고, 또 제가 저의 조국을 위해 목숨을 잃게 되면 그들이 고아로 아버지를 여의게 될 것이라는 점보다, 오히려 비열하게 제 자신의 목숨을 건지고 제 자신은 물론 그들에게까지 오명을 지우게 될 것을 훨씬 더 두려워했습니다. 그래서 제가 지금 여러분에게 양해를 구하고 또 스스로 그런 요구를 할 자격이 있다고 자처하는 것은, 위험에 처하여 제가 여러분을 위해 그같이 배려했듯이, 지금 위기를 벗어난 여러분이 저와 저의 자식들을 긍휼히 여겨 주십사 하는 것입니다. 우리가 이와 같은 죄목으로 불명예(자격상실) 처분을 받거나, 혹은 재산을 잃고 빈자가 되어 생활비도 없이 방랑하게 되어 우리에게 어울리지 않고 또 우리가 여러분에게 베푼 은덕에도 맞지 않는 고초를 겪게 된다면, 우리에게만 끔찍한 일이 될 뿐 아니라 여러분에게도 수치스러운 일이 될 것입니다. 그런 상황이 벌어지지 않도록 조치하셔서, 배심원 여러분, 우리를 무죄 방면해주시고, 지난날과 같이 시민으로서 우리가 협조하도록 해주십시오.

24

25

22

곡물상들을 비난하여

역자 해설

기원전 386년 법정에서 발표된 변론 〈곡물상들을 비난하여〉는 곡물상들의 염치없는 상행위와 관련된다.

아테나이가 위치한 아티카반도에서는 곡물에 대해 엄한 법령을 제정하여, 아테나이 시장에 곡물 공급이 모자라지 않도록, 또 법정 한도에서 적정 가격으로 팔도록, 동시에 곡물상의 이익을 보장하도록 했다.

아테나이는 토지가 척박하여 곡물 생산 자체가 부족했으므로 본토의 인구를 먹여 살리기에는 태부족이었다. 그래서 시켈리아, 아이깁토스, 키프로스, 흑해 등 여러 곳에서 곡물을 수입했다. 곡물 수입은 아테나이의 외항 페이라이에우스를 통해서 이루어졌고 그곳에 곡물창고를 두고는, 저장된 곡물을 가지고 정기적으로 발생하는 곡물부족에 대비했다.

시장에 곡물이 부족하면 공공기금으로 곡물을 구매하게 된다. 선출된 10명의 곡물구매관이 시장의 공급상황을 점검하는데, 그 역할은 곡물중개상과 유사한 것이었다. 곡물상들은 거의 대부분이 거류외인으로, 반드시 사회적 품위를 갖춘 상류층 시민인 것은 아니었다. 또 소매상에 속했던 이들은 더 큰 규

모로 곡물을 수입하는 무역상과는 달리, 꼼수로 구매자를 속여서 이득을 취하기도 한다. 이 때문에 곡물감독관이라는 특수 공직을 설치하여 곡물의 유통을 관리하도록 했다. 법률에 따르면, 50메딤노스 이상 대량의 매매를 금지함으로써, 곡물상의 이윤을 도모하는 동시에 법정 가격을 넘어서지 못하도록 조치했다.

곡물상을 대상으로 한 이 재판은 의회가 이 문제를 헬리아이아 재판소로 회부한 것이다. 이 곡물상을 재판도 없이 처형하자는 의견이 제기되었다. 만일 재판 과정에서 이들의 유죄가 밝혀지면, 이들은 예외 없이 사형 혹은 불명예에 처해진다. 참고로, 공익 관련 재판에서는 조령이나 동의에 의해 형벌이 분명하게 규정되어 있으며, 사적 소송에서는 양측의 타협에 의해 형벌이 정해진다.

이 변론의 화자는 500인 의회 의원이며, 엄하게 곡물상의 유죄를 적시한다. 변론에 언급된 내용을 통해 당시 아테나이의 경제적 상황을 엿볼 수 있고, 사회적 도덕 풍기도 접할 수 있다. 8절과 14절의 내용에 기초하여, 이 변론이 발표된 시기는 기원전 386년으로 추정된다.

많은 사람들이 제게 몰려왔어요, 배심원 여러분. 제가 의회에   1
다 곡물상을 고발한 것에 놀라서 말이지요. 여러분 스스로 곡
물상의 죄를 아무리 인정한다 하더라도, 사람들은 오히려 곡
물상을 고발한 이들을 험담꾼으로 모는 거예요. 그래서 무엇
보다 먼저 제가 곡물상들을 고발하게 된 까닭을 말씀드리겠습
니다.

당시 행정부[1]가 이 사건을 의회에 상정했을 때만 해도 곡물   2
상들을 향한 분노가 대단하여 변사(辯士)들이 그들을 재판도
없이 바로 11인[2]에게로 넘겨서 처형해야 한다고 할 정도였어
요. 그러나 저는 의회가 그런 식으로 사건을 처리하면 안 된다
는 생각에, 일어나서 법에 따라 곡물상들에 대한 재판을 열어
야 한다고 제안했지요. 제 소견으로, 만일 그들이 죽을죄를 지
었다면 우리 못지않게 여러분이 그렇게 공정한 결정을 내리면
될 것이고, 만일 죄가 없는 것이라면 재판도 받지 못한 채 처형
되는 일이 있어서는 안 될 것이기 때문입니다. 의회가 이 제안   3
을 받아들이자, 그런 식으로 제가 곡물상을 구하려 한다고 또

---

1   프리타네이스들을 말한다. 이 책 용어 해설 중 '프리타네이스' 항목 참조. 곡물상
에 대한 불만은 이들 앞으로 제기되었다.
2   11인에 관해서는 Lysias, 15(알키비아데스의 군역회피를 비난하여). 5 및 이 책
용어 해설 중 '11인' 항목 참조.

욕을 해대는 겁니다. 의회에서 이들에 대해 결정을 내리게 되었을 때, 저는 그 앞에서 행동으로 제 자신을 변호했습니다.[3] 다른 이들이 입 다물고 있을 때도 일어서서 곡물상들을 비난했고, 또 제가 그들을 옹호하려는 것이 아니라 기존 법에 따라 제안한 점은 모든 이에게 명백한 사실이기 때문입니다. 이런 상황이지만 그래도 만에 하나 억울한 누명을 쓰는 일이 없도록 제가 나서게 되었습니다. 여러분이 이들에 대한 결정을 내리기 전에 제가 먼저 포기하는 것이 오히려 수치스러운 일이라고 생각하기 때문입니다.

5 　우선 이곳으로 올라와서,[4] 제게 말해주십시오. 당신은 거류외인입니까? "그렇습니다." 거류외인으로서 도시의 법을 지킵니까, 아니면 원하는 대로 합니까? "지켜야 합니다." 그러면, 사형에 해당하는 법을 어길 때 처형되는 것 외에 다른 길이 있다고 생각합니까? "처형되어야지요." 그러면 대답해보십시오. 법에 정한 상한인 50포르모스[5] 이상을 당신이 구매한 사실을

4

---

3 화자는 첫 번째 의회에서 비난을 받았으나, 두 번째 의회에서는 자신에게 주어지는 험담을 효과적으로 방어한다. 자신이 곡물상을 편드는 것이 아니라 법을 지키려 했다는 취지이다.

4 원고가 서 있는 연단 옆에 의자가 있고, 거기 앉아 있던 거류외인의 대표가 호명되어 연단으로 올라가기를 기다린다.

5 포르모스는 곡물을 나를 수 있는 바구니로, 메딤노스와 같이 곡물 측정의 기준이 된다. 곡물상은 50포르모스까지 곡물을 살 수 있다. 이런 법은 무역업자에게도 유리한 것으로서, 한꺼번에 헐값으로 팔아넘기지 않아도 되기 때문이다. 곡물상이 남길 수 있는 이윤은 2포르모스당 1오볼로스를 넘지 못한다.

인정합니까? "저는 관리들의 명령에 따라서 구매했습니다. "6

　(문답의 내용이) 이러한즉, 배심원 여러분, 만일 곡물상들이　　　6
관리들의 명령에 따라 곡물을 사들여도 된다는 법이 있다는 사
실을 그가 증명한다면, 무죄 방면해야 할 것입니다. 그렇지 못
하면, 여러분은 그를 처벌해야 합니다. 왜냐하면, 이 도시에
서는 누구라도 50포르모스 이상 곡물을 사들이지 못하도록 하
는 법을 우리 민중이 여러분에게 만들어주었기 때문입니다.

　배심원 여러분, 이런 혐의만으로도 충분합니다. 그는 스스　　7
로 곡물을 사들인 사실을 인정하고 있고, 법률이 그런 그의 행
위를 금지하며, 또 여러분은 법7을 지키겠다고 선서했기 때문
입니다. 그럼에도 그들이 장관들을 음해하는 사실과 관련하여
여러분이 상황을 이해하시도록 제가 그들에 대해 좀더 설명을
드리도록 하겠습니다. 이들이 장관들에게 책임을 전가하므로　　8
우리가 장관들을 소환하여 질문했습니다. 그들 중 두 명은 사실
을 알지 못한다고 부인했으나, 아니토스는 지난해 겨울, 곡물
가격이 비싸지자 이들이 서로 가격을 두고 경쟁하므로 그들에
게 경쟁을 멈추라고 충고했답니다. 여러분이 이들로부터 곡물

6　이때 관리(아르콘)는 곡물감독관을 지칭하는 것으로 볼 수 있겠다. 이들은 수입
　된 곡물량과 시장의 곡물, 밀가루, 빵의 가격을 감시한다. 곡물감독관은 추첨되
　며, 처음에는 아테나이에 5명, 페이라이에우스에 5명이 있었으나, 기원전 4세기
　말에는 각각 20명, 15명으로 증가했다.
7　재판정의 배심원들은 기존의 법과 의회와 민회의 조령을 지키겠다는 것을 제우스,
　아폴론, 데메트라의 이름으로 선서한다.

을 사는 것이므로, 가능한 한 여러분이 적정 가격으로 곡물을 살 수 있어서 혜택을 보도록 말이지요. 곡물상들은 적정 가격에 1오볼로스 이상 더 붙여 팔 수 없도록 규정되어 있으니까요. 아무튼 아니토스 자신은 창고에 비축할 목적으로 곡물을 사들이라고 그들에게 지시한 적이 없고, 서로 경쟁적으로 사들이지 말라고만 했다는 겁니다. 아니토스 자신을 증인으로 여러분에게 소개합니다.

증언

그는 이런 말들을 전기 의회에서 한 것인데, 이들은 지금 회기에 곡물을 사들인 것으로 드러납니다.

이제 여러분은 이들이 곡물을 사들인 것이 장관들의 지시에 의한 것이 아니라는 사실을 들으셨습니다. 더구나, 이런 점에 관한 그들의 말이 아무리 사실이라고 하더라도, 그냥 장관들을 비난하는 것일 뿐, 자신들을 위한 변명이 되는 것이 아니라고 저는 봅니다. 이런 경우를 대비하여 만들어진 법에서는 분명하게도 법을 어기는 자와 어기도록 지시한 자를 똑같이 처벌하도록 하고 있기 때문입니다.

아무튼, 배심원 여러분, 제 생각에는 그들이 이런 식의 주장을 하려는 것이 아니라, 아마도, 그들이 의회에서 발언했듯이, 곡물을 사들인 것은 선의였으며 가능한 한 적정 가격으로 여러분에게 팔려고 했던 것이라고 변명할 것 같아요. 그러나 이런 그들의 말이 거짓이라는 아주 명백한 증거를 여러분에게 보여드리겠습니다. 만일 그들이 여러분을 위해 이런 행위를 했다면, 사들인 것이 동이 날 때까지 수일에 걸쳐 같은 가격으로 그것을 팔아야 하는 것이지요. 그런데 그들은 메딤노스8 단위로 사들인 것처럼, 지금은 수차례 당일치기로 1드라크메씩이나 차익을 붙여 파는 것이에요. 이런 사실에 대한 증인들을 여러분에게 소개합니다.

12

증인들

제가 이해할 수 없는 사실은 말이지요, 모든 이가 알게 될 특별세를 내야 할 때에는 가난하다는 핑계로 내지 않으면서, 사형을 당하지 않기 위해 은밀하게 해야 하는 불법행위는 여러분을 위한 것이었노라고 변명하는 것이에요. 여러분 모두가 주지하듯이, 그들은 이런 변명들이 가장 어울리지 않는 사람들이지요. 그들에게 이익이 되는 것은 다른 사람들에게는 그 반대가 돼요. 불길한 뉴스가 도시에 닿을 때면 이들은 곡식을 비싸게 팔아서 이익을 남기는 겁니다. 이렇듯 여러분의 불행을 흐뭇하게 지켜보면서, 그런 뉴스를 누구보다 빠르게 감지하고 또 허위사실을 퍼뜨리기도 하죠. 흑해에서 배가 파선되었다거나, 항해를 하다가 라케다이몬인들9에게 나포되었다거나, 무역항

13

14

---

8   메딤노스는 용량의 크기로 약 52리터 정도로 환산된다.

이 봉쇄되었다든가, 강화조약10이 결렬될 지경에 처했다든가 하는 것이지요. 그들이 가진 적의가 이 지경에 이르러, 마치 여러분의 적이 그런 것처럼 호시탐탐 여러분을 음해하려 하고

15 있습니다. 여러분에게 곡물이 턱없이 부족할 때도 이들이 그것을 끌어모아 놓고는 팔지 않으려고 했어요. 가격을 불문하고, 아무리 높은 가격에라도 살 수 있는 것만으로 만족하게 하려는 심보로 말이죠. 이러니, 때론 평시에도 우리는 이들에게 꼼짝

16 도 못 하고 시달리고 있었던 겁니다. 이 도시가 아주 오래전부터 이들의 속임수와 교활함을 감지하고 있었으므로, 다른 상품들은 시장관리인11을 임명하여 관리하게 했으나, 곡물에 대해서만은 추첨을 통해 특별히 곡물관리인을 뽑았지요. 그래서 지금까지 수차례에 걸쳐, 이런 불법행위를 감독하지 못한 죄로, 시민 신분에 있다 하더라도 곡물관리인은 중벌로 다스려왔습니다. 관리를 잘못했다고 해서 이들을 처형하는 마당에, 불법을 저지른 이들을 여러분은 어떤 벌로 다스릴 건가요?

17 여러분은 그들을 무죄 방면할 수 없다는 점을 유념하셔야 합

---

9 이 내용은 위 8절과 연계되어 이 변론이 기원전 386년에 발표되었다는 가설을 강화한다. 크세노폰의 〈헬레니카〉에는, 라케다이몬인의 해군 사령관 안탈키다스가 곡물을 공급하기 위해 페이라이에우스로 들어오는 아테나이의 함대를 방해했다는 사실이 언급된다.

10 기원전 387년 안탈키다스 평화를 말한다. 여기서 '강화조약의 결렬'이란 실제상황이 아니라 가정이다.

11 시장관리인들(agoranomoi)이란 10명의 추첨된 관리들로, 무역을 감독하고 시장의 가격이나 시장의 공공질서를 유지한다.

니다. 그들이 스스로 무역상들을 상대로 담합했음을 인정하는 마당에 여러분이 만일 그들의 범죄혐의를 묵인한다면, 마치 여러분이 수입상들과 공모하는 것처럼 비칠 것입니다. 혹 그들이 다른 식으로 변명하는 것이라면, 무죄 판정에 대해 아무도 비난할 수가 없었겠지요. 어느 쪽이든 여러분이 판단하는 대로 선택할 권리가 있으니까요. 그러나 지금 같은 상황에서는, 여러분의 입장이 어떻게 비정상적인 것으로 보이지 않겠습니까? 법을 어겼다고 자백하는 사람들을 무죄 방면하는 것이니 말이지요. 새겨들으십시오, 배심원 여러분. 지난날 많은 18 이들이 비슷한 혐의를 부정하고 증인까지 동원했는데도 여러분이 처형한 적이 있었습니다. 고발인의 진술에 더 신빙성이 있다고 판단했기 때문이지요. 그런데 같은 범죄를 두고 혐의를 부인하는 사람을 더 처벌하고 싶어 한다는 것은 말이 안 되지요. 더구나 배심원 여러분, 제 소견에, 여러분 모두가 분명 19 히 주지하다시피, 이런 사건은 우리 도시 사람들에게 초미의 관심사입니다. 그래서 이런 사안에서 여러분이 어떤 입장을 택하는지를 눈여겨볼 것입니다. 만일 여러분이 그들을 사형에 처한다면 나머지 것들이 정연하게 질서를 잡게 될 것이나, 만일 무죄 방면한다면 그들이 원하는 대로 하라고 완전히 허가를 내주는 데 동조하는 것이 됩니다. 그러니 배심원 여러분, 여러 20 분은 지난 일에 대해 징벌을 할 뿐만 아니라 앞으로의 본을 보이도록 해야만 합니다. 그래야만 사람들이 분수를 지키게 됩니다. 12 비슷한 사건에 연루된 많은 사람이 생사가 달린 재판을 받은 사실을 기억하십시오. 얻게 될 큰 몫의 이익 때문에, 그들은 여러분으로부터 불법적으로 이득을 우려내는 행위를 중단하기보다 매일같이 목숨을 건 모험을 감행하려 하는 것입니다. 게다가, 그들이 여러분에게 애걸복걸한다 해도 여러분은 그들에게 연민을 가져서는 안 됩니다. 오히려 그 악행으로 인해 처형당한 사람들과 그들에게 속은 수입상들을 연민하십시오. 혐의자들을 처벌함으로써 여러분은 이런 사람들을 위로하고 그 명예를 지켜주게 될 것입니다. 그렇지 않다면, 수입상들을 속인 사실을 고백한 곡물소매상들에 대해 여러분이 무죄방면한 사실을 그들이 알게 될 때 어떤 생각을 하게 되리라고 생각하십니까?

22 제가 이보다 더 많이 드려야 할 말씀은 없습니다. 다른 혐의자의 재판에 관련해서는 여러분이 고발인으로부터 정보를 얻어야 할 테지만, 이들의 비행은 여러분 모두가 알고 있습니다. 그러니 여러분은 이들을 유죄로 판결함으로써, 정의를 실천하시고 또 곡물을 더 적정한 가격으로 구입할 수 있도록 하십시오. 그렇지 않으면 더 비싸질 테니까요.

---

12 미래의 다른 곡물상들을 염두에 두고 하는 말이다. 리시아스는 자신이 거류외인의 신분이면서도, 같은 처지에 있는 이들의 불법행위를 준엄하게 꾸짖는다. 그러면서도 다른 한편으로는, 다른 곳에서와 마찬가지로 일관성 있게, 수입상이나 곡물상에 한정하지 않고 더 넓은 범위인 공동체의 이익을 중시한다. 이 변론 19절 참조.

23

플라타이아인이 아닌 사실에 관련하여
판클레온을 비난하여

역자 해설

판클레온은 다소간 원고를 해친 바 있고, 원고는 피고를 국방장관(폴레마르코스) 앞으로 고소했다. 국방장관은 이방인의 민사소송, 그리고 거류외인과 이방인이 도시 공공의 이익과 관련된 공적 소송 관련 사안을 맡아 결정을 내린다.

피고 판클레온은 자신이 플라타이아의 시민이므로, 자신에 관한 사안이 국방장관 앞으로 가선 안 된다고 주장한다. 리시아스가 쓴 이 변론은 판클레온이 플라타이아인인지 여부에 초점을 둔다. 이 문제는 이 사건이 폴레마르코스 아르콘 앞으로 제출되어야 하는지의 문제로 이어진다. 소송의 성격상 피고가 먼저 발언할 수 있으나, 실제로는 원고가 사건 내용에 대해 먼저 발언한다.

원고의 신원, 변론의 발표 시기, 최종 결정 등은 알려지지 않았으나, 이 변론은 리시아스가 쓴 것으로 확실하게 인정되고, 소송의 한 절차로서 '파라그라페'(paragraphe)에 관해 소개된다.

⚖

1   배심원 여러분, 제게는 이 사건에 관해 많은 이야기를 할 능력도 없거니와 그럴 필요도 없다고 생각합니다. 그러나 판클레온이 플라타이아인이 아니라는 사실만큼은 판클레온을 재판에 회부한 것이 타당하다는 사실과 관련하여 여러분에게 증명하도록 하겠습니다.

2   그가 오랜 세월 계속 저를 음해해왔으므로, 저는 그가 일하는 옷감 제조공장으로 갔습니다. 제가 아는 한 그는 거류외인이었으므로, 그를 국방장관(폴레마르코스)[1] 앞으로 소환했습니다. 그런데 그가 플라타이아인이라고 하므로, 그러면 어느 지역구에 속하느냐고 제가 물었지요. 제 증인 가운데 한 사람이 제게 귀띔하기를, 그가 짐짓 속해 있다고 하는 해당 부족 앞으로도 그를 소환하라고 했기 때문이었어요. 그가 데켈레이아에 속한다고 대답했으므로, 제가 히포톤티스 부족의 법정으로 그를 소환하게 되었지요.

3   그리고 제가 데켈레이아인들이 들락거리는 헤르마이 거리의 이발소에 가서 만날 수 있었던 데켈레이아인 아무에게나 혹 데켈레이아촌 출신 판클레온을 아느냐고 물었어요. 그런데 아무도 그를 안다고 하는 이가 없고, 또 그

---

[1] 9인 아르콘 중 거류외인과 피해방자유인 등 비(非)시민 관련 재판관의 기능을 맡은 아르콘이 폴레마르코스이므로 거류외인이라 생각되는 사람을 그 앞으로 소환한 것이다. 이에 관해서는 이 책 용어 해설 중 '아르콘' 참조.

가 피고로 어떤 다른 송사에서 국방장관 앞으로 소환된 적이
있었는데, 그런 과정에서 유죄를 선고받은 적이 있다는 사실
을 알고는, 저의 사건과 연관하여 그를 고소하게 되었습니다.

무엇보다 먼저, 저는 제가 만나서 질문했던 데켈레이아 사   4
람들, 그다음에는 국방장관 앞으로 그를 고소하여 유죄선고를
받도록 했던 다른 증인들 중 출석이 가능한 사람들을 여러분께
소개하겠습니다. 저를 위한 물시계를 멈추어주십시오. 2

증인들

이런 증거들에 기초하여, 제가 그를 국방장관 앞으로 고소한   5
것입니다. 그러자 그가 제 고소의 접수 타당성에 이의를 제기
하고 나섰습니다. 저는 그가 제가 끼친 피해를 만회하고자 하
는 목적을 벗어나서 그를 처벌하려 했다는 인상을 누구에게든
주어서는 안 된다는 점에 큰 의미를 두고는, 먼저 에우티크리
토스에게 물었습니다. 그는 제가 아는 한 플라타이아에서 가장
연로한 시민인 동시에, 혹 플라타이아인 히파르모도로스의 아
들로 자처하는 판클레온이란 이름을 가진 사람이 있기만 하다
면 그를 아주 잘 알 것이라고 생각했기 때문이지요. 그런데 그   6
는 히파르모도로스는 알지만, 판클레온인지 아닌지를 불문하

---

2 이 물시계는 발언자의 발언시간을 제한하는 역할을 한다. 발언자 이외의 증인 등
   이 발언하는 중에는 시계를 멈춘다.

고 그에게 아들이 있다는 사실은 알지 못한다고 대답을 했습니다. 그래서 제가 아는 다른 플라타이아인들에게 다시 물으러 갔지요. 그들도 한결같이 그런 이름을 알지 못한다고 하면서, 제게 말해주기를 그달 마지막 날 생치즈 시장으로 가면 가장 정확한 정보를 얻을 수 있을 것이라고 했어요. 매달 마지막 날3

7 플라타이아인들이 거기 모인다나요. 그래서 제가 그날 치즈 시장으로 가서 그들에게 친구 중에 판클레온이란 사람이 있냐고 물었습니다. 모두 모른다고 했는데, 딱 한 사람이 대답하기를, 그런 이름을 가진 시민은 모르고, 다만 그 같은 이름의 예속노

8 동자를 자신이 데리고 있었는데 달아나버렸다고 말했어요. 그리고는 나이와 직업을 말해주었는데, 바로 이 사람과 같은 거예요. 이런 저의 진술이 사실임을 증명하기 위해 제가 처음으로 질문했던 에우티크리토스, 제가 접촉했던 다른 플라타이아인들 모두, 그리고 그의 주인이라고 말한 사람을 증인으로 소개합니다. 그러니 물시계를 멈추어주십시오.

증인들

9 그런데 며칠이 지나지 않아서 바로 이 판클레온이 니코메데스라는 사람에게 붙들려가게 될 처지에 있는 것을 제가 목격하게

---

3 이 부분의 원문인 'henei kai neai'란 음력으로 달의 마지막 날과 동시에 다음 달이 시작하는 날이란 뜻으로서, 'hieromenia'로 불렸다.

되었는데요, 니코메데스가 그의 주인이라며 주장하고 나선 거였어요. 그래서 제가 그들에게 다가가, 그가 어떻게 연루되어 있는지를 알아보려고 했습니다. 마침내 그들이 싸움을 멈추자, 판클레온을 위해 온 증인들 가운데 몇 사람이 말하기를, 판클레온에게 형제가 있는데 그가 판클레온을 자유인으로 해방시키게 될 것이라고 했어요. 이런 양해하에 그들은 다음 날   10
그 형제를 데려오기로 하고 헤어졌지요. 이튿날 저는, 당면한 맞소송과 제가 제기한 소송사건4이 걸려 있는지라, 증인들과 함께 그곳에 나가보기로 마음먹었어요. 판클레온을 보증하는 이가 누구인지, 그가 판클레온의 해방을 위해 어떻게 하는지를 보기 위해서였지요. 그런데 그의 해방을 보증하는 담보가 제공되어야 할 상황에서, 그 형제나 다른 어떤 이도 아닌 한 여인이 와서는, 판클레온이 자신의 예속노동자였다고 주장하면서 니코메데스와 다투었고, 판클레온이 붙들려가도록 절대로 가만히 보고 있지 않을 거라고 하는 거예요. 당시 일어난 일을   11
설명하자면 긴 이야기가 되겠지만, 그 지지자들과 함께 판클레온 자신이 무지하게 폭력을 휘둘렀기 때문에 니코메데스와 여인은 제각기 양해를 하여, 누구라도 나와서 그를 해방시키겠다고 하거나 자신의 예속노동자라고 주장하며 붙들어가는

---

4   판클레온이 제기한 이의, 즉 폴레마르코스는 자신을 재판할 권한이 없다는 항변, 그리고 변론의 화자에 대해서 판클레온이 범한 불법행위로서의 사건 내용을 말하는 것이다.

사람이 있으면 그를 놓아주려고 했어요. 그러나 그들 무리는 그런 것에 아랑곳하지 않고 그냥 그를 데리고 떠나버렸지요. 바로 전날 그런 조건하에 자유인이라는 보증을 받도록 양해가 이루어졌던 점, 그리고는 폭력을 사용해 그를 데리고 떠나버린 사실을 증명하기 위해 여러분에게 증인들을 소개합니다. 물시계를 멈추어주십시오.

증인들

12 판클레온 자신도 스스로를 플라타이아인이 아닌 것은 물론 해방자유인으로 자처하지도 않음을 이해하기는 쉬운 일입니다. 사람이 폭력으로 붙들려갈 상황에 처하여, 해방자유인으로서 합법적 절차에 의거하여 보호받거나 자신을 체포하려고 한 이들로부터 입은 피해를 구제받으려 하지 않고 자기편 사람들을 동원하여 폭력을 구사하는 것을 보면, 스스로 예속노동자란 사실을 잘 알고 있어서 보증인을 대거나 시민 신분을 확인하는 재판을 받기 꺼린다는 사실을 누구나 쉽게 파악할 수 있기 때문입니다.

13   이와 같은 진술을 통해 그가 플라타이아인이 아니라는 사실을 여러분이 분명하게 깨달았을 것이라고 저는 생각합니다. 그 자신도 자신의 입지를 아주 잘 알고 있으므로 여러분이 자기를 플라타이아인으로 인정해주리라는 기대를 갖지 않는다는 사실을 여러분은 그의 행동을 보면 쉽게 알 수 있습니다. 그를 상대로 한 재판에서 이 자리에 출석한 아리스토디코스가 쌍방 선서[5]

를 하면서, 판클레온이 국방장관 앞에서 재판을 받아서는 안
된다고 주장하고, 그가 플라타이아인이 아니라는 사실에 대한
증인을 댔지요. 그때 판클레온은 그 증인을 비난했으나 사건에   14
끝까지 천착하지 않았고, 아리스토디코스6로 하여금 그에 대
해 패소 판결을 받아내도록 방치했기 때문입니다. 그리고 정해
진 기한이 지나자 스스로 양해한바, 판결에 따른 의무를 이행
했습니다. 저의 진술이 사실임을 증명하기 위해 증인들을 여러
분에게 소개하겠습니다. 물시계를 멈추어주십시오.

증인들

그런데 아리스토디코스와 협상을 하기도 전에, 판클레온이 그   15
를 겁내 이 도시를 떠나 테바이로 가서 거류외인으로 살게 되었
지요.7 제 소견에 여러분이 알고 있을 것이라 보는 것은, 만일
그가 플라타이아인이었다면, 어떤 곳이라도 테바이가 아닌 곳
에서 거류외인이 되어 살았을 것이라는 사실이죠. 그가 오랫동
안 테바이에 살았던 사실을 증명하기 위해 제가 증인들을 여러
분에게 소개하겠습니다. 그러니 물시계를 멈추어주십시오.

---

5   '쌍방 선서'(antomosia)란 재판이 시작될 때 소송 쌍방이 정의와 진실에 따르겠다
    는 것을 선서하는 것을 말한다.
6   판클레온 자신은 플라타이아인이라 주장하지만, 아리스토니코스 측 증인이 반대
    증언을 했다. 판클레온은 그를 고소했지만 재판을 끝까지 밀고 가지 못했다.
7   플라타이아와 테바이가 서로 우호적이지 못했기 때문에 이런 상황이 가능했다.

16 배심원 여러분, 이미 개진한 진술로도 충분하다고 저는 생각
합니다. 이런 사실들을 잘 새기신다면 공정하고 진실한 결정
을 내리실 것으로 제가 알고 있고, 또 그것이 바로 제가 여러분
에게 바라는 것이기도 합니다.

24

무능력자를 위하여

역자 해설

기원전 5세기 말 아테나이에서 30인 체제가 붕괴된 다음, 신체적 결함이 있는 데다 경제적으로 돈이 없는 무능력자 한 사람을 몇몇 아테나인이 고발했다. 국가에서 주는 보조금을 부당하게 받았다는 것이다. 그는 가게를 경영하고 신체도 멀쩡하며, 돈 많은 친구들과 어울린다고 고발인은 주장한다. 그러나 무능력자는 고발인이 오히려 비열한 질투에 사로잡힌 것이라며, 반대로 자신은 신체적 결함을 정신력과 도덕적 덕성으로 극복하고 있다고 한다. 도덕성을 증명하기 위해 그는 자신의 가족들을 소개한다. 피고인 무능력자는 고발인의 비난을 부인하고 자신의 주된 수입원인 보조금을 빼앗지 말며, 동시에 자기와 같은 처지인 사람들에게 삶의 불확실성을 배가시키지 말 것을 부탁한다.

이 변론은 수사적 장치와 자연스런 표현들, 진지함과 우스개, 엄격함과 관대함, 감동과 논리 등이 서로 조합되어 있으며, 리시아스의 가장 창의적인 작품에 속한다. 피고 측과 원고 측의 상반되는 성격, 양측 주장을 기술적으로 비교 서술하는 방법 등은 피고를 위한 변론으로서 특이한 장점을 갖는다.

경제적 약자를 국가에서 보조하는 관례는 페이시스트라토스 참주 시절로 거슬러 올라간다. 그러다가 세월이 지나면서 그 관례는 신체적 결함으로 경제활동에 종사할 수 없는 모든 아테나이인에게로 확대되었다. 이때 무능력자가 된 원인은 무관하며, 3므나 이하의 재산을 보유한 사람은 보조금의 대상이 되었다. 이들은 각 부족의 행정기 35일 동안 각각, 처음에는 1오볼로스, 그 후 2오볼로스를 받았으며, 이를 담당하는 특별 회계처가 있다.[1] 이 돈은 일일 최저생활비에 상당하는 것이다. 보조 대상의 자격은 해마다 500인 의회가 검증한다. 그 후 보조금 수급의 자격에 대한 검증은 시민들의 몫이다.

⚖

1   의원 여러분, 저를 이 재판을 회부한 제 고발인에 대해 저는 감사할 따름입니다. 그전에 저는 제 이력에 대해 말씀드릴 아무런 계기가 없었습니다. 그런데 지금 고발인 때문에 제가 그런 기회를 갖게 되었어요. 2 그가 거짓말을 하고 있다는 점, 그리고 이날까지 제 자신의 삶이 시기가 아니라 칭찬을 받을 만하다는 점을 제가 말씀드리도록 하겠습니다. 그가 저를 이런 곤혹스런 처지에 몰아넣은 것에 시기 이외의 어떤 이유가 있다고

2   저는 생각하지 않습니다. 다른 사람들이 연민하는 사람을 시기하는 이가 있다면, 그런 사람이 어떤 악행을 삼가 마다하는

---

1   Aristoteles, *Athenaion Politeia*(아테나이 국제), 49. 4.

2   Isokrates, 16. 1 참조.

것이 있을 것이라고 여러분은 보십니까? 혹여 그가 돈 문제로 저를 비방하는 것 같습니까? 또 어떤 원한이 있어서 제게 복수를 할 것 같습니까? 아닙니다. 그의 악랄함 때문에 저는 친구로서만이 아니라 적으로서조차 그와 어떤 관계도 맺지 않았기 때문입니다. 그러니 지금, 의원 여러분, 그가 저를 시기하는 것이 분명합니다. 제가 이렇듯 질곡에 처해 있음에도 그보다는 선량한 시민이기 때문입니다. 실로, 의원 여러분, 몸의 병은 적절한 정신 활동으로 고쳐야 한다고 저는 생각합니다. 만일 제가 역경 속에서도 조신하게 앞으로의 삶을 이어간다면, 제가 그와는 어떤 점에서 다른 것일까요?3

그 점에 대해 제가 말씀을 드리도록 양해해주십시오. 이 기회에 제가 연루된 사건에 대해 가능한 한 간단하게 말씀드리도록 하겠습니다. 제 고발인은 제가 도시(나라)로부터 공적 연금을 받을 자격이 없다고 합니다. 제 몸이 강건하고 무능력자에 해당하지 않으며, 또 제가 직업을 가지고 있어서 연금이 없어도 살 수가 있다는 것이죠. 제 몸이 괜찮다는 점을 증명하기 위해서, 그는 제가 기마(騎馬)를 한다는 예를 들었고, 제 장사 수완에 대해 돈을 쓰고 다니는 사람들과 어울린다고 합니다. 제가 장사 수완을 발휘해 얻는 이득과 그 외에 제 생활에 대해서는, 보시는 바와 같이, 여러분 모두가 잘 알고 계실 것이라

---

3 여기서 이 무능력자는 고발인보다 더 나은 위치에 있다는 점을 부각시키려 하며, 육체적 결함을 정신적, 도덕적 측면에서 보강하려고 한다.

봅니다. 그러나 제가 다시 간단하게 말씀드리도록 하겠습니다. 제 아버지는 제게 아무것도 남긴 것이 없고, 제 어머니가 돌아가셔서 부양하지 않은 것이 겨우 3년밖에 안 됩니다. 게다가 제게는 저를 돌봐줄 자식도 없습니다. 제가 하는 사업은 미미한 이익을 가져올 뿐이나 경영하는 데 힘이 들고, 또 그것을 양도받을 사람도 구하지 못하고 있습니다. 제게는 이 연금 이외의 다른 수입이 없는 상태라서, 만일 여러분이 저의 연금을 박탈하면 저는 극빈 상태로 내몰릴 위험이 있습니다. 그러니 의원 여러분, 여러분이 의롭게 저를 구할 수 있는 마당에 저를 부당하게 파멸시키지 마십시오. 제가 더 젊고 더 건강했을 때도 여러분이 제게 주었던 것을, 더 늙고 약해진 지금 제게서 빼앗지 마십시오. 지금까지 문제가 없는 사람들에게도 최대의 은덕을 베풀어서 명성을 얻은 여러분이 이 고발인의 말만 듣고는 적들까지도 연민하는 이들에게 가혹한 처분을 내리는 일은 없도록 하십시오. 저를 가혹하게 대함으로써 저와 같은 처지에 있는 모든 이들을 실망시키지 마십시오. 실로 이해하기 어려운 것은 말이죠, 의원 여러분, 제게 닥친 불행이 그런대로 견딜 만했을 때는 연금을 받았는데, 늙고 병들었으며, 거기에 따르는 곤경들이 저를 덮치는 지금에 와서는 오히려 그것을 빼앗길 처지에 놓였다는 거예요. 제가 알기로, 제 가난의 정도는 세상 그 누구보다 제 고발인에 의해 가장 명백하게 증명됩니다. 제가 만일 비극 기부자의 의무를 떠맡게 되어 그에게 재산 교환소송4을 걸게 된다면, 그는 재산을 바꾸기보다는 대번에

10번도 넘게 그 의무를 더 맡으려 할걸요. 제가 부자들과 어울릴 정도로 많은 부를 가졌다고 지금 저를 비방하면서도, 제가 말씀드린 것과 같은 상황이 벌어진다면 그가 그런 식으로, 아니 그보다 더 비열하게 처신할 것이라는 사실은 실로 자가당착이 아니겠습니까?

제가 기마를 했다고 그가 여러분에게 말을 했어요. 천벌을 **10** 두려워하지도 않고 여러분 앞에 부끄러움도 없이 말이지요. 이 점에 관해서는 많은 말이 필요 없어요. 의원 여러분, 제 소견으로는, 모종의 고통을 겪은 사람들은 모두 그것을 검토하고 이치를 깨달아서, 자신에게 닥친 역경 속에서 가장 냉정하게 대처하게 됩니다. 저도 그와 같아서, 제게 역경이 닥친 마당에, 필요 이상으로 긴 역정을 통해서 저 자신을 위한 방법을 찾아냈습니다. 그러나 의원 여러분, 제가 말을 탄 것은 이 사 **11** 람이 주장하는 거만함 따위가 아니라 제가 당한 불행 때문이었으며, 사실의 전말은 다음과 같습니다. 제가 만일 재산을 가지고 있었다면 안장 없은 노새를 탔지, 다른 사람의 말을 빌려 타지 않았을 것입니다. 그러나 저는 실제로 그런 것을 마련할 형편이 아니었으므로, 부득이 때때로 남의 말을 탈 수밖에 없습니다. 그런데 의원 여러분, 제가 안장 없은 노새에 앉은 것을 **12** 보았다면 아무 할 말이 없었겠지요. 거기다 무슨 할 말이 있겠어요? 그런데 제가 말을 탔기 때문에, 내 몸이 강건하다고 그

4　이 책 용어 해설 중 '재산교환소송' 항목 참조.

가 여러분을 설득하려 하는 것은 어불성설이지요. 또 다른 사람은 지팡이 한 개를 사용하는데 저는 두 개를 사용한다고 해서 제 몸이 튼튼하다는 증거라고 그가 주장해서는 안 되는 마당에, 제가 말을 탄 것을 제 몸이 튼튼하다는 증거랍시고 그가 여러분에게 제시해서 될 일입니까? 저는 똑같은 이유로 그 두 가지 도움을 다 받고 있습니다. 이렇듯 후안무치함이 모든 사람 중에서 극에 달한 그, 오직 한 사람에 불과한 그가, 제가 무능력자가 아니라는 주장을 여러분에게 각인시키려 합니다. 그러나 만일 그가 여러분 중 누구라도 설득해낼 수 있다면, 무엇 때문에 제가 9인 아르콘으로 추첨되는 피선거권을 갖지 못하고 있다는 것입니까? 한편으로 짐짓 건강하다는 이유로 여러분이 제가 받을 돈을 빼앗고, 다른 한편으로는 그런 이가 장애인이라고 여러분이 만장일치로 결정하는, 그런 모순된 일이 어떻게 벌어지지 않을 수 있습니까? 여러분이 건강한 이라고 해서 연금을 빼앗고, 법무장관들은 그런 사람을 무능력자라고 해서 피선거권을 박탈하는 일은 없어야 할 테니까 말이죠. 실제로 여러분은 그〔고발인〕과 의견을 같이하지 않으며, 다행스럽게도 그도 여러분과 같은 부류의 사람이 아닙니다. 마치 무남상속녀5의 사건에서와 같이 제가 처한 불행에 대해 시비를 걸면서, 제가 여러분 모두가 익히 알고 있는 그런 사람이 아니

13

14

---

5 무남상속녀에 관해서는 Lysias, 15(알키비아데스의 군역회피를 비난하여). 3 및 26(에우안드로스의 자격심사에 대하여). 12 참조.

라고 여러분을 설득하려 하고 있습니다. 그러나 여러분은, 양
식을 가진 사람들이 당연히 그러하듯이, 이 사람의 말보다 오
히려 여러분 자신의 눈을 믿을 것이지요. 또 그는 제가 무례하   15
고 폭력적이며 부도덕하다고 주장합니다. 마치 진실을 말하려
면 이런 과격한 용어를 사용해야 하고, 아주 완곡하게는 도저
히 표현할 수가 없는 것처럼 말입니다. 그러나 저로서는, 의원
여러분, 여러분이 거리낌 없이 오만방자한 자와 자못 조심하
는 자를 서로 분명하게 구분할 수 있기 바랍니다. 오만이란 극   16
빈 상태에서 노동을 하는 가난한 자가 아니라, 생활이 필요 이
상으로 풍족한 자에게서 나타나는 법이지요. 또 장애가 있는
사람이 아니라 자신의 강건한 몸에 자신이 있는 사람들에게
서, 이미 나이가 든 사람이 아니라 아직 젊고 혈기왕성한 자에
게서 나타납니다. 부자는 당면한 위기를 돈으로 모면할 수 있   17
으나, 빈자는 사는 것이 궁하여 조심을 할 수밖에 없어요. 청
년은 어른의 용서를 얻어내곤 하나, 어른이 잘못을 범하면 양
편〈세대〉 모두로부터 공격을 받게 되어 있어요. 강자는 스스로   18
피해를 보지 않고도 원하는 상대를 능멸할 수 있지만, 약자는
모욕을 당하면서도 무례를 범한 자에 대해 방어할 수가 없고
또 비난을 할지언정 그 상대를 이길 수가 없습니다. 그래서 제
소견으로는, 고발인이 저를 오만하다고 비난하는 것은 실없는
헛소리에 불과할 뿐이며, 그 비난의 목적이 제 인품에 대해 여
러분에게 고발하려는 것이 아니라, 저를 비하함으로써 그 자
신이 뭔가 잘 하고 있는 것처럼 보이려 하는 것이에요.

19   또한 고발인은 제 가게가 불한당이 모이는 장소이며, 이들이
돈을 쓰면서 자기 것을 지키려는 사람들을 음해하는 계략을 짠
다고 주장합니다. 그렇지만 여러분 모두가 유념하실 것은 이런
그의 말이 정작 저뿐 아니라 장사를 하는 다른 누구에게나 모두
해당되며, 제 가게를 방문하는 사람뿐 아니라 다른 사람의 가

20   게를 방문하는 이들에게도 똑같이 적용된다는 사실입니다. 여
러분도 각기 향수가게나 이발소, 제화점, 혹은 경우에 따라 다
른 어느 곳이라도 찾아가게 되는데, 보통은 시장에서 가장 가
까운 가게로 가게 되며, 멀리 있는 가게로 가는 경우는 드뭅니
다. 그래서 여러분 가운데 어느 누구라도 제 가게를 찾아온 사
람들을 불량배로 폄하한다면, 다른 사람의 가게를 찾아가서 시
간을 보내는 사람들에게도 똑같이 그렇게 해야만 하며, 또 그
들뿐 아니라 모든 아테나이인에게 그렇게 해야 합니다. 여러분
모두가 여기저기 가게를 찾아가서 시간을 보내기 때문이지요.

21   그러나 사실, 저는 그가 한 진술을 조목조목 상세하게 반박
하여 여러분을 더 불편하게 만들어야 할 필요성을 느끼지 않습
니다. 왜냐하면 제가 요점을 말씀드린다면, 그의 방식처럼 사
소한 것들에 천착할 필요가 무엇이 있겠습니까? 제가 부탁드리
고 싶은 것은, 의원 여러분, 저에 대해 지금까지 여러분이 가

22   졌던 바로 그 인상을 유지해달라는 것입니다. 여러분은 행운이
저의 몫으로 내려준 것, 제 나라가 제게 허락한 유일한 것을 이
사람 때문에 제게서 빼앗아가지 않도록 하시고, 또 그 한 사람
말을 듣고는 과거에 여러분이 제게 부여한 것을 지금 빼앗아가

는 일이 없도록 하십시오. 왜냐하면, 의원 여러분, 불운하게
도 우리가 가장 귀중한 것을 잃었기 때문에, 이 도시가, 불운
과 행운의 기회는 모든 사람들에게 다 똑같다고 보고, 우리가
연금을 받도록 허락했기 때문입니다. 실로, 가장 귀중한 것을   23
상실한 다음, 만일 이 도시가 저와 같은 처지의 사람들을 배려
하여 허락한 것을 고발인으로 인해 제가 빼앗기게 된다면, 어
떻게 가장 비참한 인간이 되지 않을 수 있겠습니까? 절대로,
의원 여러분, 그런 결정은 내리지 마십시오. 왜 제가 여러분과
불편한 관계에 서겠습니까? 누군가 저와 같은 처지에서 재판을   24
받고 재산을 잃은 사람이라도 있습니까? 아무도 그런 예를 찾
을 수가 없어요. 또 제가 오지랖이 넓거나 무모하거나 싸움꾼
인 줄로 아십니까? 저는 그런 사람이 될 정도의 능력을 가지고   25
사는 것이 아닙니다. 제가 아주 오만하고 사나운 사람이랍니
까? 고발인 자신도, 그 숱한 거짓말에 하나를 보태려 하지만
않는다면, 제가 그런 사람이라고 주장하지는 않을 것입니다.
아니면 제가 30인 치하에서 권력을 잡아서 많은 시민들을 괴롭
혔습니까? 오히려 저는 민중 여러분과 함께 에우리포스해협의
칼키스[6]로 추방되었고, 또 무사하게 30인과 함께 도시에서 지
낼 수도 있었으나, 스스로 추방의 길을 선택하여 여러분과 위
험을 같이했습니다. 그래서 제가 부탁드리고 싶은 것은, 의원   26
여러분, 아무 죄도 없는 저를 잘못을 많이 저지른 사람과 똑같

---

6   30인 참주 시기에 많은 아테나이인이 칼키스로 도피해 갔다.

이 대우하지 마시라는 것입니다. 또 제가 공금을 책임지고 있다가 회계보고를 하거나 지난날 어떤 공직에 있었던 사안에 관련하여 조사를 받는 것이 아니라 그저 한 푼어치 돈을 위해 변론을 하고 있다는 사실을 감안하셔서, 다른 의원들께서 저를 위해 베풀어준 것같이 여러분도 지지를 해주십사 하는 것입니다. 그러면 여러분은 공정한 결정을 내리게 될 것이고, 저로서는 그 보답으로 여러분에게 마땅히 감사를 드릴 것입니다. 그리고 저를 고발한 자는 앞으로 자신보다 더 약한 사람을 음해할 것이 아니라 그와 동등한 자들에게 필적해야 할 것입니다.

27

25

민중해체 혐의에 대한 변호

역자 해설

이 변론의 화자는 널리 알려진 사람은 아니다. 화자는 민중해체 혐의 자체에 대한 변호를 한다기보다, 공직에 취임하기 전 자격심사[1]를 받고 있는 것으로 추측된다.

피고는 테라메네스[2]와 같이 중립적 정치노선에 있었고, 30인 참주 체제가 수립되었을 때는 아테나이에 그대로 남아 있었다. 이 30인 집권 시기에 그는 어떤 공직에 제수되거나 그들에게 적극 협조한 일은 없었지만, 그럼에도 아테

---

1 이 변론 14절의 '지금 여러분으로부터 제가 칭찬을 들어야 마땅한 것이죠'(*hyph' hymon nyni timasthai dikaios eimi*) 라는 표현이, 이 변론이 자격심사를 위해 이루어진 것이라는 방증이 될 수 있겠다.

2 테라메네스는 중립적 성향의 정치가라 할 수도 있다. 기원전 5세기 말 펠로폰네소스전쟁이 끝나갈 무렵 아테나이에서는 과두정이 두 번 수립되었는데, 그는 두 차례(기원전 411년, 기원전 404년) 모두 관여하여 앞장을 섰다. 그러나 첫 번째 과두정에서는 민주정으로 다시 회귀하는 데에도 일조했고, 두 번째 과두정(혹은 참주정)에서는 과격한 참주정을 지향했던 크리티아스에게 반대하다가 처형되었다. Lysias, 12 (30인에 속했던 에라토스테네스를 비난하여) 참조.

나이에 남아 있었다는 사실 자체로 비난의 대상이 되었다.

이 변론은 리시아스의 작품 중에서 가장 우수한 것 중의 하나에 들어가며, 그 수사적 기법과 함께 자신의 정치적 성향을 보여주는 점에서도 뛰어난 것으로 간주된다. 리시아스는 그의 중립적 정치성향과 함께 정치철학에 대한 자신의 관점을 분명하게 드러내고 있기 때문이다.

이 글의 작성 시기는 기원전 410~400년경으로 추정된다.

⚖️

1   여러분께 양해를 구합니다, 배심원 여러분. 이 같은 진술을 들으시고 지난 일을 기억해내신다면 도시(아테나이 도심)에 남아 있던 모든 사람들에 대해 분노하실 테니까요. 그러나 제가 당혹스러워하는 것은 고발인들(원고)이 자신들이 연루된 현안이 아니라 다른 사람들의 문제를 건드리는 것입니다. 이들은 누가 어떤 부정도 행하지 않았고 또 누가 부정을 많이 행했는지를 잘 알고 있으면서도, 이득을 탐하여 우리 모두(도심에 남아 있던 사람들)를 동일하게 취급하도록 여러분을 설득하려 하고 있

2   습니다. 30인 치하에서 도시에 일어난 일이 모두 저 때문이라고 그들이 믿는다면, 그렇게 믿는 사람이 어리석은 것이라고 저는 생각합니다. 왜냐하면 30인에 의해 행해진 일들에 대해 그들이 조그마한 일도 거론하고 있지 않기 때문입니다. 또 제

가 그런 일들에 연루되었다고 그들이 진술한다면, 그것은 거짓말일 뿐입니다. 저 자신은 페이라이에우스로 떠나간 사람들도 만일 도시(아테나이 도심)에 남아 있었다면 했을 법한 그런 처신을 했다는 점을 밝히려 합니다. 배심원 여러분, 여러분께 청컨대, 험담꾼들에게 넘어가지 마십시오. 특히 이들은 아무런 잘못도 범하지 않은 사람에게조차 비난하는 것을 소일거리로 합니다. 무엇보다 그런 일로 돈을 벌기 때문입니다. 그러나 여러분은 아무 잘못을 범하지 않은 사람들이 동등한 참정권을 갖는다고 여깁니다. 그래야 현재 정치체제에 대해 더 많은 지지자들을 얻을 수 있기 때문입니다. 배심원 여러분, 제가 만일 어떤 불행의 원인도 제공한 것이 없고 또 제 몸과 재산으로 도시에 많이 기여한 것으로 드러난다면, 기여를 한 사람들뿐 아니라 잘못을 하지 않은 사람들이 당연히 갖는 것이 여러분으로부터 제게 주어져야 합니다. 제가 분명한 증거로 제시하는 것은, 고발인들이 저의 사생활을 비난할 수 있었다면 저를 30인의 범죄와 관련시키지 않았을 것이고, 또 30인의 비행에 관한 것을 가지고 엉뚱한 이들을 음해하려는 생각을 갖지 않았다면, 불법을 행한 자들만을 응징하려 했을 것이라는 말이죠. 그러나 지금 이들은 30인에 대한 여러분의 분노가 잘못한 일도 없는 사람들까지 파멸시킬 수 있다고 믿고 있습니다. 도시에 지대한 공헌을 한 이들이 따로 있는데, 그로 인한 명예와 감사를 여러분에게 다른 이들이 대신 받는 것은 옳지 못하고, 또 악행을 많이 저지른 이들이 있다 해도 그 때문에 어떤 불법도 행하지 않

3

4

5

6

은 사람들이 음해를 받고 창피를 당하는 것은 옳지 않습니다. 실로 도시 안에는 악의를 가진 이들이 상당수 있고 또 부당하게 사람을 음해하여 이득을 보려고 하는 사람들도 많습니다.

7 　시민들 중 어떤 이들이 과두정체 혹은 민주정체를 더 선호하는지 여러분에게 말씀드리도록 하겠습니다. 그래야 여러분이 실상을 이해하는 데 도움이 되고, 또 저는 민주정체와 과두정체에서 다 같이 제가 행한 바를 통해 여러분 민중을 음해하는 어떤 행위도 한 적이 없음을 증명함으로써 제 자신을 변호할

8 수 있을 테니까요. 무엇보다 먼저, 사람이 천성으로 민주정치 혹은 과두정치의 성향을 갖는 것이 아니라, 각자에게 득이 되는 정치체제가 수립되기를 원한다는 점에 유념할 필요가 있습니다. 그러니 더 많은 사람들이 현재의 정치체제를 원하는지는 적잖이 여러분이 하기에 달려 있습니다. 사리가 그러하다는 것을 여러분은 전례를 통해 어렵지 않게 깨달을 수 있지요.

9 배심원 여러분, 양측의 당수들이 모두 정치적 노선을 몇 번이나 바꾸었지요. 프리니코스와 페이산드로스, 그리고 그들을 추종했던 민중 지도자(선동정치가)들이 지난번 과두정3을 수립하지 않았습니까? 그랬던 것은 그들이 여러분에게 많은 잘못을 저질러서 그 때문에 벌을 받을까 두려워했기 때문이었어요. 400인 중 다수가 페이라이에우스의 시민들과 함께하여 돌

3 　기원전 411년의 400인 과두정을 뜻한다. 프리니코스와 페이산드로스가 과두정부의 중심이 되었다.

아왔으나, 일부는 400인을 추방하고 30인이 되었지요. 또 엘레우시스에 쳐들어가자고 이름을 올린 사람들 중 일부는 여러분과 함께하여 도리어 자신의 동료들을 포위했어요. 4 그러니   10
배심원 여러분, 우리들 사이의 차이점이란 정치적 입장이 아니라 각자의 사적 이익이라는 것을 누구나 어렵지 않게 알 수 있습니다. 그런 관점에서, 민주정체에서는 어떤 입장을 취했는가를 살펴보시고, 정체의 개변을 통해 어떤 이득을 챙겼는가를 조사하여, 이에 따라 시민들을 평가하셔야 합니다. 그래야만 사람들에 대한 확실한 평가를 내릴 수 있기 때문이죠. 제   11
생각으로는, 민주정체하에서 수행감사를 통해 불명예에 처해지거나 재산을 뺏기거나 또 다른 불이익을 당한 사람들이 정치체제의 변화를 원하는 것이지요. 변화가 오면 무언가 득 볼 것이 있을 것 같은 희망에서 말입니다. 그러나 민중에게 많은 기여를 하고 아무런 해를 끼치지 않았으며, 재판에 회부되기보다는 그 기여한 바로 인해 오히려 여러분의 감사를 받아야 하는 사람들에 대해서는, 그들을 비난하는 험담꾼의 말에 여러분이 넘어가서는 안 됩니다. 공직을 맡았던 모든 사람들이 그들을 과두파라고 주장한다 해도 그렇습니다.

그런데 배심원 여러분, 저는 사적으로나 공적으로나 그 당   12

---

4   스파르타의 왕 파우사니아스의 중재로 양측이 협상을 하여 30인 치하에서 아테나이 시내에 머문 사람들은 엘레우시스로 건너갔다. 그들 중 일부가 돌아와서 페이라이에우스에 있던 사람들과 접촉을 하고 이전에 엘레우시스에 머문 사람들을 공략한 사실을 말한다(기원전 404년).

시 당면한 불행을 모면하기 위해 정치체제의 전복을 원할 만한 그런 질곡에 처하지 않았습니다. 오히려 다섯 번이나 삼단노 전선주를 역임했고, 네 번이나 해전에 참가했습니다. 전쟁[5]이 일어나면 많은 돈을 기부했고 다른 시민 누구에게도 뒤지지 않

13 는 또 다른 공공부담을 수행했습니다. 이런 과정에서 저는 도시가 제게 요구하는 것 이상으로 기여하면서, 여러분에게 더 나은 사람으로 평가받고, 또 제게 어떤 불행이 닥치면 좀더 유리한 위치에서 극복할 수 있기를 바랐습니다. 그런데 과두정체하에서 이 모든 혜택의 가능성을 다 상실했습니다. 이들 과두파는 민중을 위해서 기여한 사람들을 자신들의 호의를 받을 만한 가치가 있는 사람으로 간주하지 않았고, 오히려 여러분에게 더 많이 해를 끼친 사람들에게 명예의 지위를 수여했어요. 마치 우리에 의해 신임을 받기라도 한 것처럼 말이지요. 여러분 모두 이런 사실을 기억하시고 그들의 말을 믿지 마시어, 그들이 행한 바를 통해 한 사람 한 사람씩 검증해야 할 것

14 입니다. 그런데 배심원 여러분, 저는 400인[6] 체제에도 동참한 적이 없습니다. 고발인 가운데서 누가 와서 제가 이런 일에 연루되었다고 비난할 것이 있다면 얼마든지 하라고 하십시오. 또 30인[7]이 들어섰을 때 제가 의원이 되거나 혹은 어떤 관직에

---

5 기원전 431년에 시작하여 404년에 끝난 펠로폰네소스전쟁을 말한다.
6 기원전 411~410년에 수립되었던 과두정체를 말한다.
7 기원전 404~403년에 수립되었던 과두적 참주정체를 말한다.

라도 있었던 사실 또한 아무도 증명할 수가 없어요. 실로, 제게 기회가 있었는데도 제가 원하지 않아서 안 한 것이라면, 지금 여러분에게 칭찬을 들어야 마땅하겠죠. 8 또 다르게 당시 권력을 가진 자들이 저를 공직에 임명하는 것이 옳지 않다고 보았다면, 이런 사실 아닌 다른 어떤 방법으로 고발인들이 거짓말하고 있음을 증명할 수가 있겠습니까?

또한 배심원 여러분, 저의 또 다른 행적도 감안하실 필요가 15 있습니다. 도시에 불행이 닥쳤을 때 제 입장에 관련하여 말씀드리자면, 만일 모든 이가 저와 같이 처신하기만 했더라면 여러분 중 누구라도 아무런 불행을 겪지 않았을 거예요. 과두정체하에서 저로 인해 누구도 체포된 적이 없고 또 제 적조차 처벌받은 이가 없기 때문입니다. 또 제 친구라고 해서 누구라도 혜택을 본 것이 없는데, 사실 이런 것이 놀랄 정도로 특별한 것 16 은 아니지요. 당시에는 잘되도록 하는 것은 어려웠지만, 원한다면 해를 끼치는 것은 쉬웠거든요. 저는 어떤 아테나이인을 요시찰인 명부에 올리도록 한 적도 없고, 중재관이 되어 누구에게 불리하도록 판정한 적도 없으며, 여러분의 불행을 이용하여 저의 부를 증식시킨 적도 없습니다. 여러분은 발생한 해악의 원인 제공자에게 화가 나는 것일 뿐이므로, 아무런 잘못을 저지르지 않은 사람들은 여러분의 존경을 받아야 합니다. 실로, 배심원 여러분, 저는 민주정체에 최대한 충성을 바쳤습 17

---

8 이런 표현으로 보아 이 변론은 자격심사와 관련하여 발표된 듯하다.

니다. 큰 권력을 잡았을 때도 저는 아무런 잘못을 하지 않았고, 지금도 잘못을 하면 바로 처벌받는다는 것을 잘 알고 있으며, 쓸모 있는 시민이 되려고 최선을 다하고 있습니다. 시종 같은 입장으로, 과두정체하에서 남의 것을 탐하지 않았고, 민주정체하에서는 여러분을 위해 제가 가진 재물을 기꺼이 쓰려고 합니다.

18   제 생각에, 배심원 여러분, 과두정체하에서 아무런 해를 입지 않았다고 해서 사람을 미워하는 것은 부당하며, 오히려 민중을 음해한 자들에게 분노해야 할 것입니다. 추방되지 않은 사람들이 아니라 여러분을 추방한 자들, 재산을 보존하고자 노력한 사람들이 아니라 남의 재물을 없앤 사람들, 또 안전을 도모하기 위해 도시에 남은 사람들이 아니라 다른 사람을 파멸시키기 위해 권력에 동참한 사람들을 적으로 간주해야 할 것입니다. 만일 저이들(30인)이 음해하지 않고 남겨둔 사람들을 여러분이 파멸시키고자 한다면, 어떤 시민도 남아나지 못할 것입니다.

19   배심원 여러분, 여러분은 다음과 같은 사실도 고려하셔야 합니다. 주지하듯이, 이전의 민주정체하에서 공직에 있었던 이들 가운데 다수가 공공재산을 도둑질했습니다. 일부는 여러분의 희생을 담보로 뇌물을 받았고, 험담꾼들은 동맹국들을 이반하게 했지요. 만일 30인이 이들을 처벌하기만 했다면 여러분은 이들(30인)을 의로운 사람들로 간주했을 테지요. 그러나 지금, 잘못은 이들이 범했는데도 민중을 처벌하는 것이 올

바르다고 판단하고 있으므로, 이들의 잘못을 온 도시에 전가시키는 것은 끔찍하다는 생각에서 여러분은 분노하는 것이지요. 여러분이 범죄라고 보았던 그들의 행위를 여러분이 그들에게 행한다든지, 혹은 여러분이 당했을 때에는 부당하다고 생각한 행위를 여러분이 남에게 행한다든지 하는 일을 정당화하는 것은 옳지 못합니다. 여러분이 추방되었던 동안 스스로에 대해 가졌던 생각을, 귀국한 다음에는 마찬가지로 우리들에 대해서도 가지십시오. 그렇게 함으로써 여러분은 최고의 거국적 화합을 도모하고, 도시는 지극히 번영하며, 적에 대해서는 가장 치명적인 결정을 내릴 수가 있을 것입니다. **20**

배심원 여러분, 30인 치하에서 일어난 일들을 염두에 두어야 하는 이유는 적의 죄상이 여러분으로 하여금 더 나은 길을 도모할 수 있게끔 하기 때문입니다. 도시(아테나이 도심)에 남아 있던 사람들이 한마음으로 뭉쳤다는 소식을 들었다면, 우리의 화합으로 여러분의 추방 기간은 더 길어지고 귀국의 꿈은 물거품이 된다고 생각했겠지요. 그러나 3천 명이 내분을 겪고 또 다른 시민들이 도시에서 쫓겨났으며 30인이 서로 분열하기도 했습니다. 또 여러분을 두려워하는 사람의 수가 여러분을 적대하는 사람의 수보다 더 많다는 사실을 깨닫고는 돌아와서 적을 응징할 수 있다는 희망을 가지게 되었지요. 여러분은 그들(30인)이 행하는 짓거리를 그대로 계속 행해주기만을 신들에게 기원했어요. 여러분이 귀환하는 데 더 확실하게 도움이 되는 것이 추방된 이들의 힘 자체보다는 30인의 악 **21** **22**

23 행이라고 생각했기 때문입니다. 배심원 여러분, 여러분은 지
난 일들을 거울로 삼아서 미래를 설계해야 하고, 또 서로 화
합을 도모하여 맹세와 약조를 충실히 따르는 사람들이 가장
민주적이라고 생각하셔야 합니다. 이들은 도시의 안전을 도
모하고 적을 엄벌하는 최선의 방법이 이런 것이라고 보기 때
문이지요. 적들에게 가장 치명적인 것은 우리가 일상을 더불
어 영위하는 모습을 보는 것, 또 시민들이 서로 아무런 해악
도 끼친 적이 없는 듯이 대한다는 사실을 깨닫게 하는 것입니

24 다. 여러분이 명심해야 할 것은, 배심원 여러분, 추방된 사람
들은 남아 있던 시민들 중 가능한 한 많은 사람들이 비난을 받
고 불명예 처분을 받길 원한다는 사실입니다. 그들(추방된 이
들)은 여러분이 배척한 이들이 자신의 동지가 되기를 바라고,
오히려 험담꾼들이 여러분의 신임을 얻어서 도시에서 영향력
을 행사하기를 기다리는 것이지요.

25 400인 체제 이후의 상황에 대해서도 돌아볼 필요가 있습니
다. 이들이 여러분에게 제공했던 조언이 여러분에게 득이 된
적이 없었지만, 제가 드린 권고는 두 가지 정치체제에서 모두
도움이 되었지요. 에피게네스, 데모파네스, 클레이스테네스
는 도시의 불행을 이용하여 사적인 이익을 도모한 반면, 공적
으로 최악의 피해를 가져온 원흉이었다는 사실을 여러분은 잘

26 알고 있습니다. 이들은 재판도 열지 않고 몇 사람을 처형하고
많은 이들의 재산을 부당하게 몰수했고, 또 많은 사람을 추방
하고 불명예에 처하도록 여러분을 사주했지요. 실로 이들은

돈을 받고는 잘못한 이들을 풀어주는가 하면, 아무 잘못도 범하지 않은 사람들을 여러분 앞으로 보내어 파멸시켰습니다. 도시가 내분되고 극도의 불행으로 치달았지만, 또 그들 자신이 빈자에서 부자가 될 때까지 그들은 비행을 멈추지 않았어요. 그러나 여러분은 추방된 자들을 받아들였고, 불명예에 처 27 해진 사람들의 명예를 회복시켰으며, 또 다른 사람들과는 화해의 맹세를 했지요. 급기야 여러분은 과두정체하에서 공직을 맡은 자들[9]보다 민주정체하의 험담꾼들을 처벌하는 것을 더 좋아했어요. 그 점은 아주 적절했습니다. 배심원 여러분, 주지하듯이, 과두정체하에서 부당한 처우를 받은 사람들 덕분에 민주정체가 들어서게 되었고, 또 민주정체하에서 험담을 일삼은 사람들 덕분에 두 차례 과두정부가 들어섰기 때문이죠. 그러니 여러분에게 도움이 된 적 한 번 없는 조언을 해준 사람들에게 자꾸만 자문을 구해서는 안 됩니다. 또 유념하실 것은, 28 페이라이에우스로 간 사람들은 최고의 명성을 얻었고 극도의 위험을 불사했으며 여러분에게 많은 기여를 하면서, (민주정체가 회복된 후 지난 일을 불문에 부치자는) 맹세와 약조를 성실히 지키도록 수차례 여러분 민중을 독려했다는 점입니다. 그런 행동이 민주정체를 지키는 보루라 여겼던 것이지요. 서로의 맹세와 약조는 도시에 남아 있던 사람들에 대해서는 지난 일에 대한 사면이 되고, 또 페이라이에우스에서 들어온 사람들에

---

9 400인 등을 말한다.

대해서는 (민주)정체의 오랜 지속을 보증하기 때문입니다. 10

29 여러분은 추방되었다가 남의 도움으로 돌아왔고 귀국한 다음
에는 험담을 일삼는 이들보다는 도시에 남아 있던 사람들을 믿
는 것이 훨씬 더 타당합니다. 제 생각에, 배심원 여러분, 도시
에 남아 있던 사람들 중에 저와 같은 입장에 있는 사람들이 과
두정체하에서나 민주정체하에서나 변함없이 시민으로서 어떻

30 게 처신했는지를 증명한 것 같습니다. 그러나 30인 체제에 동
참하도록 했다면 무엇을 했을까 자못 의심이 가는 사람들은 지
금 민주정체하에서 30인과 같이 행동하면서, 갑자기 빈자에서
부자가 된다거나, 막강한 권력을 행사하면서 감사도 받지 않
으며, 화합보다 의혹을 부추기고, 평화보다 전쟁을 사주하며,
우리가 헬라스인들 사이에서 믿을 수 없는 사람들로 낙인찍히

31 도록 하는 자들입니다. 이뿐만 아니라 그들은 수많은 해악의
원인 제공자이며 30인과도 전혀 다를 바 없으나, 다른 점이 있
다고 한다면, 30인은 그들의 목적을 과두정체하에서 추구했으
나, 이들은 민주정체하에서 같은 짓을 한다는 것이죠. 지금도
이들은 그런 방식으로, 필요할 때는 누구든지 음해하는 일을
자행하고 있습니다. 마치 다른 이들은 죄가 있는데 자신들은

32 최고의 덕을 가진 사람들인 것처럼 말이지요. 그런데 정작 이
해하기 어려운 것은 이들이 아니라 바로 여러분입니다. 왜냐

---

10 (아테나이) 도심 사람들과 페이라이에우스 사람들이 서로 대립한 사실에 대해
Lysias, 12(30인에 속했던 에라토스테네스를 비난하여). 92 이하 참조.

하면 여러분은 실로 민주정체가 수립되었다 생각하지만 상황은 그들이 원하는 대로 돌아가고 있고, 또 민중을 해친 이들이 아니라 오히려 그들을 위해 재산을 기여하지 않으려 한 사람들이 처벌받고 있기 때문입니다. 이들은 다른 사람들 덕에 번영하고 자유로운 도시를 갖기보다는 곧 도시를 보잘것없는 것으로 전락시키게 될 거예요. 페이라이에우스에서 위험을 겪은   33
대가로 이들은 지금 자신이 원하는 대로 할 수 있다고 생각하고 있어요. 그런데 나중에 여러분이 다른 이들에게 도움을 받게 된다면, 이들은 제거되고 오히려 다른 이들이 큰 세력을 얻게 될 거란 말이에요. 그게 걱정이 되어서 이들은 단합하여 여러분이 다른 사람 득을 보기라도 할까 봐 방해를 하는 것이지요. 이와 같은 그들의 속성은 원한다면 누구라도 어렵지 않게   34
파악할 수 있습니다. 왜냐하면, 그들은 감추려고 하지도 않고, 오히려 비열한 사람으로 보이지 않을까 봐 안달하는 사람들이거든요. 게다가 여러분은 스스로 보기도 하고, 또 다른 많은 이들에게서 듣기도 하죠. 그러나 배심원 여러분, 우리는 모든 시민들에 대해 했던 맹세와 약조를 여러분이 착실히 수행해야 한다고 봅니다.[11] 그렇지만 여러분에게 해를 끼친 이들이   35
처벌받는 것을 보게 된다면, 여러분이 겪었던 질곡을 감안하

---

11 펠로폰네소스전쟁이 끝났을 때 아테나이 도심에 있던 과두파와 그 외항 페이라이에우스를 장악하고 있던 민주파 사이에 화해를 하기로 서약하고, 앞으로 서로 보복하지 않기로 사면령이 내려진 사실을 말한다.

여 양해를 하렵니다. 그러나 여러분이 아무런 죄가 없는 사람
조차 잘못을 저지른 사람들과 같이 처벌한다는 사실이 명백히
드러난다면, 그런 판결은 우리 모두를 불신으로 … 12

---

12 글자가 누락된 곳으로, '불신'〔*hypo* (*psian*)〕은 C. M. Francken (1865년 판)이 보
충한 것이다.

26

에우안드로스의 자격심사에 대하여

역자 해설

이 변론은 500인 의회 앞에서 발표된 것으로서, 에우안드로스가 명칭(수석) 아르콘으로 임명되기 직전에 행해진 자격심사에 관한 것이다.

기원전 487년 이후 9인 아르콘(장관)들은 유명 가문 사람들뿐만 아니라 모든 아테나이인을 대상으로 하여 추첨으로 뽑게 되었다. 이런 변화는 당시 겸손하고 검소한 것으로 명성이 있던 정치가 아리스테이데스가 주도했다. 페르시아전쟁을 거치면서 민중이 기여한 바에 상응한 정치적 보상 같은 것이라고 할 수 있겠다.

아르콘의 임기는 1년이었고, 9명의 아르콘 중 수석 아르콘은 '명칭' 아르콘이라 불렸다. 각각의 해를 그의 이름으로 명기했기 때문이다. 사실 9명의 아르콘뿐 아니라 모든 공직자는 임기가 시작하기 전에 500인 의회 혹은 재판소의 자격심사를 거쳐야 한다. 이 자격심사는 공적 · 사적 삶의 과정 전체를 조명하는 것[1]으로서, 도시에 대한 기여나 개인적 삶의 과정을 평가의 대상으로 한다.

---

1   Lysias, 16(의회 의원의 자격심사에 임한 만티테오스를 변호하여). 9 참조.

기원전 382년 레오다마스가 명칭(수석) 아르콘 예정자 자격심사를 받게 되었을 때, 콜리토스 출신의 트라시불로스가 그를 반대했고, 의회는 그 비난이 근거가 있다고 판단하여 레오다마스를 실격시켰다. 그 후임으로 에우안드로스가 추첨되었으나, 그도 마찬가지로 자격심사 과정에 의회와 재판소의 판정을 거치게 되었다. 의회에서 잘 알려지지 않은 한 시민이 에우안드로스를 비난하고 나섰던 것이다.

이 변론은 상당 부분이 사라져서, 도입부, 논리 전개의 구도, 주제, 증거 제시 등을 볼 수가 없다. 다른 전언들을 통해 우리가 알고 있는 사실은 에우안드로스가 이 자격심사를 통과했다는 것이다.

⚖️

1   … 2 당신이 사람들에게 많은 중죄를 저질렀고 또 피해자 중 일부는 그런 사실을 잊어버리고 기억을 못할 것이라는 사실을 익히 알고 있으므로, 이렇듯 한 세월이 흐른 다음이라 사람들이 자격심사를 엄격하게 하지 못할 것이라 기대하겠지요. 제가 정말 화나는 것은 말이죠, 그가 피해자와 이 사건에 대해 결정을 내리는 사람이 다를 것이라고 생각한다는 것입니다. 말하자면, 피해를 본 사람과 그 이야기를 듣는 사람이 서로 같은 이

---

2   서두의 도입부, 목적, 에우안드로스가 받는 혐의와 증거 논증 등의 내용이 사라지고 없다.

가 아니라는 기대를 가지고 그가 여러분 앞에 나선다는 것이에
요. 이런 상황에 대한 책임은 다름 아닌 여러분에게 있습니다.   2
도시가 라케다이몬인들 치하3에 있을 때, 그들은 여러분을 예
속인만도 못하게 만들었을 뿐 아니라 여러분을 도시에서 쫓아
내버렸습니다. 그런데도, 정작 여러분이 도시를 해방시켰을
때는 그들에게 자유는 물론이고 재판 업무와 민회의 공무에 참
석하는 권한까지 부여했습니다. 이로 인해 그들이 여러분의
우둔함을 간파하고 있다는 사실을 간과했기 때문이지요. 그들   3
가운데 한 사람인 이 사람(에우안드로스) 4은 그 같은 권리를 양
해받은 사실에 만족하지 않고, 관련 사건5에 대한 검증을 받기
도 전에6 공직에 임하려 하고 있어요. 지금 제가 듣기로, 그는
한편으로 자신에게 주어지는 혐의에 대해 아주 간단한 해명을
통해 문제를 어물쩍 무마하고 변명으로 비난을 피해가려 합니
다. 다른 한편으로는 도시를 위해 많은 돈을 썼고 긍지를 가지
고 도시를 위해 의무를 부담했으며 또 민주정체하에서 수많은
빛나는 승리를 거두었다는 사실, 그리고 자신은 단정한 사람

---

3   30인 참주정 시기를 말한다.
4   에우안드로스는 트라시불로스의 주동으로 레오다마스가 심사에서 탈락된 다음 수
    석 아르콘에 추첨되었다.
5   과두정부하에서 에우안드로스가 관여한 사안으로 이 변론 앞부분 사라진 글에 언
    급되었던 것으로 추론된다.
6   아마도 과두정부하에서 에우안드로스가 한 행적을 가리키는 것으로 그 구체적 내
    용은 사라진 앞부분에 나왔을 것으로 추정된다.

으로서 여기 다른 사람들이 감행한 그런 행위를 했다고 밝혀진 적이 없으며 그저 스스로의 일에 몰두해왔다고 주장할 것이라고 합니다. 저는 그의 이러한 변명에 대해 반박하기 어렵지 않다고 생각합니다. 공적 부담의 수행과 관련하여 말하자면, 그의 부친은 가진 재산으로 기여하기보다는 오히려 부담을 회피하려고 했습니다. 그래서 민중의 기대를 저버리고 민주정체를 해체했기 때문에, 공적 부담으로 헌금을 기여한 사실보다는 (민주정을 배반한) 그런 행위에 대한 기억이 더 강하게 남게 된 것입니다. 단정함과 관련하여서는 현재 객기를 부릴 힘도 없는 상황을 기준으로 그가 신중한 사람인가를 판단할 것이 아니라, 원하는 대로 할 수 있는 상황에서 거리낌 없이 불법행위를 하던 당시를 기준으로 판단해야 할 것입니다. 그가 지금 아무런 죄를 짓지 않는 것은 그를 저지하는 사람이 있기 때문이지만, 그때 발생한 상황은 그의 성질 때문, 그리고 그가 그런 행동을 하도록 허락한 사람들이 있었기 때문입니다. 그가 이런저런 변명으로 자격심사를 통과하려 한다면, 여러분은 과거의 상황들을 고려하셔야 합니다. 여러분이 그에게 우둔한 사람으로 보이지 않으려면 말입니다.

6   여러분이 다른 공직자를 뽑을 시간이 없으며, 그를 실격시킬 경우 전통으로 지내오던 제사도 부득불 지내지 못하게 된다고 그들이 주장한다면, 여러분은 이 점에 유념하십시오. 이미 시간은 많이 흘러버렸고 내일이 한 해의 마지막 날이라, 법을 무시하고서 배심원단을 구성할 수도 없는 그날, 구원자 제우스

에게 제물을 드리게 된다는 점 말입니다. 이 모든 상황이 그로   7
인해 초래된 마당에, 떠나는 공직자들에게 이렇듯 불법행위를
부추기는 그가 공직자로 임명될 경우 우리가 무엇을 기대할 수
있겠습니까? 실로 한 해 동안 이런 일을 약간만 하고 말겠습니
까? 저는 그렇지 않다고 봅니다. 이런 문제뿐 아니라 여러분이   8
유념해야 할 또 다른 사안이 있습니다. 둘 중에 무엇이 더 중요
한 것인가 하는 것입니다. 실제로 지난날 하던 대로, 미래의
공직자들을 위해 왕(바실레우스 아르콘)과 동료 장관들이 드리
는 제사, 아니면 사정을 아는 사람들이 증명하듯이 오염된 손7
을 가진 이 사람이 주관하는 제사 중 어느 것이 더 경건한 것인
지 하는 점, 또 여러분이 자격심사도 거치지 않은 사람을 공직
자로 세워도 되는 것인지, 아니면 공직에 어울리는 사람을 자
격심사를 거쳐 임명하겠다고 맹세한 것인지를 말입니다. 여러
분은 이런 점을 염두에 두어야 합니다. 또 여러분이 유념할 것   9
은, 자격심사 관련법을 만든 사람은 과두정부하의 공직자들에
대해서도 같은 정도로 고려했다는 것입니다. 입법자는 민주정
체를 해체한 사람이 다시 시민들의 민주정부(폴리테이아)에서
공직에 임함으로써, 그전에 치욕스럽고 곤혹스럽게 해를 끼친
그 법과 도시를 다시 통치한다는 것이 어불성설이라고 본 것입
니다. 그래서 자격심사를 소홀히 하거나 대수롭지 않은 일이라
생각하여 무시해서는 안 되고, 정신을 바짝 차리셔야 합니다.

---

7   30인 참주에 의한, 폭력적 수단을 이용한 살해행위를 일컫는 것으로 추정된다.

민주정부와 민중 여러분의 안전이 공직자 개개인이 바르게 통

10 치하는 데 달려 있기 때문입니다. 그가 지금 의회 의원이 되기 위해서 자격심사를 받고 있다고 치고, 30인 치하의 기병 복무 명판[8]에 그 이름이 올라 있었던 사실을 생각해보신다면, 여러분은 고발인이 없어도 자격심사에서 그를 탈락시켰을 것입니다. 그런데 지금, 기병이나 의원으로만 있었던 것이 아니라 민중에게 해를 끼쳤던 사실이 드러났기 때문에, 여러분이 그에 대해 유감을 갖지 않는다면 여러분이 우둔한 까닭 아니겠습니까?

11 또, 만일 그를 다른 이와 함께하는 500인 의회의 의원으로 지명하신다면, 그저 1년만 의회 일을 하고, 또 그동안 나쁜 일을 하려 해도 다른 의원들이 쉽게 그를 저지할 수 있겠지요. 그러나 이런 공직(수석 아르콘)에 임명된다면, 혼자서 권력을 행사하고 그 후에도 아레오파고스에서 종신토록 가장 중요한 사

12 안[9]에 대해 영향력을 행사할 것입니다. 그러니 여러분은 다른 어떤 직책보다 이 직책에 대한 자격심사를 더욱 엄격하게 해야 할 것입니다. 그렇지 않으면, 나머지 시민 민중이 어떤 생각을 할 것 같습니까? 자신이 행한 잘못 때문에 마땅히 벌을 받아야 할 사람이 오히려 이렇듯 고위공직에 임명된다는 사실, 또 스스로 아레오파고스 의회에서 재판받아야 할 사람이 오히려 살

---

8 '명판'이란 나무판자에다 석회를 칠해서 각종 공적 공지를 적는 것이다. 이 명판의 기록은 강조로서의 의미를 갖는다. 이 책 용어 해설 중 '명판' 항목 참조.
9 살인죄의 일부, 신성모독죄 등이 아레오파고스 의회에서 재판을 받았다.

인죄 혐의 사건을 재판하게 된다는 사실을 알게 된다면 말이지요. 더구나, 스스로 일부 고아를 양산하는 데 기여한 사람이 오히려 무남상속녀10와 고아들을 관할하는 자가 되어 화관을 쓰고 있는 것을 시민들이 본다면 말입니다. 시민들이 여러분 탓에 불쾌해질 것이라고 생각하지 않습니까? 시민들은 자신들 가운데 많은 이가 감옥으로 끌려가서 재판도 없이 그들에 의해 처형되거나 조국을 떠나도록 강요받던 당시의 상황을 기억해 낼 것이니까요. 더구나 트라시불로스가 레오다마스는 탈락시키고 이 사람 에우안드로스를 합격시키려 한 사실도 기억해낸단 말이지요. 트라시불로스는 전자(레오다마스)는 고발을 했으나, 후자(에우안드로스)를 위해서는 변호를 했는데, 그 에우안드로스가 도시에 대해 적대적이었고 많은 해악을 초래한 사실을 상기하게 될 테니까요. 만일 여러분이 그(에우안드로스)의 말에 넘어간다면, 그 원망을 어떻게 감당하시겠습니까? 앞서 여러분이 레오다마스를 탈락시킨 것은 분노 때문이라고 사람들은 알고 있습니다. 그런데 에우안드로스를 합격시킨다면 여러분은 정당한 판결을 내릴 능력이 없다는 사실을 사람들이 분명하게 깨닫게 될 것입니다. 이들은 여러분 앞에서 재판을 받

13

14

---

10 무남상속녀는 아들 상속자가 없는 집안에서 딸이 재산을 상속함과 동시에 그 집안의 근친 남자와 결혼해야 한다. 무남상속녀의 자격을 얻기 전에 결혼한 경우에도 이혼하고 집안 남자와 결혼해야 한다. 한편, 무남상속녀가 가난한 경우에 근친 남자가 그녀와 결혼하지 않으려 할 때는 지참금을 내주어야 한다. 이 책 15(알키비아데스의 군역회피를 비난하여). 3 참조.

고 있으나, 여러분은 도시 전체로부터 심사를 받고 있으며, 여러분이 어떤 결정을 내릴 것인지를 도시 사람들이 주시하고 있습니다. 여러분 가운데 누구라도 제가 레오다마스가 제 친구라서 그 편을 들어 에우안드로스를 비난한다고 생각지지는 말아 주십시오. 오히려 저는 여러분과 도시를 염려하는 것입니다. 이런 점은 다음의 사실로부터 쉽게 이해하실 것입니다. 에우안드로스를 받아들인다는 것은 레오다마스에게 오히려 득이 되는 것이,[11] 그렇게 되면 여러분 자신이 더욱 욕을 먹게 되고, 민주파 대신 과두파 인사를 관직에 임명한 것처럼 비치게 되기 때문이지요. 반면 에우안드로스를 실격시킨다면, 그때 레오다마스를 거부한 것도 공정한 처사였다는 인상을 주게 되는 것이에요. 만일 여러분이 지금 에우안드로스를 실격시키지 않는다면, 레오다마스에 대해 내린 지난날의 결정도 부당했던 것으로 보이는 것이죠.

16   제가 듣기로, 그에 대한 자격심사가 그 자신뿐 아니라 도시 (아테나이 도심)에 남아 있던 모든 이에게 영향을 미칠 것이라고 그가 주장하고, 또 여러분이 한 맹세와 서약[12]을 환기함으로써 도시에 남아 있던 이들을 규합하여 자신의 자격심사에 도

---

11 화자에 따르면, 에우안드로스를 통과시키는 것은 레오다마스에게 득이 된다. 왜냐하면 과두파를 막중한 수석 (명칭) 아르콘직에 임명하게 된다면 에우안드로스를 통과시킨 사람들이 시민의 미움을 살 것이기 때문이다.
12 페이라이에우스에 모여서 아테나이로 돌아온 사람들이, 아테나이 도심에 남아 있던 사람들에게 적대하지 않겠다고 한 서약을 말한다.

움이 되도록 하려 한답니다. 그러나 저는 다수 민중의 편에서 그에게 간단하게 말을 전하렵니다. 민중은 도심에 남아 있던 모든 사람에 대해 똑같은 입장에 있는 것이 아니란 말이죠. 그와 같이 죄를 지은 사람에 대해서는 그에 상응하는 시각에서 보아야 한다는 것이 제 의견이고, 그렇지 않은 이들에 대해서는 그 반대가 되는 거지요. 그 증거로, 후자(도심에 남아 있었으나 죄 없는 사람들)가 필레로 진격하고 페이라이에우스를 장악했던 사람13들에 결코 뒤지지 않는 명예를 도시로부터 부여받았습니다. 당연히 그래야지요. 페이라이에우스에 있던 사람들은 민주정체하에서만 그 처신한 바가 알려졌을 뿐, 과두정부하에서 어떻게 처신할 뻔했는지 아직 검증되지 않았거든요. 그러나 도심에 남아 있던 사람들은 양쪽 체제에서 모두 충분히 고초를 겪었으므로 믿을 수가 있지요. 사람들이 보기에, 체포와 처형은 피고와 같은 아류들 때문에 일어난 것인 반면, 도심에 남아 있던 다른 사람들 덕분에 체포되지 않은 사람들은 달아날 수가 있었던 것이지요. 만일 모두가 그런 마음이었다면, 도주나 귀환, 그 밖에 일어났던 온갖 일들이 원천적으로 도시(아테나이 도심)에서 발생하지 않았을 것입니다. 또 일각에서 기이하다고 보는 것은, 도심에 있던 많은 수의 사람들14이 어

17

18

19

---

13 아테나이 도심의 30인을 타도하기 위해 추방되었던 사람들이 중심이 되어 먼저 페이라이에우스 근교 필레로 진격하고 그다음 페이라이에우스를 장악한 후 아테나이 도심에 있던 사람들에게 대적한 사실을 설명하는 것이다.

14 30인 치하에서 아테나이 도심에 남아 있던 사람들을 말한다.

떻게 소수의 페이라이에우스 사람들에게 패배했을까 하는 것인데요. 그것은 다름 아니라 도심에 남아 있던 사람들의 배려 때문이었지요. 이들은, 30인과 함께하여 라케다이몬인에게 예속되기보다, 페이라이에우스에서 돌아온 사람들과 함께 나

20 라를 꾸려가기를 원했던 것입니다. 바로 이런 사실 때문에 민중이 그들을 기병대장, 장군, 사신들로 임명하여 최고의 예우로 기린 것이고, 그들에 대해서 아무런 회한을 갖지 않습니다. 많은 죄를 지은 사람들 때문에 사람들이 자격심사 제도를 도입했고, 그 같은 죄를 짓지 않은 사람들과는 화해의 서약을 맺은 것입니다. 내가 민중의 편에서 피고인 당신에게 대답할 것이 바로 이런 사실들이오.

21 의원 여러분, 여러분이 유념하셔야 할 것은 이번 자격심사에서 좀더 나은 결정을 내리기 위해 저, 그리고 이 사람을 변호할 트라시불로스, 둘 중에 누구의 말을 들어야 하는가 하는 것입니다. 그는 저나 제 아버지, 제 선조 어느 누구를 두고도 민중의 적이었다는 증거를 댈 수가 없어요. 저는 성년의 자격심사를 통과한 이후 과두정체에 협조한 적이 없습니다. 제 아버지도 이번 내란이 일어나기 오래전에 시켈리아에서 지휘를 하

22 다가 죽었고요. 제 선조들은 참주정치에 굴복하지 않고 언제나 그들에게 저항하여 궐기했기 때문이지요. 또 그는 우리가 전쟁을 통하여 재산을 얻었다거나 도시를 위해 아무것도 내놓은 것이 없다는 말을 하지도 못해요. 오히려 평시에 8탈란톤에 달했던 우리 재산 전부가 도시를 해방시키기 위한 투쟁에 들어

갔던 것이지요. 여기서 저는 그와 관련하여 너무 악랄해서 하   23
나하나 각기 사형감이 되는 범법행위 세 가지를 말씀드리겠습
니다. 첫째, 그는 뇌물을 받고는 보이오티아의 정치체제를 전
복15함으로써 우리의 동맹국을 없애버렸어요. 둘째로, 그는
우리 함대를 포기함으로써 도시로 하여금 그 안전을 염려해야
하는 지경으로 내몰았습니다. 16 셋째로는, 그 자신이 사람들
을 포로로 만들어놓고는 그들이 가진 재산에서 돈을 내지 않으   24
면 풀어주지 않을 것이라고 협박하여 30므나를 착복했어요. 17
이제 여러분은 우리 각자가 걸어온 삶의 역정에 대해 들으셨습
니다. 이런 사실을 고려하셔서 에우안드로스의 자격심사와 관
련하여 어느 편의 말을 믿어야 할 것인지를 잘 판단하시고 부
디 오류를 범하지 마십시오.

---

15 기원전 383년 포이비다스와 레온티아데스가 테바이의 아크로폴리스인 카드메이
   아를 점령하고 체제를 과두정부로 바꾼 사실을 뜻한다.
16 코린토스전쟁 막바지 무렵의 상황(기원전 388~387년)에 대해서는 Xenophon,
   Hellenika, 5. 1. 27 참조. 아테나이 함대의 선봉 트라시불로스가 패배하여 스파르
   타의 안탈키다스의 포로가 되었다. 이 패전으로 아테네는 트라케와 폰토스(흑해)
   지역으로부터 곡물 등 물자의 공급을 차단당했다.
17 트라시불로스를 향한 이 비난이 사실인지는 확인되지 않는다. 화자에 따르면, 아
   테나이 사람들이 붙들린 사람들을 구하기 위해 보석금을 보냈을 때, 트라시불로
   스가 각 개인의 재산에서 그 돈을 내라고 요구했다고 한다.

27

에피크라테스와 그 동료 사신들을
비난하는 맺음말[1]

역자 해설

에피크라테스에 관해서는 데모스테네스가 쓴 변론 〈사절임무의 그르침에 대하여〉[2]에 소개되었다. 그는 민주파에 속했고, 30인 체제가 붕괴된 후 페이라이우스파에 편승하여 아테나이로 돌아왔다. 코린토스와의 전쟁(기원전 392~387년)에도 관여했다.

　페르시아가 로도스인 티모크라테스를 통해 자금을 헬라스로 보내면서, 테바이, 코린토스, 아르고스와 손을 잡고 급기야 아테나이도 여기에 동조했을 때, 에피크라테스도 이에 협조했다. 그가 아테나이의 이런 입장에 반대했다는

1　전해지는 원래 명칭은 〈에피크라테스와 그 동료 사신들을 비난하는 맺음말〉이다. 후대의 문법학자 테오도로스가 정한 제목으로, 원래는 〈에피크라테스를 비난하는 맺음말〉이었으나, 테오도로스가 '그 동료 사신들'을 첨가했던 것으로 추측된다. 이 글 자체에는 딱히 사신에 관련된 내용이 없다. 아마 테오도로스가 같은 인물의 다른 활동을 이 글의 내용과 혼동하여 이 같은 제목을 달았던 것으로 추측되기도 한다.

2　Demosthenes, 19(*Peri tes Parapresbeias*). 276~277.

말**3**도 전하지만, 그 근거가 확실한 것은 아니다.

에피크라테스는 사신으로서 페르시아로 파견되었는데, 그 후 기원전 389년에 수뢰죄 혐의로 '엔데익시스'(endeixis) 절차에 의해 고발되어 재판에 회부되었다. '엔데익시스'에서는 고발인이 아르콘(장관) 앞으로 고발장을 제출하고, 장관은 이유가 있다고 판단하면 피고발인을 체포 구금하고, 재판에 회부할 것인지 여부를 판단한다.

고발의 빌미가 된 사건은 이로부터 3년 전에 발생했다. 이 재판에서 에피크라테스는 무죄로 방면되었다. 아마도 당시에 친(親)보이오티아파가 우세하여 영향을 미쳤던 것으로 추정할 수 있겠다. 그 후 친라코니아파가 우세하게 되었을 때 그는 사형선고를 받게 된다. 이 사건은 데모스테네스의 변론에서 언급된다.

후대 변론학자로 로도스학파에 속했던 테오도로스 같은 이는 이 변론의 표제에 '동료 사신들'이란 말을 덧붙이기도 한다. 20세기의 자카스는 이 변론이 양측의 주요 변론이 행해지고 난 다음 원고 측이 전체 혐의를 종합하면서 행하는 맺음말인 것으로 본다.

---

3   Xenophon, *Hellenika*, 3.5

아테나이인 여러분, 에피크라테스와 그 동료 사신들에 대한 　1
범죄 소명4은 충분하게 이루어졌습니다. 그럼에도 유념하실
것은, 그들이 누군가를 부당하게 파멸시키려고 요구할 때 여
러분이 그를 유죄선고하지 않는다면, 그들은 여러분이 할당받
게 될 수당을 받지 못하게 될 것5이라고 누차 주장해왔다는 사
실입니다. 사실 지금도 그들은 적지 않은 것을 요구합니다. 그 　2
래서 민중과 ⋯ 6 수모는 여러분에게, 혜택은 그들에게로 돌아
갑니다. 그들이 경험으로 터득한 것은, 그들 자신과 그들이 하
는 말로 인해 여러분이 잘못된 결정을 내릴 때마다 그들은 부
정을 행한 사람들로부터 쉽게 돈을 뜯어내게 된다는 사실입니
다. 도시의 안전이 돈에 달려 있으나, 여러분에 의해 수호자로 　3
임명되어 부정을 처벌해야 하는 자들이 도리어 도적질을 하고
뇌물을 받는 마당에, 안전을 기대할 수 있는 사람이 누가 있겠
습니까? 게다가 이들이 범행으로 붙들린 것이 이번이 처음이

4　앞에서 범죄 소명이 이루어진 것이 분명하므로, 아래 부분은 맺음말 부분으로 볼
　수 있다.
5　고발인은 중상모략에다 협박에 그치는 것이 아니라, 무고한 이와 죄 있는 자를 같
　이 이용하고 있음을 보게 된다.
6　이곳은 글자가 모호한 부분 혹은 공백이 있다. 고전 원문 및 Kaktos판에서는 민중
　⋯(plethos⋯)으로 되어 있으나, K. F. G. Foertsch 및 Loeb판에서는 고통
　(pathos)으로 바꾸었다.

4   아니고, 그전에도 뇌물수수죄로 재판을 받은 적이 있어요. 제
     가 여러분을 비난하고자 하는 것은 이러한 죄로 오노마사스를
     유죄로 판결해놓고는 또 그를 방면했기 때문입니다. 두 경우
     다 같은 사람이 이들을 고발하고 또 증인들도 같았는데 말이
     죠. 그 증인들도 다른 사람들이 아니라 바로 금전과 뇌물에서
5   그들과 직접 연루된 사람들이었어요. 7 주지하시듯이, 범죄를
     예방하는 전례를 만드는 것은 달변이 아닌 사람을 처벌하는 것
     이 아닙니다. 오히려 그런 능력을 가진 사람들을 벌함으로써
     여러분은 어느 누구도 여러분의 이익에 반하는 범죄를 짓지 않
6   도록 예방하게 되는 것이죠. 그런데 지금 그들은 거리낌 없이
     여러분의 것을 훔쳐가고 있습니다. 만일 발각되지 않는다면
     그들은 아무런 두려움 없이 훔친 것을 가지고 재미를 볼 것이
     고, 들키게 된다면, 훔친 물건 중의 일부만을 내놓고 기소당하
     지 않고 피해가거나, 재판에 회부된 다음 자신의 꼼수로 살아
     남든가 하겠지요. 배심원 여러분, 바로 지금 여러분은 이들을
     벌함으로써 다른 사람들도 정직하게 살아가도록 하는 전례를
7   만들 수 있습니다. 도시 위정자들이 모두 이곳으로 와서 우리
     가 하는 말에는 관심을 보이지 않고, 오직 여러분이 범죄자들
     에게 어떤 결정을 내리게 될 것인지 하는 데만 신경을 쓰고 있
     습니다. 그러니 여러분이 이 범죄자들을 방면한다면, 위정자

---

7   현안의 소송을 제기한 자가 지난날 에피크라테스와 그 주변 사람들을 고발했던 사실
     이 있음을 말한다. 또 같은 인물들이 이 두 가지 사건에서 혐의 사실의 증인이었다.

들은 아무것도 두려워하지 않고 여러분을 속이고 여러분 것을 훔쳐서 사리(私利)를 도모할 것입니다. 그러나 만일 이들을 유죄로 하여 사형을 선고한다면, 그런 판결과 동시에 여러분은 다른 사람들로 하여금 지금보다 더 단정한 사람들이 되도록 하고, 이들 범죄자에 대해서는 응분의 처벌을 하는 것이 될 것입니다. 제 소견으로, 아테나이인 여러분, 여러분이 그들을 **8** 재판에 회부하지 않은 채로 혹은 변명의 기회도 주지 않은 채로 극형을 선고한다 해도, 그들은 재판을 받지 않고 처형당한 것이 아니며 마땅한 벌을 받은 것이 되는 것입니다. 8 이들이 재판을 받지 않았다고 할 수 없는 것이, 여러분은 그들이 행한 범죄를 잘 알고 결정을 내렸기 때문입니다. 다만 여러분이 모르는 사안에서 적들에 의해 중상을 당한 사람이 변명할 기회를 갖지 못했다면, 그런 경우야말로 재판을 못 받은 것이 되는 것이죠. 그렇지만 이들의 경우는 사실이 유죄를 밝히고 있고, 우리가 그 증인입니다. 제가 걱정하는 것은 여러분이 그들이 하 **9** 는 변명을 듣게 되면 그들을 무죄로 방면하게 될 것이라는 점이 아닙니다. 오히려, 여러분이 그들의 변명을 듣고 난 후에 그들을 벌하는 경우 그들이 응분의 벌을 받지 않게 될까 봐 염려하는 것이죠. 아테나이인 여러분, 여러분과 이해를 달리하

---

8   화자는 재판의 공식 청문 과정에서 피고에게 유죄를 선고할 것을 독려한다. 시간적으로 보아 이미 재판 과정이 상당히 진척된 상황에 있어서 이런 말은 수사(修辭)적인 효과를 가지는 것일 수도 있으나, 더 이상의 변명을 들을 필요가 없다는 뜻이 될 수도 있다.

는 사람들에게 어떻게 그런 처분을 할 수 있습니까? 이들은 전쟁 중에 여러분의 재물을 이용하여 가난한 빈자에서 부자로 거듭났고, 여러분은 그들 때문에 빈자가 되었습니다. 여러분이 곤경에 처했을 때 여러분의 재물을 갈취할 것이 아니라, 오히려 자신의 것을 민중에게 나누어주는 것이 신실한 민중의 지도자가 해야 할 의무입니다. 그런데 실제 벌어진 상황을 보자면, 평화9 시에는 스스로 살아가기도 어려웠던 사람들이 이제는 특별세까지 부담하면서 연극을 위해 기부하고 큰 저택에서 살고 있어요. 실로 여러분은 다른 사람들이 조상으로부터 물려받은 재산으로 이런 공적 행사 비용의 부담을 질 때 질투한 적이 있었지요. 그런데 지금 도시가 이 지경에 처한 마당에, 이들이 도둑질을 해도 여러분은 더 이상 노하지도 않고, 오히려 여러분 자신이 다소간 얻는 것에 대해 감사를 해요. 그들이 여러분 것을 도적질한 것이 아니라 여러분이 그들에게서 보수를 받는 것처럼 말이에요. 아무튼 가장 이해하기 어려운 것은, 민사소송에서 울고 동정을 유발하는 것은 피해자인데, 공적 소송에서는 가해자가 동정을 받으며, 피해를 본 여러분이 오히려 가해자를 동정한다는 사실입니다. 그래서 아마 지금도 그 동향인과 친구들은, 그전에 해온 것처럼, 울면서 혐의자들을 무죄로 방면해줄 것을 애원하고 있을 것 같군요. 그렇지만 제 생각에는 다음과 같이 해야 할 것 같습니다. 만일 이들(범죄자

---

9   30인 참주의 과두체제가 붕괴되고 난 다음의 시기를 말한다.

의 동향인과 친구들)이 혐의자들이 죄를 짓지 않았다고 생각한 다면, 그들로 하여금 혐의가 거짓이라는 것을 증명하게 하여 그들을 방면하도록 여러분을 설득해야 하는 것이죠. 그렇지 않고, 혐의자가 죄를 지었는데도 풀어달라고 요구한다면, 이들은 피해를 당한 여러분보다 범죄자에게 더 호의적이라는 사실이 분명해집니다. 그러니 여러분에게 결정권이 있을 때, 그들은 용서가 아니라 벌을 받아야 하는 것입니다. 게다가, 여러 **14** 분이 유념해야 할 것은 이들이 고발인들에게 심하게 압력을 넣는다는 사실이죠. 여러분보다는 소수인 우리(고발인)에게서 더 신속하게 양해를 구할 수 있으며, 또 다른 사람들이 여러분보다는 여러분의 것을 더 쉽게 희사(喜捨)할 것이라고 보는 것이지요. 지금 우리는 배반자가 되지 않았으므로 여러분도 그 **15** 같은 입장에 서주시기 바랍니다. 만일 우리가 돈을 받거나 또 다른 방법으로 이들 혐의자들과 타협을 하게 된다면, 여러분은 화가 나서, 범죄를 저지른 사람들에 대해서도 당연히 그런 것처럼, 기회가 있을 때마다 우리를 응징하려 했겠지요. 그렇지만 여러분이 정의롭게 소송에 임하지 않는 이들에 대해서도 분노한다면, 범죄를 저지른 자는 엄벌에 처해야 합니다. 그러 **16** 니 배심원 여러분, 지금 에피크라테스를 유죄로 판정하신 다음 그를 극형에 처해야 하겠습니다. 여러분이 전에 했던 것처럼, 유죄로 판정을 해놓고도 형을 내릴 때는 그냥 방면하는 그런 전례를 되풀이하지 마십시오. 10 그렇게 되면 범죄자를 처벌하지는 못하고 오직 그들의 적의만 사게 됩니다. 그들에게 문제가 되는 것은 처벌이 아니라 바로 창피를 당한 사실인 것이지요. 여러분은 판결을 통해 범죄자들에게 다름 아닌 망신살을 뻗치게 하며, 또 형벌을 통해서만 범죄자를 응징할 수 있다는 점을 양지하십시오.

---

10 아테나이의 재판은 2차에 걸쳐 이루어지는데, 1차 재판에서는 유무죄를, 2차 재판에서는 형량을 결정한다. 이때 형량은 피고가 제시한 형량과 원고가 제시한 형량 가운데서 배심원들이 선택하여 결정된다. 변론의 화자는 1차 재판에서 유죄를 선고해 놓고도 2차 재판에서는 그 죄에 맞지 않는 형량을 내리는 것을 말하고 있다.

28

에르고클레스를 비난하는 맺음말

역자 해설

기원전 390년 트라시불로스는 해군장군이 되어 아테나이에서 소아시아로 파견되었다. 그는 해전에서 상당히 성공을 거두고 친(親)아테나이의 분위기를 고무함으로써 아테나이 해상 패권이 부활하는 데 일조했다. 그런데 그는 팜필리아의 아스펜도스에서 살해되었다. 에르고클레스는 한때 트라시불로스와 협조하여, 기원전 403년에는 필레에서 함께 아테나이로 들어왔으며, 해군장군이 되어 파견되었으나, 아테나이로 돌아오는 길로 재판에 회부되었다.

트라시불로스가 원정에 나섰을 때, 그는 소아시아인들에게 가혹했으며 세금을 과도하게 거두어들였다. 그러자 아테나이인들은 자금 횡령으로 장군들을 소환하고 회계보고서를 제출하도록 했다. 고발인이 비난하는 내용에 따르면, 에르고클레스는 이때 트라시불로스를 부추겨서 비잔티온을 점령하여 함대를 장악하고 트라케의 왕 세우테스의 딸과 혼인하는 동시에 조국 아테나이를 배반하도록 했다고 한다.

트라시불로스는 이미 죽었고, 에르고클레스는 아테나이로 돌아온 다음 불법으로 세금을 징수하고, 돈을 횡령했으며(30탈란톤), 조국에 대한 배반을 부추긴 혐의로 고발되었다. 그는 사형선고를 받고 그 재산은 몰수되었다. 그런데 이런 판결의 빌미를 제공한 고발인의 비난은 사실무근일 가능성도 없지 않다. 에르고클레스가 처형된 다음, 횡령했다고 하는 돈의 자취는 발견되지 않았기 때문이다. 또 이 재판은 친라코니아파가 득세한 환경에서 이루어졌으므로, 트라시불로스와 친밀한 관계였다는 이유로 보복당했을 가능성도 없지 않다.

이 사건은 '에이산겔리아'(eisangelia)의 탄핵 절차를 통해 민중의 민회에 고발되었다. 에이산겔리아는 공익을 저해하는 행위에 대해 민회에 고발하는 절차이다. '에이산겔리아'는 '주요민회'[1]에서 제기된다. 이에 관한 내용은 아리스토텔레스가 쓴 《아테나이 국제》(43.3)에 전해진다.

이 변론은 에르고클레스를 비난하기 위한 원고 측 변론의 맺음말로 기원전 389년 혹은 그보다 더 뒤에 발표되었다. 그리고 바로 뒤에 이어지는 〈필로크라테스를 비난하여〉와 같은 주제를 다룬다.

---

1   '주요민회'란 매달(1년 10번의 프리타네이아 행정회기) 열리는 4번의 민회 가운데 제일 먼저 열리는 민회를 지칭하며, 이 민회에서 가장 중요한 주제들이 논의될 수 있도록 그 내용에 따른 순서가 이미 정해져 있다. 이 책 용어 해설 중 '주요민회' 항목 참조.

비난할 거리2가 이렇듯 많고도 중하니, 아테나이인 여러분,   1
제 소견으로, 그 범행 각각에 관련하여 여러 번 사형을 받는다
해도, 에르고클레스는 민중 여러분에게 진 빚을 다 갚지 못할
것입니다. 그는 도시를 배반했고, 특별대우영사3와 시민들에
게 피해를 끼쳤으며, 여러분의 재물을 이용하여 빈자에서 부
자로 변신했습니다. 그런데 어떻게 여러분이 이들4을 용서할   2
수가 있단 말입니까? 그들이 관할하던 배가 돈이 없어 훼손되
고 그 수가 줄어드는 상황에서, 궁핍하여 배를 탈 수밖에 없었
던 이들은 급속도로 이 도시에서 최대의 재물을 불린 것을 여
러분이 목도하면서 말이지요. 그러니, 아테나이인 여러분, 이
와 같은 그들의 행적에 대해 분노하는 것이 여러분의 의무입니   3
다. 지금 여러분 자신이 특별세 부담으로 압박을 받으면서도
횡령을 하고 뇌물을 받은 사람들을 용서한다면, 참으로 이상
한 것이죠. 또 그전에 여러분의 재산이 풍족하고 공공 세입도
충분했던 때에도, 여러분은 여러분의 재물을 탐하는 자들을
사형으로 다스려왔습니다. 제가 보기에 여러분 모두 다음과   4

---

2   이 글은 도입부와 해명하는 부분이 없고 이미 행해진 범죄 소명에 대한 요약과 함
    께 전체적으로 유죄라는 취지의 주장을 하고 있으므로 맺음말 부분에 해당한다.
3   특별대우영사 (poxenos)는 다른 도시 출신 사람으로 아테나이에서 특별대우를 받
    고, 그 대신 자신의 나라에서 아테나이인을 보호하는 역할을 한다.
4   에르고클레스, 트라시불로스, 에피크라테스 등을 의미한다.

같은 사실에 동의하실 것 같군요. 만일 트라시불로스가 여러분에게 제안을 하여 새 삼단노전선을 타고 나가서 낡은 것으로 만들어 되돌려준다든가, 위험은 여러분 몫이고 이익은 그 자신의 친구들에게로 돌아가게 한다든가, 특별세를 납부하게 만들어서 여러분을 최악의 가난으로 밀어 넣는 반면, 에르고클레스와 그 추종자들이 시민 가운데서 가장 부유한 이들로 변신하게 하려 한다면, 여러분 중 아무도 그에게 배를 타고 나가도

5 록 허락하지 않겠지요. 또 다른 것으로, 여러분이 여러 도시들로부터 거둔 금액의 목록을 작성하도록 결정하고, 또 에르고클레스와 함께 한 동료 장군들이 돌아와서 회계보고를 하라는 결정을 하자마자, 그는 여러분이 험담꾼들의 손에 놀아나고 있으며 전통의 법을 존중해야 한다고 주장하는 한편, 트라시불로스에게는 비잔티온을 점령하여 배를 장악하고 세우테스의 딸과 혼인하도록 사주했습니다. 에르고클레스가 트라시불로

6 스에게 충고하기를, "이렇게 해서 험담을 차단해야지요.[5] 험담꾼들이 당신과 당신 친구들에게 해를 끼치도록 내버려두기보다 오히려 자신들을 염려하도록 만들어야 하는 거요"라고 했다지요. 이렇게, 아테나이인 여러분, 부를 끌어모으고 여러분의 재물을 탕진하자마자 이들은 스스로 이 도시에서 이방인이

7 되어버렸어요. 그들은 부자가 되는 순간 여러분을 적대시했

---

5 민중이 민회에 앉아서 트라시불로스를 처벌하는 것을 논의한다는 뜻이다. 같은 단어의 쓰임새로 Demosthenes, *Olynthiakon*〔올린토스 변(辯)〕, B. 24 참조.

고, 더 이상 여러분의 종복이 아니라 지배자로 군림하려 했고, 또 자신들이 약탈한 것들을 지키기 위해 요새를 장악하고 과두 정체를 수립하며, 나날이 여러분을 가공할 위험으로 몰아넣는 온갖 수단들을 고안해냈습니다. 그들이 노린 것은, 그렇게 됐을 때 여러분이 그들이 저지른 죄상에 대해 주목하지 못하고, 여러분 자신과 도시의 안전에 정신이 팔려서 그들에 대해서는 침묵하는 것이지요. 그런데 트라시불로스로 말하자면, 아테나이인 여러분, 그에 대해서는 더 이상 말을 할 필요가 없어요. 잘 살다가 생을 마쳤으니까요. 그가 그런 일들을 감행해서는 안 되는 것이지만, 지난날 여러분에게 봉사한 공적도 있으므로 여러분 손에 처형되는 것도 부적합하니, 그 정도로 이 도시와의 인연을 정리한 것으로 칩시다. 그러나 제가 듣기로, 지난번 민회6가 열리고 난 다음 다른 이들은 더 이상 돈을 아끼지 않고 변사들, 적들, 행정부 인사들을 대상으로 돈을 써서 자신의 목숨을 구하려 하여, 많은 아테나이인들이 돈 때문에 타락하게 하고 있습니다. 그러니 지금 여러분은 이 사람들을 벌함으로써 여러분 자신에게 주어진 혐의를 벗고, 또 죄인들을 벌하지 않을 정도로 거액의 돈에 팔린 적이 없다는 사실을 만인 앞에 밝힐 의무가 있습니다. 여러분이 유념하셔야 할 것은, 아

8

9

10

---

6 먼저 민회에서 매달 공직자에 대한 고소·고발 절차가 있고, (주요) 민회에서 혐의가 있다고 판단할 경우 사건은 의회(*boule*)로 넘겨서 다시 검토하도록 하거나 민중 재판소로 넘어가게 된다. 의회에서 재검토하는 경우 여전히 혐의가 있다고 판단되면 추후 민회에 다시 사건을 안건으로 상정한다.

테나이인 여러분, 재판을 받는 것이 에르고클레스 한 사람이 아니라 전체 도시라는 사실입니다. 오늘 여러분이 여러분의 공직자들에게 증명해야 하는 것은 이들이 정당한 것인지, 아니면 여러분이 가진 것을 훔쳐갈 때와 같은 방법으로 지금도 그들의 목숨을 구걸하고 있는 것인지 둘 중 하나입니다. 게다

11 가 잘 새겨두셔야 할 것은, 아테나이인 여러분, 지금 여러분이 처한 것처럼 절박한 상황에서 도시를 배반하거나 여러분 돈을 훔치거나 뇌물을 받거나 하는 사람들이, 바로 성벽과 배를 적에게 내주고, 민주정체를 전복하고 과두정체를 수립하게 될 그런 자들이라는 사실입니다. 그러니 여러분이 꼬임에 넘어가서는 안 되지요. 오히려 여러분은 모든 사람들 앞에 모범을 세우고, 이익도 연민도 다른 어떤 것도 이들을 처벌하는 것보다 더 중요하게 여겨서는 안 되는 것입니다.

12 아테나이인 여러분, 제 소견에는, 에르고클레스가 할리카르나소스와 거기서 휘둘렀던 권력과 행적에 대해서 정당했다고 변명할 것 같지는 않고, 대신 자신이 필레에서 돌아온 민주파이며, 여러분과 위험 부담을 함께했다는 주장을 펼 것 같습니다. 아테나이인 여러분, 저는 그들(페이라이에우스에서 돌아

13 온 사람들)을 다 같은 사람들로 보지 않습니다. 7 자유와 정의를 추구하고 법을 지키려 하며, 범죄자를 미워하면서 여러분과 위

---

7 "같은 견해가 아닙니다"로 보정 번역되기도 한다. Aldus Manitius, *Opera Graecae*, Venice 1513 Folio ii 참조.

험을 함께한 이들을 나쁜 시민이라 생각하지 않으며, 또 추방된 사실 자체를 공적으로 감안하는 것도 불공정한 것이 아니라고 봅니다. 그러나 귀환한 다음 민주정체하에서 민중에게 해를 끼치고, 여러분의 재물을 이용하여 자신의 재산을 불리는 사람들에 대해서 여러분은 30인 참주에 대해서보다 훨씬 더 분노해야 할 것입니다. 30인이야말로 선출될 때부터 온갖 방법으로 14 여러분에게 해를 끼치려는 목적을 가지고 있었지만, 이들에 대해서는 도시의 영광과 자유를 진작하도록 여러분이 권력을 위임했던 것입니다. 8 그런데 그런 취지는 간 데가 없고, 그들은 가능한 한 가장 끔찍한 위험으로 여러분을 몰아넣었습니다. 그들의 손에 당했던 피해를 생각한다면, 여러분은 그들보다 여러분 자신, 그리고 자식과 아내를 걱정하는 것이 훨씬 더 타당하다고 하겠습니다. 우리가 안전을 확보했다고 믿는 그 순간, 적 15 보다 우리 자신의 장관들에 의해 더 참담한 곤경에 빠지기 때문인 것이죠. 여러분 모두가 주지하듯이, 운이 나쁘면 구원의 희망이 전혀 없습니다. 그러니 오늘 여러분이 스스로 마음을 독하게 먹고 이들에게 극형을 내림으로써, 여러분이 죄인을 벌하고 여러분 자신의 장관들을 더 좋은 사람들로 거듭나게 했음을 다른 헬라스인들에게도 알리도록 하십시오. 이것이 제가 여 16 러분께 드리는 충고입니다. 여러분이 유념하실 것은, 만일 여러분이 저의 충고를 수용하신다면 여러분 스스로 현명한 결정

---

8   30인은 원래 법률 정비를 구실로 선출되었으나 민주정체를 훼손하게 된다.

을 내리게 될 것이며, 그렇지 않다면 나머지 시민들까지도 통제 불능의 상태에 빠지는 것을 보게 되리라는 것이죠. 그 외에도, 아테나이인 여러분, 만일 그들을 방면한다 해도 그들은 여러분에게 고마워하는 것이 아니라 그들이 뿌린 돈과 횡령한 자금 덕분이라고 생각할 거예요. 그래서 여러분은 그들의 적의를 살 뿐이고, 그들은 자신의 금력으로 구제된 것에 감사할 따름일 것입니다. 더구나 아테나이인 여러분, 만일 여러분이 이들에게 극형을 내린다면, 할리카르나소스인은 물론 이들에 의해 희생된 또 다른 사람들은, 이들에 의해 피해를 보긴 했지만, 그래도 여러분을 통해 분풀이를 했다고 생각하게 될 것입니다. 그렇지 않고 만일 여러분이 이들의 목숨을 구해준다면, 그들에게 희생당한 사람들은 여러분도 이 배반자들과 한통속이라고 간주할 것입니다. 그러니 이런 점을 염두에 두시고, 여러분의 친구들9에게 은혜를 베푸는 동시에, 잘못을 범한 자에게는 응분의 처벌을 내리도록 하십시오.

17

---

9 할리카르나소스인들과 다른 도시의 민주파들로서 피고들의 월권행위로 피해를 본 사람들을 말한다.

29

필로크라테스를 비난하는 맺음말

역자 해설

〈필로크라테스를 비난하는 맺음말〉은 〈에르고클레스를 비난하는 맺음말〉과 같은 사건에 관한 것이다. 필로크라테스는 에르고클레스의 친척이며, 회계관 겸 전리품 매매인으로서 그의 원정에도 동참했다.[1] 에르고클레스가 사형선고를 받고 난 다음 정작 횡령했다는 돈이 발견되지 않자, 고발인들의 주장에 따르면, 필로크라테스가 그 돈을 가지고 있다가, 에르고클레스가 재판을 받을 때 재판관들을 회유하기 위해 그 돈을 다 썼다고 한다.

이 재판은 헬리아이아 법정에서 벌어진 것으로 추정되며, '목록작성' (apographe)[2]의 절차에 따라 이루어졌다. 이때 '목록작성'이란 공적 소유물이 불법으로 사적으로 유용되었을 때 진행되는 절차이다. 현존하는 짧은 내용으로는 인과관계나 증인들이 드러나지 않으므로 혐의의 전모를 파악할 수가 없다.

---

1   〈에르고클레스를 비난하는 맺음말〉의 해설 참고.
2   아포그라페(*apographe*)는 또한 몰수되는 공적 혹은 사적 재산 혹은 생산물의 목록으로 재판정에 제출되는 목록을 일컫기도 한다.

필로크라테스에 대한 재판은 에르고클레스의 재판에 이어서 기원전 388년에 진행되었다.

⚖

1   배심원 여러분, 이 재판은 제가 기대했던 것보다 더 허술하게 진행될 것 같습니다. 많은 사람들이 협박을 하고 필로크라테스를 고발할 것이라고 장담을 했으나, 지금까지 아무도 나선 자가 없기 때문입니다. 제 소견에는, 이런 사실 자체가 고발(아포그라페)3의 내용이 진실이라는 증거로 손색이 없는 것입니다. 만일 그(피고)가 에르고클레스의 돈을 많이 가지고 있지 않았다면 이렇게 고발인들을 멀리 쫓아버리지는 않았을 것이

2   기 때문입니다. 저로서는, 배심원 여러분, 여러분도 모두 알고 있을 것이라고 봅니다만, 여러분이 에르고클레스를 사형4에 처한 이유가 도시의 공금5을 횡령하여 사재(私財)를 30탈

---

3   아포그라페(*apographe*)는 프로볼레, 아포파시스, 아포그라페, 아파고게, 엔데익시스, 그라페 파라노몬 등 아테나이의 여러 고발 절차 중 한 가지이다. 이 책 용어 해설 중 '고발' 항목 및 M. H. Hansen, *Eisangelia: The Sovereignty of the People's Court in the Fourth Century and Polititions*, Odense University Classical Studies, Ⅵ(Odense, 1975), pp. 9, 38ff. 참조.

4   Lysias, 28(에르고클레스를 비난하는 맺음말)과 연관된다.

5   공금의 횡령은 할리카르나소스와 그 밖의 도시들에 관련된 것이고, 기원전 390년 트라시불로스가 선봉이 된 군사원정이 이 문제에 연루되었다. Lysias, 28(에르고

란톤 이상이나 불렀기 때문입니다. 그 돈이 도시 안에 있을 것 같지는 않아요. 도대체 그 돈이 어디로 갔는지도 모르고, 아니면 어디 청구를 할 데라도 있습니까? 만일 친척이나 그가 친하게 지냈던 친구들에게서 찾을 수가 없다면, 그 적들의 손에서라도 찾아내야 하는 어려운 숙제를 우리가 안게 되겠지요. 그런데 에르고클레스가 필로크라테스보다 더 귀하게 여긴 사람이 다른 누가 있습니까? 아니면 살아 있을 때 그보다 더 친하게 지낸 이가 도대체 있나요? 그는 여러분의 중무장보병 가운데 그(필로크라테스)를 선택하여 해외로 데리고 가고는 그를 사무장으로 삼아서 마침내 그에게 삼단노전선의 임무를 맡기지 않았습니까? 참 이상한 일은, 재산을 가진 사람은 누구라도 삼단노전선주의 임무를 맡게 되면 비통해하는데, 그(필로크라테스)는 그전에는 아무것도 가진 것이 없다가 당시 이 삼단노전선주의 공적 부담을 지겠다고 자원하여 나섰던 겁니다. 그러니 분명히 그에게 삼단노전선주직을 맡긴 것은 그에게 손해를 끼치려던 것이 아니라, 그에게 득이 되도록 하는 동시에 자신의 재산을 관리하도록 하려는 심산이었겠지요. 왜냐하면 에르고클레스는 필로크라테스보다 더 믿을 만한 사람을 구할 수가 없었을 테니까요. 제 소견으로, 배심원 여러분, 필로크라테스는 두 가지 방식으로 자신을 변호할 수가 있어요. 딱 두 가지 방법뿐이죠. 하나는 에르고클레스의 돈을 다른 사람이 가지고 갔

3

4

5

다는 것이고, 다른 하나는 에르고클레스가 여러분의 재물을 횡령하지 않았고 뇌물도 받지 않았는데 부당하게 처형되었다는 것을 증명하면 되는 거예요. 이 둘 중 아무것도 못 한다면, 필로크라테스는 유죄 선고를 받아야 한다고 저는 봅니다. 또 여러분이 다른 사람의 돈을 횡령하는 사람에 대해서 분개한다면, 여러분의 것을 가지고 있는 사람도 용서해서도 안 됩니다.

6 에르고클레스가 목숨을 구하고 또 고발당하지 않도록 하는 경우 그를 도운 변사(辯士)들에게 지급되도록 3탈란톤의 돈이 위탁6되어 있었던 사실을 아테나이인 중에서 모르는 사람이 있습니까? 그런데 여러분이 분노하여 그를 응징하려는 것을 보고 그들(변사들)은 감히 드러내놓고 활동하지 못했어요. 필로크라테스는, 처음에 그들로부터 이 돈을 돌려받지 못하게 되자, 그들을 공적으로 고소할 것이라고 장담했지요. 그러나 7 돈을 돌려받고 또 에르고클레스의 나머지 재산도 장악하게 되자, 필로크라테스는 대담하게도 자신이 에르고클레스의 철천지원수라고 주장하면서 증인들을 구하여 자신의 말을 지지하도록 했지요. 배심원 여러분, 트라시불로스가 사령관을 맡고 있고 또 에르고클레스가 자신과 사이가 나쁜 상황에서 삼단노전선주가 되겠다고 자원할 만큼, 필로크라테스가 완전히 정신 나간 사람이라고 여러분은 보십니까? 이보다 더 신속하게 자

---

6 중개인이 돈을 맡았다가 에르고클레스가 무죄 방면되면 이 돈을 변호인에게 건네 준다.

신의 파멸을 가져오고 더 심한 질곡에 빠지는 길이 달리 있겠습니까?

이 사건에 관련하여 이 정도면 충분하게 언급되었습니다. 8 그럼에도 저는 여러분이 자신을 보호하고 또 도시의 재물을 가지고 있는 사람들을 연민하기보다는 오히려 훨씬 더 기민하게 죄인으로 처벌하도록 부탁을 드립니다. 그는 원래 자기 것이라고는 아무것도 잃을 것이 없고, 여러분의 것을 돌려주기만 하면 됩니다. 그래도 그보다 더 많은 액수가 그에게 남게 될 것입니다. 배심원 여러분, 자신의 재산에서 특별세를 낼 능력이 9 없는 사람들에게는 여러분이 화를 내고 의무 불이행에 대해 그 재산을 몰수하면서도 여러분 자신의 재산을 가져간 사람을 벌하려 하지 않는다면, 실로 이상한 일이 될 것입니다. 여러분은 돈만 빼앗기는 것이 아니라 그들의 적의에 의해 심하게 시달리게 될 것입니다. 그들이 여러분의 재산을 지니고 있다는 사실 10 을 인식하고 있는 한, 도시의 불행만이 그들을 질곡에서 해방시킬 것이라는 생각에 여러분을 향한 음해를 멈추지 않을 것이기 때문입니다.

제가 보기에, 배심원 여러분, 그가 연루된 사건은 돈 문제뿐 11 아니라 그의 목숨이 달린 것입니다. 사적인 절도에서 도둑놈을 묵인한 사람은 도둑놈과 같은 벌을 받아야 합니다. 그런데 도시의 재물을 횡령한 에르고클레스를 필로크라테스가 묵인하고 또 뇌물을 받아 챙김으로써 여러분의 이익을 침해했는데도 같은 벌을 받기는커녕, 그 교활함의 대가로 공모자가 남긴 재

산을 차지하기까지 한다면 어불성설이기 때문이지요. 이런 사
12   람들에 대해 여러분은 분노해야만 합니다, 배심원 여러분. 에
르고클레스가 재판을 받을 때, 이들이 사람들에게 말하기를,
페이라이에우스파 5백 명, 도시(아테나이 도심)파 1천 6백 명
을 매수했다고 했어요. 이들이 스스로 행한 잘못이 초래할 결
과를 겁내기보다 돈에 명운을 걸고 있었음을 고백한 것이지
13   요. 그때 여러분이 이들에게 명백히 보여준 것은 아무리 많은
액수의 돈이라도 여러분이 잘못한 자를 잡아서 벌하는 것을 막
지 못한다는 사실, 그리고 여러분의 재산을 횡령하고 도둑질
하는 이들에게 결코 면죄부를 주는 일이 없다는 사실이었습니
다. 지금도 여러분이 잘만 한다면, 모든 사람들에게 그와 같은
14   것을 분명하게 각인시킬 수가 있습니다. 이것이 제가 여러분
께 드리는 조언입니다. 여러분은 모두 에르고클레스가 여러분
에 대한 충성이 아니라 돈을 갈무리하려고 배를 타고 나갔고,
또 필로크라테스가 아닌 다른 이가 그의 돈을 가지고 있지 않
다는 사실을 아셨습니다. 그러니 여러분이 분별력을 갖추셨다
면, 여러분의 것을 도로 찾으십시오.

30

니코마코스를 비난하여
서기직 감사에 따른 고발

역자 해설

니코마코스는 (공공) 예속노동자(머슴)의 아들이었는데, 후에 시민권을 획득했다. 그 후 그는 시민으로서 공직에 임하게 되었는데, 그 직무는 서기보(補)로서 법률을 수호하고 또 의회나 재판정에서 성문법을 읽어주는 것이었다.

펠로폰네소스전쟁이 막바지로 접어들던 기원전 411년 아테나이에서는 잠시 과두정이 들어섰다가 곧 민주정이 회복되었다. 그런 와중 기원전 410년 아테나이에서는 솔론의 정신에 부합하지 않는 법은 폐기함으로써 기존의 성문법을 재정비하여 '법 기둥'이나 공공장소에 공시하는 작업에 들어갔다. 당시까지 솔론 이래 내려오던 관행으로 '법 게시판'(axon)에 법을 적어서 아크로폴리스에 세웠고, 또 페르시아전쟁 이후에는 500인 의회, '바실레우스('왕', 9인 아르콘 가운데 한 아르콘)의 스토아' 등에도 세워졌다. 그런데 기원전 410년 민주정체 부활 직후, 아테나이인들은 기존에 기록된 법의 타당성을 재점검하여 솔론의 민주적 개혁 정신에 부합하지 않는 것은 폐기하도록 결정한 것이다.

이 작업을 수행하기 위해서 수당을 받는 입법자(nomothetes)들이 임명되어 총 4달간 작업에 들어갔다. 이들 입법자들은 결정된 명령을 시행하는 집행관으로서 서기단(書記團)을 임명하게 되었는데, 그전에 서기보로서의 경력이 있었던 니코마코스가 선출되어 이들 가운데 속하게 되었다. 그런데 그는 임무에 충실하기보다 뇌물을 받고는 법의 왜곡을 일삼았다. 그래서 법들 가운데 서로 모순되는 것들이 있어서 판관들이 어느 것을 기준으로 결정을 해야 하는지를 알기 어려울 때가 적지 않았다.

니코마코스는 이렇듯 뇌물을 받아서 재산을 불렸고, 펠로폰네소스전쟁 막바지에 스파르타가 아테나이를 포위하던 기원전 405년 클레오폰이 처형되는 데도 일조했다. 그는 30인 혹은 참주체제가 수립되던 404년까지 이 같은 행위를 계속했다. 그즈음 그는 아테나이를 떠나는데, 그것은 그가 30인 참주체제에서 그전과 같은 인정을 받지 못했기 때문이다. 30인 체제가 붕괴된 후 다시 아테나이로 돌아와서, 민주정체를 지지하며 다른 이들을 과두파로 몰았다.

기원전 403년에 다시 새 법이 통과되었는데, 이는 그전 410년처럼 법의 타당성 검증을 위해 500인 입법자로 구성된 입법위원회를 구성한 것이다. 니코마코스는 다시 입법자 중 한 사람이 되었다. 그로부터 4년 후(기원전 399~398년) 그는 재판에 회부된다. 기원전 403년에 사면령이 내려 그전에 지은 죄는 사면의 대상이 되었으므로, 그의 혐의는 최근의 행위에 관련한 것이었다.

이 사건은 의회 앞으로 내는 탄핵(에이산겔리아) 절차로 시작되었고, 의회가 이것을 헬리아이아 법정으로 보냈다. 고발인은 다수였고, 이 변론은 알려지지 않은 무명인에 의해 발표된 것이다. 리시아스는 고발인 편에 서서, 앞서 비난에 나선 다른 이들의 주장을 보강하는 논리를 구사하고, 니코마코스의 주장에 대해 반박하는 수사 기법을 구사하려고 노력했다. 고소인 혹은 고발인이나 피고 양측은 변론작가로부터 도움을 구할 수 있는 권리가 있었다.

이 변론은 피고의 주장에 대한 고발인의 답변이며, 앞서 행해진 고발인의 주장을 보강하는 것으로서 발표된 것이다.

배심원 여러분, 재판을 받고 유죄로 판명되었으나 그 선조의   1
덕과 자신의 시혜로 인해 여러분의 용서를 받은 사람들이 있습
니다. 그러니 피고가 나라에 기여한 것으로 밝혀지고 그의 변
명에 공감을 한다면, 여러분은 피고가 원래부터 악한이었다고
하는 원고의 주장에도 귀를 기울이셔야 합니다. 여기서 니코마   2
코스의 부친이 공공 예속노동자(데모시오스)[1]였고, 젊은 시절
에 어떤 생활을 했으며 또 프라트리아(형제단)[2]의 성원으로 편
입될 때 몇 살이었는지를 말하는 것은 간단한 일이 아닙니다.
그런데 그가 법률을 기록하는 서기가 되었을 때 어떻게 도시에
해를 끼쳤는가는 모르는 사람이 없어요. 네 달 만에 솔론 법을
베끼라는 명령이 떨어졌을 때, 스스로 솔론을 대신하는 입법가
가 되었고, 네 달이 아니라 6년간[3] 권력을 잡고는, 매일 돈을
받으며 어떤 법은 넣고 어떤 법은 없앴지요. 그래서 우리는 부   3
득이 그의 손에 법률을 맡겨놓은 것 같은 행색이었고, 양측 소

---

1   '민중에게 예속된 예속노동자'란 뜻으로, 재판소나 다른 공공 관청의 직원을 이렇게
    불렀다. 정치적, 사회적으로 이들의 지위는 거류외인과 유사했다. Aristoteles,
    Athenaion Politeia(아테나이 국제), 47 참조.
2   프라트리아(형제단)는 씨족과 부족 사이의 집단으로, 아이가 태어나면 첫해 아파
    투리아 축제 때 프라트리아의 명단에 등재된다. 그런데 니코마코스가 등재된 것
    은 그 아버지가 시민권을 얻고 난 다음이므로 시기가 늦었다.
3   기원전 410년에서 30인 체제가 성립되던 404년까지를 말한다.

송인은 법정에서 상반된 법률을 인용하면서, 제각기 니코마코스로부터 받은 법률이라고 주장했습니다. 장관(아르콘)들이 니코마코스에게 벌금을 매기고 법정에 세웠을 때도, 그는 법률 제정권을 넘겨주려고 하지 않았어요. 그러나 도시가 큰 재난에 들기 전에 그는 직을 물러나서 그동안의 공무 수행에 대한 감사(監査)를 받게 되었지요. 배심원 여러분, 실로 이러한 행위로 인해 처벌도 받지 않은 그가 어떻게 유사한 관직에 임했는지 보십시오. 먼저 그는 30일이면 다 끝날 일을 가지고 4년 동안이나 서기직에 있었어요. 거기다가, 법을 필사하는 일로 임명을 받았으나, 입법 자체에 대해 최고 권력을 장악했고, 또 아무도 다루지 않은 사안들을 전횡하면서도 그만이 수행한 직무에 대해 감사도 받지 않았습니다. 그런데 다른 이들은 각 행정회기(1년의 10분의 1) 마다 행사한 직무에 대해 감사4를 받아요. 그러나 니코마코스여, 당신은 4년 동안이나 감사받기를 거부했지요. 시민들 가운데 당신 혼자만 장기(長期)5로 임직하면서, 감사도 받지 않고 조령을 준수하지도 않고 법률도 아랑곳하지 않았어요. 오히려 어떤 것은 넣고 어떤 것은 빼며, 오만이 도가 지나쳐 도시의 사무가 당신 발아래에 속한 것처럼 여기게 되었잖소. 그런데 사실 당신은 도시의 공공 노동자에 불과했던 거

---

4 감사는 매달, 즉 매 행정회기(1년의 10분의 1) 마다 주요민회(매달 열리는 4번의 민회 중 첫 번째 민회)에서 이뤄진다. 문제가 없으면 통과시키고 문제가 있으면 재판에 회부한다.

5 보통의 경우 공직 임기는 1년을 초과할 수 없다.

요. 그러니 배심원 여러분, 여러분은 니코마코스의 선조가 어 6
떤 사람인가, 그리고 이자가 불법행위로 인해 얼마나 여러분을
언짢게 했었는지 기억하시고, 그를 처벌하십시오. 여러분이
그의 불법행위에 대한 벌금을 부과하지 않은 적이 없으므로,
지금 그 모든 것에 대해 처벌하도록 하십시오.

배심원 여러분, 그가 자신을 변명할 핑계를 찾지 못하니 오 7
히려 저를 비방하려 합니다. 제가 여러분에게 부탁드리는 것
은, 제가 제 자신을 변호하면서 그의 사기행각을 증명하지 못
하게 된다면, 그가 저에 관해 하는 비난을 믿도록 하십시오. 그
가 의회에서 발언했던 것과 똑같은 사실, 즉, 제가 400인[6]의
한 사람이었다는 사실을 언급하려 한다면, 이른바 400인에 들
어가는 사람이 1천 명도 넘게 된다는 점을 유념하십시오. 이런
험담은 보통 악의를 가진 사람들에 의해 그때 아직 어린아이였
거나 이곳에 거주하지도 않은 사람들에 대해서도 행해지기 때
문입니다. 그러나 저는 400인에 속하기는커녕, 5,000인에도 8
포함되지 않았습니다. 정작 제가 황당한 것은, 민사로 제가 그
의 불법행위를 공공연히 고소해도 그가 이와 같은 궤변으로 빠
져나가려 하지는 않았을 텐데, 지금 도시의 공무에 관련한 사
안에서 그가 저를 비난함으로써 여러분의 처벌을 피할 수 있다
고 생각하는 것입니다.

---

6 아테나이의 시켈리아 원정(기원전 415~413년)이 실패한 후인 기원전 411년에
   아테나이에 잠깐 들어섰던 400인 과두정치 체제를 말한다.

9   더 기막힌 사실은, 니코마코스가 민중을 음해한 사실을 제
가 증명하려고 하는데, 그는 터무니없이 다른 사람에 대한 유
감을 불러일으키려 하는 것입니다. 제 말씀을 들어보십시오.
배심원 여러분, 그런 비난은 당시 민주정체를 전복하기 위해
협조하고는 지금에 와서 민주정치를 지지하는 것처럼 포장하

10   는 사람들에게 돌아가는 것이 마땅하죠. 우리가 전선을 잃고[7]
정체(政體)의 개변이 일어났을 때, 클레오폰[8]은 의회를 상대
로 개변에 공모하면서 도시에 최선을 다하지 않는다고 비난했
습니다. 그러자 의회 의원이었던 케피시아의 사티로스는 그를

11   체포하여 법정으로 넘기도록 의회를 사주했습니다. 그를 제거
하고 싶어 한 사람들은 혹여 법정에서 그에게 사형선고를 내리
지 않으면 어쩌나 염려하여, 니코마코스로 하여금 배석판사
자격으로 의회가 그 재판에 동참하도록 하는 법을 개진하도록
부탁했습니다. 악한 중에도 가장 비열한 니코마코스[9]는 이 음

12   모를 공개적으로 지지하고 재판 당일 그 법을 제안했어요. 당
시, 배심원 여러분, 누군가가 클레오폰에 대해서 다른 혐의로

---

7   기원전 405년 아이고스포타모이해전에서 아테나이가 리산드로스가 지휘하는 스
파르타 해군과 싸워 패한 일을 말한다. 이 해전은 펠로폰네소스전쟁의 마지막 해
전이다.

8   클레오폰은 민중선동가로서 평화에 반대하다가 과두파들에 의해 살해되었다. 일
설에 따르면, 희극 풍자의 조롱의 대상이 된 비극시인 클레오폰과 동일 인물인 것
으로 보기도 한다. Lysias, 13.7 이후 참조.

9   원문에 '니코마키데스'(Nichomachides)로 되어 있으나, 니코마코스로 수정하여
적는다. 같은 사람이 별명 식으로 비슷한 이름으로 불리는 경우도 있기 때문이다.

비난할 수도 있었겠지요. 그러나 세상 모두가 동의하는 바에 따르면, 민주정체를 해체하려 한 사람들은 시민10들 가운데서 다른 누구보다 클레오폰이 사라지기를 바랐으며, 30인에 속했던 사티로스와 크레몬이 클레오폰을 비난한 것은 여러분을 염려해서가 아니라, 그를 죽임으로써 그들 자신이 여러분을 해칠 수 있기 때문이었습니다. 이렇게 그들은 니코마코스가 제시한 법에 편승하여 그들의 목적을 달성했습니다. 배심원 여러분, 여러분 중에서 클레오폰이 나쁜 시민이라고 생각하는 분들조차도 유념하셔야 할 것이 있습니다. 그것은 과두정체하에서 죽은 사람들 중에 나쁜 사람들이 한둘 있다 하더라도, 여러분이 30인에 대해 분노하는 것은 그런 이들조차도 그 죄 때문이 아니라 정치적 갈등으로 인해 죽음을 당한 사실 때문입니다. 그러니 니코마코스가 이런 비난에 대해 반박하려 한다면, 여러분은 오로지 정치체제가 바뀌는 바로 그 시점에 민주정체를 전복한 사람들을 비호하는 취지의 법을 개진했던 점, 그리고 그가, 사티로스와 크레몬이 가장 큰 영향력을 휘두르면서 스트롬비키데스, 칼리아데스,11 그 외에 우량(優良)한 많은 시민들을 죽음으로 내몰았던 의회가 배석판사로 법정에 동참하게 했던 사실만을 기억하십시오.

13

14

---

10 니코마코스를 고발한 사티로스와 크레몬은 과두파였다. 전자는 범인을 체포하는 일을 하던 11인의 수장이었고, 후자는 30인 참주의 1인이었다.

11 스트롬비키데스와 칼리아데스는 중도파에 속했다. 이들도 다른 많은 이들과 함께 30인 의회에서 유죄선고를 받아서 처형되었다. Lysias, 13. 35; 12. 88 참조.

15 　　그가 민주정치가로 자처하면서 부당하게 민주파인 것처럼 행세하고 또 자신이 추방당한 사실이 민중의 편에 섰던 증거인 것처럼 이용할 것이라는 사실을 제가 알지 못했다면, 이런 사건들을 거론하지 않았을 겁니다. 그러나 저는 민주정체를 전복하려고 공모한 자들 중에서도 처형, 추방되거나 참정권을 상실한 또 다른 사람들의 예를 댈 수 있으므로, 그가 그 같은

16 변명으로 득을 보려고 해서는 안 되지요. 그는 여러분을 추방하는 데 일조했지만, 그가 돌아오게 된 것은 오히려 여러분 민중 덕택이었습니다. 있을 수 없는 일은 그가 자신의 의지에 반하여 한 행동에 대해 여러분이 감사한다든지, 또 자발적으로 행한 범죄에 대해서 벌을 하지 않는다든지 하는 것이에요.

17 　　제가 알기로는, 제가 제식(祭式)을 폐기하려고 해서 불경죄를 범했다고 그가 주장한다고 합니다. 실로 법령의 재정비에 즈음하여 제가 법률을 제안한 것이라면, 니코마코스가 저에 대해 그런 주장을 할 수도 있다고 봅니다. 그러나 저는 모든 사람이 알고 있는 기존의 법령을 니코마코스가 지켜야 한다고 주장했을 뿐입니다. 그리고 법률 판(삼면 피라미드)12과 법 기둥13, 해석 법규14의 규정에 따라 그가 제식을 수행해야 한다

---

12 초기에는 솔론법을 적어서 아크로폴리스에 두었다고 하나, 페르시아전쟁 이후에는 의회와 '왕의 스토아'(벽이 없는 정자 같은 건물)에 두었다.
13 법을 적은 기둥으로 솔론법을 보충하는 후대의 법을 적었다.
14 해석(syngraphai)은 아테나이 법률을 해석한 법규로서, 특히 제식의 절차, 비용 등을 규정한 것이다. 니코마코스는 기존의 내용을 고쳐서 새것으로 바꾸었다.

고 말했다고 해서 저를 불경죄로 몬다면, 저뿐 아니라 온 도시
(나라)를 능멸하는 것이라는 사실조차 그가 깨닫지 못하고 있
는 것이지요. 그 법령들은 바로 여러분이 결정한 것이니까요.
만일 관련 법령들이 잘못된 것이라면, 정작 법률 판에 규정한
대로 여태 제사를 지낸 사람들이 죄를 지은 것이 되는 겁니다.
그러나 배심원 여러분, 우리는 니코마코스의 말대로 불경죄를   18
이해할 것이 아니라 관례에 따라야 할 것입니다. 이제 우리 선
조들은, 법률 판에 준하여 제식을 올리는 가운데 헬라스 내 다
른 어떤 곳보다 더 위대하고 번영한 도시를 우리에게 물려주었
습니다. 그러니, 다른 어떤 이유가 아니라면, 그런 제사들로
부터 비롯되는 성공을 위해서라도 선조들이 올렸던 것과 같은
제사를 올려야 하는 것입니다. 무엇보다 저는 전통을 따르고,   19
그다음에는 도시의 이익을 추구하며, 또 민중의 결정에 따라
서, 그리고 가급적 가용할 수 있는 한도 내의 경비로 제식을 올
려야 한다고 주장한 것인데, 이런 점에서 어느 누가 저보다 더
경건할 수가 있습니까? 그런데 니코마코스여, 당신은 그 반대
로 했어요. 당신은 법률을 재정비하면서 기존의 규정이 아닌
많은 것들을 추가해 넣음으로써, 공금 수입을 그런 곳에 낭비
하게 하는 동시에 선조 전통의 제식에 쓸 돈이 부족하게 만들
었어요. 예를 들어, 작년에 3탈란톤가량 드는 몇몇 제사는 법   20
률 판에 규정된 것인데도 지내지 못했어요. 도시의 세수가 부
족했던 것도 아닌데 말이지요. 만일 니코마코스가 6탈란톤에
달하는 제식들을 도입하지 않았더라면, 선조 전통의 제사를

충분히 지낼 수 있었을 것이고, 도시에는 3탈란톤의 여분을 가용할 수 있었을 거예요. 제 진술을 증명하기 위해 여기 증인들을 소개합니다.

증인들

21 그러니 배심원 여러분, 여러분이 유념하실 것은, 우리가 규정에만 따른다면 모든 선조의 제식을 거행할 수 있다는 사실입니다. 그러나 니코마코스에 의해 다시 기록된 법 기둥에 따를 경우, 많은 제식을 폐지하게 됩니다. 그런데도 이 신성모독의 비열한 자는 비용 절약이 아니라 경건함을 위해 법을 다시 기록한 것이라고 주장하고, 또 여러분이 싫어한다면 없애면 되는 것이라고 변명했어요. 이런 식으로 자신은 아무런 위법행위를 한 것이 없다고 여러분을 설득할 수 있으리라 믿는 것이지요. 실로 그는 꼭 들여야 될 돈보다 12탈란톤을 더 써서 1년에 6탈

22 란톤의 손실을 도시에 끼쳤어요. 그것도 도시에 돈이 없고, 돈을 보내지 못하니 라케다이몬인들이 아테나이를 위협하며, 또 우리가 2탈란톤을 돌려주지 못해서 보이오티아인들은 아테나이 땅을 약탈하며, 조선소와 성벽이 두루 파괴되고 있는 형편을 빤히 보면서 말입니다. 더구나 의회는 나랏일을 보는 데 돈이 충분하면 나쁜 일을 도모하지 않지만, 자금이 궁하면 고발[15]을 접수하여 시민의 재산을 몰수하고 변론가들의 비열한 꼬임에 넘어가게 된다는 것을 그 자신이 잘 알고 있으면서 말

이죠. 그러니 배심원 여러분, 의원으로 있었던 자들이 아니라   23
이렇듯 어려운 처지로 도시를 몰아넣은 사람들을 원망하십시
오. 공공재산을 도둑질하려는 자들은 니코마코스의 재판에서
어떤 결론이 나는가를 눈여겨보고 있습니다. 그를 벌하지 않
으면 이 도둑들에게 확실하게 면죄부를 주는 것이며, 그를 유
죄로 하여 엄벌에 처한다면 그러한 결과로 다른 사람들을 경계
하는 동시에 니코마코스에게는 마땅한 처벌을 내린 것이 될 것
입니다. 유념하십시오, 배심원 여러분. 말이 어둔한 사람을   24
벌하는 대신 언변이 화려한 자에게 마땅한 벌을 내리신다면,
이 재판은 다른 이들을 위한 한 사례가 될 것이고, 여러분을 음
해하는 잠재적 범죄자를 막는 길이 될 것입니다. 그런 목적에
서 볼 때 우리 시민들 가운데서 니코마코스보다 더 적합한 이
가 어디 있겠습니까? 그보다 이 도시에 기여한 것은 더 적으면
서 해는 더 많이 끼친 이가 있겠습니까? 세속법과 종교법16을   25
재정비하는 임무를 맡은 그는 그 두 가지를 다 망가뜨렸습니
다. 기억하십시오. 지금까지 여러분은 많은 시민들을 횡령
죄17로 처형했습니다. 그러나 그들이 지난날 여러분에게 끼쳤
던 해는 과거 한때의 것에 불과하지만, 이들은 뇌물을 받고는

---

15 공익을 침해하는 사건에 관한 '에이산겔리아' 고발 절차에 대해서는 이 책 부록 3
    및 용어 해설 중 '에이산겔리아' 항목 참조.
16 세속법(hosia)은 인간의 관계, 종교법(hiera)는 종교 제식에 관련된 법이다.
17 횡령죄의 경우 사형에 처할 수 있으며, 그 돈을 10배로 갚아야 하는데, 그 자손도
    그 돈을 다 갚지 못하면 시민권을 박탈당했다.

우리 법을 변조했으므로 도시를 영원히 해친 것입니다.

26   도대체 니코마코스를 방면해야 할 무슨 부득이한 이유라도 있습니까? 육지나 바다에서 벌어진 많은 전투 중에서 그가 적을 맞아 용감하게 싸운 적이 있습니까? 여러분이 바다에 나가 위험을 감수할 때 그는 이곳에 남아서 솔론의 법을 망가뜨리고 있었지요. 아니면, 그가 돈을 기부하고 많은 기여를 한 적이 있나요? 그는 자기 것을 내놓은 적이 없고 오히려 여러분 것을

27   가로챘어요. 혹 그 선조들의 음덕이라도 있나요? 사실 어떤 이들은 그런 이유로 용서를 받기도 했으니까요. 그런데 니코마코스가 스스로의 행위로 인해 처형되어야 마땅한 판에, 그 선조의 덕을 감안한다면 팔려나가기라도 해야 할 것입니다. **18** 만일 여러분이 그를 용서해준다면, 다음에 그가 여러분의 호의에 보답할 것이라고 보십니까? 여러분이 그전에 베풀었던 은혜조차 그는 기억하고 있지 않습니다. 그는 예속노동자였다가 시민이 되었고, 가난했는데 부자가 되었으며, 또 서기보(補)

28   였다가 입법자가 되었어요. 여러분의 선조들은 법이 입법자의 인품과 연관된다고 믿었기 때문에 솔론, 테미스토클레스, 페리클레스를 입법자로 선택했던 것이지만, 여러분은 메카니온의 아들 테이사메노스, **19** 니코마코스, 또 서기보로서 그 밖의

---

18 니코마코스가 예속노동자의 자식이므로 팔려나가는 것이 합당하다는 뜻이다.

19 테이사메노스는 파이아니아 데모스 출신으로 추정되는데, 30인 체제가 붕괴한 후 법률 재정비를 위해 500인을 선출하자고 제안했고, 이 제안이 수용되어 자신과 니코마코스가 같이 입법가로 선출되었다.

사람들을 뽑은 사실을 두고 누가 여러분을 비난할 수도 있겠지요. 또 여러분은 이런 종류의 사람들에 의해 관직이 부패할 수도 있다는 점을 알고 있으면서도, 이들에게 위임을 했던 것이에요. 가장 심각한 것은 동일인이 같은 서기보 직책에 중임(重任)될 수 없는데도, 여러분은 긴 세월 동안 같은 이로 하여금 가장 중요한 직책을 맡도록 했다는 사실입니다. 그리고 마침내 여러분은 부친의 혈통으로 보면 이 도시와는 아무런 관련도 없는 니코마코스를 뽑아 선조의 법을 다시 기록하도록 했지요. 게다가 민중에 의해 재판을 받아야 했던 사람인 그가 도리어 민중을 해체하는 데 합세했던 거예요. 그러니 지금 여러분은 행한 바를 반성하고, 계속 이들에 의해 피해를 보는 일이 없도록 하십시오. 잘못을 범한 자들을 사적으로 욕하다가 이들을 처벌할 기회가 있을 때는 방면하는 일은 없도록 하십시오.

이것으로 제 진술은 충분히 개진된 것 같습니다. 그를 방면해주도록 여러분에게 호소하는 사람들[20]에 관해 몇 마디만 부언하려 합니다. 그의 친구들이나 정부 인사들 중 일부가 그를 위해 여러분에게 청을 넣으려고 합니다. 제 생각에, 이들 중 몇몇은 범법자를 용서하려 하기보다는 스스로의 행위를 변호하는 편이 더 나을 것 같습니다. 제가 곤혹스러워하는 것은, 배심원 여러분, 도시에 의해 아무 피해를 보지 않은 유일한 사람이 여러분에게 피해를 끼쳤을 때 그만두도록 말린 적 없는

29

30

31

32

---

20 니코마코스와 그 동료들을 말한다.

사람들이, 그에 의해 피해를 본 다수의 여러분에게 그를 벌해

33 서는 안 된다고 설득하려 한다는 사실입니다. 그러니 이들이 친구를 구하기 위해 필사적으로 노력하는 것처럼, 여러분도 그런 열성으로 여러분의 적을 응징하려 한다는 점을 내보이십시오. 여러분이 죄인을 벌한다면, 누구보다도 그들 자신이 여러분을 더 나은 사람들이라 생각할 것이란 사실을 주지하고서 말입니다. 니코마코스는 물론 여러분에게 방면을 호소하는 이들은 그 누구라도, 니코마코스가 도시를 해친 것 같은 정도로 도시를 이롭게 한 적이 없으므로, 이들이 그를 도우려 하는 것보다 여러분이 그를 처벌하는 편이 훨씬 더 타당한 처사입니

34 다. 또 여러분이 잘 알고 있는바, 이들은 많은 이들을 원고로 청했으나[21] 여러분을 설득하지 못했습니다. 그런데도 이들이 법정으로 온 것은 오직 여러분의 결정에 영향을 미치기 위한 것이며, 여러분을 속여서 다음에도 원하는 대로 하면서도 처벌을 면하려는 희망을 가지고 있는 것입니다. 우리는 그들의 주장에 미혹되지 않으며, 여러분도 그러한 입장에 서시기를 청합니다. 그리고 판결의 대상으로 오르기 전에 사악한 자들을 미워하는 데 그치지 마시고, 이 법정을 여러분의 입법 취지를 망가뜨린 이들을 벌하는 기회로 삼으십시오. 그래야만 공무에 관련된 모든 사안이 법대로 시행될 것입니다.

---

21 원고는 1인 이상의 복수이며, 화자는 제2서열 원고로서, 그전에 다른 이들이 미리 발언한 상태이다.

31

자격심사에 임한 필론을 비난하여

역자 해설

이 변론은 500인 의회 의원으로 추첨된 한 사람이 임직하기 전에 자격심사를 받는 과정에서 이루어진 것이다. 아카르네스 마을(demos) 출신 필론이 위원직에 추첨되어 자격심사를 받게 되자, 그보다 1년 전 의원직에 있었던 사람이 이의를 제기하면서 이 변론을 발표했다.

주요 혐의는 과두파와 민주파가 서로 싸울 때 필론이 중립을 지켰다는 것이었다. 중립금지법은 기원전 594년 솔론의 개혁으로부터 내려오는 선조의 법이다. 또 다른 비난은 도시와 장로들에 대한 필론의 행동에 관한 것이었다. 이런 비난들이 근거가 있다고 받아들여져, 필론은 자격심사에서 탈락한다.

이 변론의 발표 시기는 분명치 않다. 이 변론 12절과 19절의 내용을 기초로 추정한다면, 민주정체가 회복되고 난 다음 그리 오래되지 않았을 것이며, 하한선으로 기원전 398년까지를 잡을 수 있겠다.

⚖

1 　　의원 여러분, 저는 필론이 자격심사를 통과하기 위해 여러분 앞에 서려고 할 만큼 대담한 사람이라고 생각하지 않았습니다. 그러나 그는 한 가지만 아니라 여러 모로 철면피했습니다. 또 저로서는 의회 의원직을 맡기 전에 국가에 최대의 이익을 가져다줄 제안을 하겠다는 맹세를 했고, 또 그 맹세에는 추첨

2 으로 당선된 사람이 의회의 직무에 부적합하다고 생각이 되면 의견을 제시하도록 하고 있으므로, 저는 여기 있는 필론에 대한 비난을 개진하려 합니다. 저는 개인적 원한을 풀려는 것이 아니고, 또 여러분 앞에서 발언하는 능력이 있다거나 습관에 의한 것도 아니며, 다만 필론이 민중을 음해하는 사람이라고 믿으며 제가 한 맹세에 신실하려고 할 뿐입니다. 필론이 어떤

3 사람인가를 증명하는 저의 능력은 그가 부정을 행하는 정도만큼 재치를 갖추고 있지 않습니다. 그러나 만일 제가 비난을 개진하는 데 미진함이 있더라도, 그 때문에 그가 어부지리를 봐서는 안 되며, 제가 확실하게 여러분에게 증명할 수 있는 것들에 기초하여 그는 탈락되어야 합니다. 제가 완벽하게 말하지

4 못할 수도 있어요. 그가 한 짓을 다 아는 것은 아니기 때문이죠. 그러나 그의 교활함에 대해서는 충분히 말씀드릴 수 있습니다. 여러분은 저보다 더 언변이 훌륭해서 제가 보고하는 필론의 악행을 더 효과적으로 표현할 수 있으며, 또 제가 놓치는

것들이 있다 하더라도¹ 여러분이 스스로 필론에 대해서 알고 계신 것도 있을 테지요. 그래서 제가 하는 말만 듣고서 필론이 어떤 사람인가를 평가해서는 안 될 것입니다.

제가 하고 싶은 말은, 시민으로서의 자격에 더하여 정성을   5
가져야 하고 그렇지 않은 다른 이가 우리를 위한답시고 의회에 들어가는 것은 옳지 못하다는 것입니다. 이 도시가 번영할 것인지 아닌지는 열심을 가진 이들에게 초미의 관심사가 될 것인바, 이들은 도시의 부를 공유하듯이, 부득이 그 불행의 일부도 함께해야 한다고 생각하기 때문입니다. 시민권을 가지고 태어   6
난 사람들 중 생활기반을 가진 곳은 어디든지 자신의 조국이라고 생각하는 사람들은 도시의 공동 이익을 경시하고 자신의 이익을 우선하게 될 것이 명백합니다. 도시를 조국이 아니라 재산으로 간주하기 때문이죠. 제가 말씀드리려 하는 것은, 여기   7
있는 필론이 도시가 처한 공동의 위험보다 사적인 안위를 우선하고, 또 도시를 위기에서 구하기 위해 다른 시민들과 협조하기보다 사생활의 위험에 봉착하지 않고 살아가는 것이 더 중요하다고 여기는 사람이란 것입니다.

의원 여러분, 도시에 재앙²이 닥쳤을 때가 있었죠. 어쩔 수   8
없이 불행했던 기억을 들추게 되었습니다만, 그때 필론은 30

---

1   고발인이나 변호인은 대개 한 번 발언을 하는 것이나, 여기서 '다시'(palin)라는
    표현은 답변 혹은 맺음말에서 다른 고발인이나 변호인이 하는 것을 말한다.
2   30인 참주 체제 시기를 의미한다.

인에 의해 시민 대중과 함께 도시(아테나이 도심)로부터 쫓겨나서 시골에 머물렀어요. 그러나 (추방에서 돌아와) 필레에 모였던 사람들이 페이라이에우스로 돌아오고, 전원에서뿐 아니라 국경 너머에서 온 사람들도 일부는 도시(아테나이 도심)로, 또 일부는 페이라이에우스로 모여들어서 제각기 형편이 되는대로 조국을 위해 힘을 보탰지요. 그런데 필론의 행동은 여느 사람들과 달랐어요. 재산을 정리해서는 국경을 넘어 오로포스로 가서 그곳에 이방인세를 지불하고 한 보호자3의 도움을 받으며 살았습니다. 그는 시민으로 우리와 함께하기보다 오로포스 사람들 가운데서 이방인으로 살기를 택했던 것이지요. 그는 일부 시민들이 함께했던 다음과 같은 상황에도 동참하지 않으려 했지요. 사람들이 필레에서 내려와 거사에 성공하는 것을 보고 일부 시민들이 합세할 때도 그는 동참하지 않았어요. 그는 이런 성공에 동참하려는 생각이 아예 없었던 것이죠. 또 공동의 정부를 위해 도움이 되도록 다른 이들과 협조하러 오기보다는, 일이 다 마무리되고 난 다음에야 오려고 했던 것이에요. 그는 페이라이에우스로 오지도 않았고, 또 여러분을 위한 어떤 곳에도 있어본 적이 없었거든요. 그리고는 여러분이 성공을 거두는 것을 보고도 여러분을 음해하려 했으니, 만일 여러

9

10

---

3 보호자(*prostatos*, 영어로는 *patron*)는 시민권이 없는 이방인 출신 거류외인의 권리를 대변하며, 보호와 감독의 역할을 한다. 보호자는 거류외인의 공적·사적 거래를 보증한다. 이 책 용어 해설 중 '보호자' 항목 참조.

분이 실패했더라면 그가 무슨 짓을 했겠습니까? 사실 개인적인 불행 때문에 부득이 도시를 덮친 위험에 함께하지 않은 사람들은 다소간 양해의 여지가 있습니다. 불행은 원해서 온 것이 아니니까요. 그러나 의도적으로 회피한 사람들은 재고의 여지가 없어요. 그 행동이 불행 때문이 아니라 고의였으니까요. 모든 인류가 올바르다고 여기는 도덕에 있어, 사람들은 같은 범죄라도 피할 수 있었던 범죄를 저지른 사람들에 대해 가장 분노하고, 가난하거나 불구자인 사람에 대해서는 부득이한 상황에서 범죄를 저지른 것으로 보아서 양해를 합니다. 그러니 필론에 대해서는 연민의 여지가 없어요. 불구로 곤경에 처했던 것이 아님은 여러분이 보고 계신 바와 같습니다. 또 공적 부담을 질 만한 재산이 없었던 것도 아닙니다. 제가 이 사실에 증거를 대겠습니다. 도울 수 있는 능력이 되는데도 몸을 사린다면, 여러분 모두의 미움을 사는 것이 어떻게 당연하지 않다고 하겠습니까? 필론을 자격심사에서 실격시켜도 시민 어느 누구 하나 여러분을 탓하지 않을 것입니다. 그는 어느 한쪽 편이 아니라 양쪽을 다 배반했어요. 그래서 도시 (아테나이 도심) 에 남아 있던 사람들에게도 협조하지 않아서, 그들이 위기에 처했을 때 가까이 오지도 못하게 했지요. 또 (추방에서) 돌아와서 페이라이에우스를 장악했던 사람들과 함께하지도 않았던 것이, 도시 (아테나이 도심) 로 그들과 함께 들어오고 싶어 하지도 않았던 거예요. 그럼에도 스스로를 '도시 거주자' (astos) 라고 주장하고 있어요. 만일 필론과 같이 처신한 일부 시민들이

11

12

13

14

있어서, 그런 일은 결단코 일어나지 않겠지만, 이들이 도시의 주도권을 장악한다면, 필론으로 하여금 그들과 함께 의회에 자리를 마련하기라도 해야 할 것 같군요.

아무튼 그는 오로포스에서 보호자의 도움을 받으며 살았고 재산이 넉넉했으나, 페이라이에우스에 있던 사람들과 도시(아테나이 도심)에 있던 사람들 그 어느 쪽을 위해서도 무기를 들지 않았어요. 제 주장이 사실이라는 것을 증인을 통해 들으십시오.

증인들

15 이제 그에게 남은 길이란, 자신은 몸이 아파서 페이라이에우스에 있던 사람들을 도우지 못했으나, 시민들 중 몸으로 직접 공공 부담을 지지 않은 많은 이들처럼 자신의 재물을 들어내어, 민중 여러분에게 돈을 기부하거나 출신 촌락(데모스) 사람

16 들을 무장시켰다고 주장하는 것입니다. 그러니 그가 거짓말로 여러분을 속이지 못하도록, 이와 관련하여 분명한 증거를 제가 여러분에게 당장에 제시하겠습니다. 제가 다음에 다시 이 자리로 와서 그에 대해 폭로할 기회가 없을 것 같기 때문입니다. 그러니 기부금으로 동네 사람들을 무장하도록 하기 위해 아카르네스 출신 디오티모스와 함께 선출된 사람들을 여기로 불러주십시오.

디오티모스와 함께 선출된 사람들의 증언

필론은 이러한 환란과 정치적 상황에서 도시를 위해 봉사해야   17
하겠다는 생각은 하지 않고, 여러분의 불행을 기회로 사리를
챙기기 위해 준비했어요. 혼자서, 아니면 여러분의 불행이 자
신의 행운이 된다고 보는 또 다른 이들을 이끌고[4] 그는 오로포
스에서 나왔지요. 시골 밭길을 건너온 이들은 변변찮은 물자로   18
마을(데모스)들에서 남아 버티고 있던 최고령의 시민들을 만났
어요. 이 노인들은 민중을 지지했지만 연로하여 돕지를 못했습
니다. 필론은 그들이 가진 물자를 빼앗았어요. 그들에게 해를
끼치지 않는 것보다 자기의 재산을 약간이라도 불리는 것이 더
중요하다고 본 것이지요. 지금에 와서 이 노인들은 모두 필론
을 기소할 수가 없어요. 그들이 도시를 돕지 못했던 것과 같은
이유, 즉 연로함 때문이지요. 그러나 필론은 두 번이나 무능력   19
한 사람들의 덕을 보고 노인들의 것을 빼앗아갔던 때처럼, 지
금 여러분이 하는 자격심사를 통과해서는 안 되는 것이죠. 그
가 피해를 끼친 사람 중 한 사람이라도 법정에 나타난다면 중요
한 사안으로 간주하시고, 또한 다른 사람들은 노인들의 곤경을
연민하여 자신이 가진 것까지 기꺼이 내주려 한 마당에, 그 노
인들이 가진 것조차 빼앗아가려 한 그를 지극히 혐오하십시오.

---

4   필론이 이끌고 온 사람은 아마도 아테나이인이 아니라 오로포스 혹은 보이오티아
    다른 지역 출신 사람인 것으로 추정된다.

증인들

20 자, 이제 필론에 대해 여러분이 그의 마을 사람들과 달리 판단
해야 할 이유를 저는 찾지 못하겠습니다. 사실이 그러한데, 그
가 다른 범죄를 저지르지 않았다 한들, 이런 사실만으로도 그
의 탈락은 정당한 것입니다. 그의 어머니가 생전에 그를 비난
한 생소한 사실들에 대한 것은 제가 생략하도록 하겠습니다.
그러나 그녀가 임종에 즈음하여 한 행동을 보면 여러분은 그가
21 그녀에게 어떤 존재였는지를 쉽게 알 수 있습니다. 그녀는 사
후 필론에게 뒷일을 부탁하려 하지 않았습니다. 그래서 자신
의 아들인 필론을 무시하고, 아무 인척관계가 없는 안티파네
스에게 위임하여 장례 치를 돈으로 은 3므나를 주었어요. 필론
이 자식으로서의 마지막 의무조차 수행하지 않을 것이라는 사
22 실을 실로 그녀는 알고 있었던 것이지요. 어머니란 본능적으
로 자신의 자식들로부터 피해를 입어도 대부분 용서하며, 또
논리보다는 감정적으로 자식들의 행동을 평가하기 때문에 변
변찮은 덕을 보아도 큰 이득으로 간주하곤 합니다. 그런데 그
어머니의 눈에 필론은 자신이 죽어도 자신에게 이익만을 구하
는 인간으로 보였다면, 여러분은 그를 보면서 어떤 느낌을 받
23 습니까? 자신의 혈육에 대해서조차 이렇게 못된 인간이 낯선
사람에게는 어떤 짓을 하겠습니까? 저의 진술이 사실이라는
것을 그녀로부터 직접 돈을 받아서 장례를 치른 장본인에게서
들어보십시오.

어떤 심산으로 여러분은 자격심사에서 그를 지지하시겠습니   24
까? 범죄를 짓지 않았기 때문입니까? 그는 조국에 대해 가장 중
대한 피해를 끼쳤습니다. 그가 쓸모 있는 사람으로 거듭날 것
같습니까? 그렇다면 무엇보다 먼저 도시를 위해 쓸모 있는 사람
이 된 다음에 의회에 들어가도록 하시지요. 그때 범한 잘못에
상응하는 어떤 분명한 공을 이룬 다음에 말이에요. 모든 이가
행한 바가 있은 다음에 상을 주는 것이 더 현명한 처사이기 때문
입니다. 제가 곤혹스러워하는 것은, 이미 저지른 범죄에 대해
서 벌을 받기는커녕, 앞으로 잘할 것이라는 기대로 미리 상을
주려 한다는 것이죠. 혹시 여러분이 그를 자격심사에서 통과시   25
키는 이유가 모두 이를 똑같이 대우하면 모든 시민이 좋은 사람
이 될 것이라고 보기 때문인가요? 그렇게 되면, 교활한 시민들
도 같은 대우를 받는 것을 보고 좋은 시민들마저 봉사하지 않게
될 위험이 있어요. 교활한 자를 우대하는 그런 사람들은 기여한
바에 대해서도 곧 잊어버릴 것이라고 보는 것이죠. 그에 더하여   26
또 한 가지 더 유념하실 것이 있습니다. 누가 우리 시민들이 있
는 요새나 배나 진영을 배반하면 극형을 받게 되는데, 온 도시
를 배반한 필론은 벌을 받기는커녕 명예까지 누리게 될 판이라
는 것이에요. 바로 이 필론처럼 악랄하게 자유를 배반한 사람은
의원에 들어가는 대신 그에 상응하는 벌을 받아서 예속노동자
가 되거나 최대의 불명예에 처하는 것이 마땅합니다.

27   제가 알기로 그가 변명하려 하는 것은, 그 당시 이곳에 부재한 것이 잘못이라면, 다른 범죄와 같이 그 점에 관해서도 분명한 규정이 있어야 한다는 논리입니다. 실로 그런 경우를 다루는 법이 전혀 없는 것은 그 범죄가 너무나 중차대하기 때문이라는 사실을 여러분이 간파하지 못할 것이라고 그는 짐작하고 있는 것이에요. 시민 중에 누가 그와 같이 중대한 범죄를 저지를 것이라는 사실을 어떤 변론가가 상상을 하고 어떤 입법가가

28   기대했겠습니까? 제 소견으로는, 도시가 위기에 처하지 않은 상황에서 누군가가 대열을 이탈하면서 다른 사람을 위험에 몰아넣는 경우, 이것을 중대한 범죄로 간주하는 법이 만들어질 수 있습니다. 그러나 도시 자체가 위기에 처했을 때 도시를 떠나는 경우에 대한 법은 없어요. 명색이 시민인 사람이, 그런 범죄를 저지를 것이라고 상상할 수만 있었어도 그에 관련한 법

29   이 만들어졌겠지요. 도시가 부담을 지우지 않았는데도 민중을 도운 거류외인에 대해 여러분은 도시의 체면에 어울리는 명예를 수여한 마당에, 의무를 저버리고 도시를 배반한 사실에 관련하여 여러분이 필론을 벌하려 하지 않는다면, 다른 이보다 더 심한 벌을 내리지 않는다면, 적어도 지금 당면한 불명예 처분으로도 벌하지 않는다면, 여러분을 탓하지 않을 이가 어디

30   있겠습니까? 여러분은 어떤 근거로 도시에 기여한 사람에게 상을 주고 해를 끼친 사람에게 벌을 주는지를 유념하십시오. 두 경우 다 이미 지나간 사람들이 아니라 앞으로 나타날 사람들을 경계한다는 점, 그들이 열성으로 기여하도록 하고 어떤

식으로든 해를 끼치는 사람이 되지 않도록 한다는 점 말입니다. 더구나 생각해보십시오. 행동으로 전통의 신들을 배반한 그가, 어떤 맹세를 했다고 해서 그대로 지킬 것이라고 기대하십니까? 아니면, 자기 조국의 해방을 위해 노력하지 않는 자가 이 도시를 위하여 무슨 도움을 줄 것이라고 보시는 것입니까? 이미 있는 것도 지키지 않는 사람이 어떤 금지된 규율을 지키겠습니까? 위험할 때 맨 뒤에서라도 따라오지 않은 사람이 성공을 일궈낸 사람들 앞에 서서 존경을 받는 것이 어떻게 가능하단 말입니까? 그가 시민 집단 전체를 아무것도 아닌 것처럼 무시한 것이라면, 여러분이 그 단 한 사람조차도 자격심사에서 탈락시키지 못한다면 통탄할 일이죠. 현재 일부 사람들이 그를 지지하면서, 저를 설득할 수가 없으므로, 여러분을 설득하려 공작하는 것을 저는 알고 있습니다. 위험과 최대의 고난이 여러분에게 임하고 나라의 명운이 걸려 있어서 의원의 자리가 아니라 자유를 지키기 위해 투쟁해야 했을 때, 그때 그들 (필론을 도우려는 사람들)은 필론으로 하여금 여러분과 도시 공동체를 위하여 조국도 의회도 배반하지 말라고 조언을 하지 않았지요. 이렇게 그가 아닌 다른 사람들이 나라를 구했으므로, 필론은 자신이 원하는 의원이 될 자격이 없습니다. 그러니, 의원 여러분, 설사 그가 의원이 되지 못한다 해도 그만은 화를 낼 자격이 없습니다. 지금 여러분이 그에게 불명예 처분을 내리는 것이 아니라, 그때 그가 스스로 자신의 입지를 해친 것이죠. 지금 그가 추첨이 되어 여러분과 함께하고 싶어 안달하는

31

32

33

열성을 그때는 보여주지 않았기 때문이란 말입니다.

34   많은 것을 생략했음에도, 이 정도로 충분하게 제 의견을 개진한 것 같습니다. 실은 제가 말하지 않았어도 여러분 스스로 도시에 이익이 되는 길을 알고 있으리라 믿습니다. 존경받는 이가 의원이 되도록 하는 데 여러분 자신 이외의 다른 어떤 잣대도 들이대지 마십시오. 여러분이 도시에 어떻게 기여해서 의원이 되었는가 하는 점 말입니다. 필론의 행위는 어떤 민주정체에도 유례가 없는 기이한 것입니다.

32

디오게이톤을 비난하여

역자 해설

이 변론은 미성년자 후견인의 의무 소홀에 관한 것으로, 전체가 아닌 일부만이 할리카르나소스 출신 디오니시오스에 의해 남아 전해진다.

디오도토스는 그 형제인 디오게이톤의 딸과 혼인해서 3명의 자식을 두었다. 그런데 디오도토스가 출정하면서 자신이 죽게 될 경우를 대비하여 미성년 아이들을 위한 후견인을 지명했다. 그래서 디오도토스 유고시에 아이들에게 삼촌이 되면서 동시에 외가의 외할아버지가 되는 디오게이톤이 후견인이 되었다. 그런데 실제로 디오도토스가 죽고 디오게이톤이 후견인이 되자, 그는 과부인 자신의 딸을 다른 이와 재혼시켰다.

디오도토스의 맏아들이 성년이 되어 아버지의 재산을 돌려받으려 했을 때, 후견인인 디오게이톤은 남은 재산이 없다며 아무것도 돌려주지 않았다. 그러자 후견인으로서 재산관리를 하지 못한 데 대한 죄를 물어 디오도토스 집안이 디오게이톤을 고소하게 된다. 디오도토스의 맏이가 디오게이톤을 고소했으나 아직 나이가 어리고 미숙하여 송사에 능하지 않았으므로, 그의 매부가 대신 고소인으로서 주장을 펴게 되었다.

이 사건의 재판은 명칭(수석) 아르콘(장관) 주관하에 이루어졌다. 명칭(수석) 아르콘은 원래 고아와 후견관리의 일을 돌보도록 규정되어 있었다.

이 변론의 발표 연대는 정확하게 기원전 401년이다. 판결은 아마도 원고에게 유리하게 났을 것으로 추정된다. 이 작품은 비교적 리시아스의 초기 작품인데도, 피해자의 상황과 감정을 잘 전달하고 있어서 판관들의 마음을 샀을 것으로 추정된다.

일반적으로 고대 아테나이에서 후견인은 꼭 친척이 아니라도 된다. 후견인으로 지명된 사람은 그 재산을 잘 관리했다가 고아가 18세의 성년이 되면 돌려주어야 한다. 대개 토지의 경우 차지할 수 있으나 처분은 할 수 없고, 또 매매의 경우 토지 이외의 재산을 구매하는 것은 허용되지 않는다. 고아와 그 후견인에 대한 관리는 명칭(수석) 아르콘의 관할에 속한다.

⚖️

분쟁의 사안이 중요한 것이 아니라면, 배심원 여러분, 제가 결   1
코 이들¹을 여러분 앞에 세우지 않았을 것입니다. 집안사람과
다툰다는 것은 부끄러운 일이고, 또 여러분이 잘못한 사람뿐
아니라 친척의 잘못을 참지 못하는 사람도 인간 말종으로 본다
는 것을 제가 알고 있기 때문입니다. 그렇지만 배심원 여러분,
그들이 많은 돈을 잃고 또 극악무도한 이들에게 가공할 변을
많이 당한 뒤, 일가인 저에게로 피신해왔으므로, 그들을 위해
진술하지 않을 수가 없습니다. 저는 그들의 누이이자 디오게   2
이톤의 외손녀인 여인과 혼인했습니다. 여러 번 접촉을 통해
처음에는 사건을 친구들의 중재에 맡기기로 양측을 설득했습
니다. 남들이 이런 문제를 알지 못하게 하는 데 신경을 많이 쓰
면서 말이지요. 그런데 디오게이톤이, 그가 명백히 가지고 있
다고 간주되는 재산에 대해 친구들 중 어느 누구의 중재도 받
아들이지 않고, 또 원고가 되기보다는 피고가 된 채, 그에게
주어진 혐의를 벗어날 생각을 하기보다 극도의 위험을 자초하
는 겁니다. 그래서 제가 여러분께 부탁드리건대, 혹 그 할아버   3
지가 그들을 위해 행사한 후견권이 지금까지 이 도시에서 아무

---

1   고발인은 디오게이톤에게 막 성년이 된 손자인 동시에 조카인 자(디오도토스의
     맏아들)인데, 여기서 '이들'이란 고발인과 그 남동생을 말한다. 화자는 이들의 매
     부로서 이들을 대신하여 말한다.

연고도 없는 사람들에 의해서 행사된 것보다 더 치사했음을 제가 증명한다면, 그들 간의 관계를 교정할 수 있도록 도와주시고, 제가 그렇게 하지 못한다면, 모든 사안에서 그를 믿으시고 그때는 우리를 사기꾼으로 보시면 됩니다. 이와 관련된 사실을 자초지종 여러분에게 말씀드리도록 하겠습니다.

4   배심원 여러분, 디오도토스와 디오게이톤은 동부(同父) 동모(同母)의 형제로서, '비가시(非可視, 동산류) 재산'을 나누어 가졌고, '가시(可視, 부동산류) 재산'은 공동으로 소유했습니다. 디오도토스가 무역에서 재물을 많이 모으자, 디오게이톤이 그 딸을 주어 혼인하게 했고 거기서 아들 둘과 딸 하나가 태어났어요. 얼마 후 디오도토스가 트라실로스2와 함께 중무장

5   보병으로 징병되자, 그는 자신의 조카이자 아내였던 이와 그녀의 아버지, 즉 장인이면서 자신의 형제였으며 어린 자식들의 할아버지인 동시에 삼촌인 디오게이톤을 불렀지요. 디오도토스의 생각에, 이런 혈연관계에 놓인 자보다 더 알뜰하게 자신의 자식들을 돌보아줄 사람은 없었던 것이었어요. 그래서 디오

6   도토스는 그에게 유언장과 은 5탈란톤을 맡겼어요. 거기다 7탈란톤과 40므나의 선박저당대부 … 3 그리고 케르소네소스에 투자한 2천 드라크메의 이권을 넘겨주었지요. 디오도토스가

---

2 트라실로스는 민주파에 속했다. 아르기누사이해전에 참가한 10명의 장군 가운데 속했는데, 이 장군들은 해전에 승리했으나 폭풍으로 난파하여 물에 빠진 동료시민을 구하지 않았다는 죄목으로 사형선고를 받았다.
3 이 부분은 원문에 글자가 누락되어 있다.

디오게이톤에게 부탁한 것은, 자신에게 유고가 생기면 자신의
아내에게 1탈란톤과 방에 있는 물건들, 그리고 딸에게 1탈란
톤을 주라는 것이었지요. 거기에 더하여 아내에게 20므나와
30 키지코스 스타테르(화폐단위)를 더 주었어요. 이렇게 조치   7
하고 집안에 유서 사본을 남긴 채 디오도토스는 트라실로스와
함께 원정을 나갔습니다. 에페소스4에서 그가 죽자 디오게이
톤은 그 딸에게 남편이 죽은 사실을 감추었고, 디오도토스가
남긴 봉인된 유서를 가져갔어요. 선박저당대부에서 나오는 이
자를 받아야 한다는 구실이었어요. 다소 시간이 흐른 다음에야   8
그의 죽음을 밝히고, 이들은 관례에 따른 절차를 밟았습니다.
첫 번째 해에 그들은 페이라이에우스에서 살았습니다. 필요한
생활 가재들이 거기에 있었기 때문이죠. 가재들이 다 떨어지
자, 아이들을 도시(아테나이 도심)로 보내고 그 어머니는 그 남
편이 그녀에게 준 것보다 1천 드라크메 적은 액수인 5천 드라
크메의 지참금을 들고서 다른 곳으로 출가했습니다. 8년째(7   9
년이 지난 다음)가 되고 그 후 두 아들 중 장남이 성인식을 마쳤
을 때,5 디오게이톤이 그들을 불러서 그들 부친이 은 20므나의
은과 30스타테르를 남겼다고 했어요. 그리고 덧붙이기를, "실
은 내가 너희들을 키우느라 내 돈을 많이 들였다. 내가 쓸 돈이
있을 때는 그런 데에 연연하지 않았다. 그런데 지금은 내가 어

---

4 아테나이가 에페소스에서 패한 사건은 Xenophon, *Hellenika*, 1. 2. 8~9 참조.
5 18세가 되어 성년식을 마치면 재산을 관장할 수 있고 송사의 주체가 될 수 있다.

려운 형편이고, 너희들이 성인식을 마치고 어른이 되었으니 스
10   스로 생계를 꾸려나갈 생각들을 하거라"라고 했답니다. 이 말
을 듣고 그들은 충격을 받아 울면서 어머니에게로 달려가서는,
곤경에 처하여 어쩔 줄 모르는 상태에서 그녀를 대동하고 제게
로 온 것입니다. 그들은 대책 없이 재산을 빼앗긴 채 울고불고
하면서, 유산을 뺏겨서 거지가 되고 가장 비루한 사람에 의해
능욕당하도록 내버려두지 말고, 최선을 다해서, 그들의 누이
11   와 그들 자신을 위해서 도와달라고 저에게 통사정을 했습니다.
당시 제 집에 가득했던 비통함에 대해서는 이루 말할 수가 없
습니다. 마침내 그들의 어머니가 애원하며 그녀의 아버지와 친
구들을 모두 모아달라고 제게 간청했습니다. 그녀는 사람들 앞
에서 발언해본 적이 없지만, 참담한 불행을 당하여 곤경에 처
12   한 사실을 우리들에게 말하지 않을 수가 없다는 것이었습니다.
저는 그의 딸의 남편인 헤게몬을 찾아가 사실을 토로하고 또
다른 친척들에게도 의논을 했지요. 그리고는 디오게이톤에게
돈을 어떻게 썼는지 밝히라고 요구했어요. 처음에 디오게이톤
은 오지 않으려 했으나, 마침내 친구들에 의해 억지로 오게 되
었던 거예요. 모두 모이자 여인이 그(디오게이톤)에게 어떤 심
보로 그녀의 아이들을 이렇게 대우할 수가 있느냐고 물으면서,
다음과 같이 말했어요. "당신은 내 아이들 아버지의 형제이며,
내 아버지이며, 아이들의 삼촌인 동시에 할아버지 아닙니까.
당신이 사람들 앞에서는 아무리 뻔뻔해도 신은 두려워해야 하
13   는 거예요. 내 남편이 군대에 갈 때 5탈란톤을 당신에게 맡겼

어요. 그런 사실이 있음을 내 자식들, 여기 있는 아이들과 후
에 내게서 난 아이들 모두의 생명을 걸고 당신이 원하는 어떤
곳에서라도 내가 맹세를 하지요. 내가 아이들의 생명을 담보로
해서 위증을 하고 또 부당하게 내 아버지 되는 당신의 재산을
노릴 정도로 야비하거나 돈에 탐욕스러운 것이 아닙니다."거   14
기에 더하여 그녀는 7탈란톤 4천 드라크메의 선박저당대부를
회수하여 디오게이톤이 이를 전용했다고 비난하면서 관련 서
류를 제시했습니다. 그것은 콜리토스6에서 파이드로스의 집으
로 이사하는 과정에서 아이들이 떨어져 있는 책을 발견하여 그
녀에게 가져다준 것이래요. 그녀의 증언에 의하면 그는 또 토   15
지를 담보로 한 대부금에서 나오는 이자 100므나를 회수했고,
그 밖에도 2천 드라크메와 고가의 가구가 있었으며, 해마다 케
르소네소스에서 곡물도 들어왔다고 했어요. 7 그녀는 이렇게
말했지요. "그 후 당신은 수중에 그 많은 돈을 가지고 있으면
서, 뻔뻔하게 아이들 아버지가 당신에게 남긴 것이 2천 드라크
메와 30스타테르뿐이라고 말을 했지요. 그 돈은 내 손에 있었
던 것을 그가 죽고 난 다음 내가 당신에게 건네주었던 거란 말
이에요. 헌 옷에다 내복도 없고, 수행인도 없고, 깔 이불도,   16
외투도 없으며, 그들의 아버지가 남긴 가재도구도 주지 않고,

---

6   아크로폴리스 근처 북쪽 지역, 아이게이스 부족의 데모스(촌락)이다.
7   아마도 이 곡물은 디오도토스가 케르소네소스에 투자한 2천 드라크메(바로 위 6
    절 참고)에서 나오는 이자에 해당하는 수입일 가능성이 있다.

그(디오토스)가 당신에게 맡겨놓은 돈도 빼앗은 채로, 당신 손자들을 자신들의 집에서 내쫓은 것이 사람으로서 할 짓이라 생각하십니까? 지금 당신은 내 계모가 낳은 아이들은 많은 돈을 들여 갖은 호강을 다 시키면서 키우고 있지요. 8 그들에게는 그렇게 잘하면서, 내 아이들은 홀대를 했고요. 당신은 불쌍한 아이들을 내쫓고, 부자를 거지로 만들 심산이었어요. 이런 짓거리를 하면서 당신은 신도 두려워하지 않고, 전말을 알고 있는 내 앞에서 부끄러워하지도 않으며, 당신의 형제도 아랑곳하지 않은 채, 우리는 뒷전이고 그저 돈밖에는 눈에 보이는 것이 없었지요"라고 말이죠. 자, 배심원 여러분, 여인이 전하는 여러 가지 충격적인 사실을 들으면서, 거기에 있었던 우리 모두가 그의 행적과 이 여인의 진술에 충격을 받았습니다. 아이들이 당한 고통을 알고 또 불성실한 후견인에게 재산을 맡긴 죽은 자를 상기하고, 또 자신의 일을 맡길 믿을 만한 사람을 찾는 것이 얼마나 어려운가를 깨달으면서 말이지요. 그래서 배심원 여러분, 그 자리에 있던 우리들은 아무도 말 한마디 내뱉지 못한 채 고통당한 이들과 함께 눈물을 흘리면서 조용히 자리를 떴습니다.

먼저 증인들께서는 올라와서 이런 사실을 증언해 주십시오.

17

18

---

8 디오게이톤은 새장가를 들고 거기서 난 아이들을 호화롭게 키웠는데, 그 새 가정의 호화로운 생활이 그가 후견을 맡고 있던 디오토스의 자식들이 상속한 재산, 즉 디오토스가 자신의 아이들을 후견하도록 남긴 돈을 전용했기 때문에 가능했다는 말이다.

증인들

배심원 여러분, 이제 명세서에 주목해 주십시오. 어린이들이   19
당한 참담한 불행에 연민하시고 그가 도시 모든 사람의 분노를
살 만한 사람이라는 점을 이해하도록 말입니다. 디오게이톤은
모든 사람들이 서로를 믿지 못하도록 만들어서, 살아서나 죽
어서나 사람들이 가장 혐오하는 적보다도 가장 가까운 집안을
더 믿지 못하도록 만들고 있습니다. 그는 그가 진 빚 중 일부는   20
부인하고, 나머지 그가 받았다고 하는 7탈란톤과 7천 드라크
메의 돈은 8년간 두 아들과 그 누이 하나에게 사용했다고 명세
서에 썼어요. 뻔뻔함이 이 정도에 이르고, 썼다고 하는 돈을
어떤 항목에 넣을지도 몰라서 두 남아와 한 여아의 음식비가
하루에 5오볼로스에 달하는 반면, 신발, 세탁, 이발 비용을 매
달 혹은 매년으로 계산하지도 않고 전체 후견기간에 걸쳐 1탈
란톤 이상 들어간 것으로 잡았어요. 아버지의 무덤을 만드는   21
데 그는 5천 드라크메 중 반에 해당하는 25므나(2,500드라크
메)를 쓴 적도 없으면서, 전체 비용의 반을 자신이 부담한 것
이라 하고, 나머지 반은 아이들 부담으로 돌렸어요. 디오니시
아9 제전에서도, 배심원 여러분, 이런 말씀을 제가 공연히 드

---

9   소(小) 니오니시아[혹은 농촌 디오니시아] 제전은 겨울 포세이돈 달, 대(大) 디오
니시아[혹은 도시 디오니시아] 제전은 봄철 엘라페볼리온 달에 열리며 양을 잡아
서 축제를 벌인다.

리는 것은 아니니 양해 바랍니다만, 그가 양 한 마리를 16드라크메를 주고 샀다고 하면서, 그중 8드라크메를 아이들 부담으로 계산했어요. 우리가 적지 않게 분노하는 것은 바로 이런 점들이에요. 여러분, 큰 손해는 말할 것도 없지만, 가끔은 작은 손해도 똑같이 피해를 본 사람을 아프게 하죠. 액수의 많고 적음을 떠나서 그런 것이 해를 끼치는 사람의 야비함을 아주 분명하게 드러내기 때문이에요. 다른 축제나 제사 때도 그는 4천 드라크메가 넘는 비용을 훔쳐갔고, 또 다른 많은 일을 더 만들어서 그 비용을 구실로 목돈을 갈취했어요. 아이들의 후견인이 된 것이 마치 아이들에게 돈 대신 숫자(명세서)를 보여주기 위해서, 또 부자를 극빈자로 만들기 위해서, 그리고 아이들이, 만일 조상 대대로 내려오는 숙적이 있었다면 망각할 수도 있지만, 반대로 유산을 가로챈 후견인에게는 끝까지 대들어 싸우도록 만들기 위함인 것처럼 말입니다. 만일 그가 아이들에 대해 정직한 사람이 되고 싶었다면, 고아에 관련하여 무능한 후견인과 유능한 후견인을 위한 규정을 둔 법률에 준하여, 재산을 임대하여 번거로운 일에서 벗어나거나 혹은 땅을 구매하여 거기서 들어오는 수입으로 아이들을 돌볼 수도 있었을 거예요. 둘 중 어떤 방법을 선택하든, 아이들은 다른 어떤 아테나이인에 뒤지지 않는 부자가 되었을 거예요. 그러나 지금 제가 보기에 그는 재산을 가시적인 것(可視, 부동산류)으로 만들기보다는, 자신이 재산을 가로채려 했어요. 잔머리를 굴려서 스스로 죽은 자의 상속인이 되고 싶었던 것이지요. 가장 치명

22

23

24

적인 것은, 배심원 여러분, 다음과 같습니다. 그가 아리스토디코스의 아들 알렉시스와 공동 삼단노전선주가 되어서 48므나를 지출했는데, 그 반을 고아들의 부담으로 돌렸어요. 그런데 도시에서 고아들은 면세란 말입니다. 미성년 시기뿐 아니라 성년이 되고 난 다음에도 1년간은 모든 공적 부담에서 벗어나게 되어 있어요. 그런데 그 아이들의 할아버지였던 그는 불법적으로 삼단노전선주10에 필요한 비용의 반을 자신의 딸의 자식들로부터 갈취했던 것이죠. 또 2탈란톤의 비용을 들여서   25
아드리아해로 상선을 보낼 때 아이들의 어머니 (자신의 딸) 에게 말하기를, 아이들이 위험부담을 져야 하는 것이라고 했어요. 그런데 사고가 없었고 이익이 두 배가 되었을 때, 그는 화물이 모두 자신의 소유라고 했어요. 위험은 아이들에게 돌려놓고 벌어들인 돈은 그가 차지하게 된다면, 지출된 돈은 부담 없이 남의 명세서에 올라 있으니 자기는 남의 재산으로 부자가 되는 것이지요. 배심원 여러분, 명세서의 내역을 하나하나 여러분   26
앞에 보고하는 것은 아주 번거로운 일이겠죠. 그러나 제가 어렵사리 그로부터 장부를 얻어내고, 또 알렉시스가 이미 죽었으므로 그 형제 아리스토디코스에게 삼단노전선주의 명세서가 있는지를 물었지요. 아리스토디코스가 가지고 있었다고 하기에 그 집으로 따라가서 보았더니, 거기에는 디오게이톤이 알렉시스에게 공동 삼단노전선주 비용으로 24므나를 제공했다

---

10 부자들이 돌아가면서 전선인 삼단노전선을 관리하는 비용을 온통 부담한다.

27 고 되어 있었어요. 디오게이톤은 자신이 48므나를 썼다고 말
했는데(그중 반을 아이들 부담으로 한다고 했는데), 사실은 그런
것이 아니라 디오게이톤은 자신이 제공한 비용 전체를 아이들
에게 전가시킨 것이었지요. 이렇게, 다른 사람을 통해 수행되
어 정보가 쉽게 노출되는 경우에도 자신의 딸의 아이들(외손자
녀)을 속여서 24므나를 빼앗아가는 마당에, 아무도 알지 못하
고 그 혼자서 일을 처리할 때는 무슨 짓거리를 했을 것이라고
생각하십니까? 이 사실에 대한 증인은 위로 올라와주십시오.

증인들

28 증인들의 증언을 들으셨습니다. 배심원 여러분, 결국에 그가
받았다고 인정한 7탈란톤과 40므나만을 기준으로 하고 다른 부
대 수입은 계상하지 않는다 해도, 그는 도시 내 다른 어떤 이보
다 더 많은 금액을 소비한 것이 되고, 두 남아와 한 여아, 한 명
의 수행인과 한 명의 가정부에게 들어간 돈이 1년에 1천 드라크
메, 하루치로 계산하면 3드라크메 조금 밑도는 금액에 달하는
29 것이지요. 이렇게 8년 치를 계상하면 8천 드라크메가 됩니다.
그러면 (7탈란톤과 40므나 중에서) 남는 돈이 6탈란톤과 20므나
가 됩니다. 그런데 그는 그 돈조차도 도둑을 맞았는지, 손해를
보아 없앴는지, 대부를 했는지 등을 증명하지를 못해요. …

33

올림피아코스
올림픽에 부치는 찬사

역자 해설

기원전 388년 시라쿠사이의 참주 디오니시오스가 자신의 형제 테리아데스를 선봉으로 하여 올림픽 경기에 관객들을 보냈다. 이들은 성전 주변에 화려한 천막을 쳤다. 이 기회에 리시아스는 이 사신들이 보는 앞에서 헬라스인들에게 사주하여, 시켈리아의 모든 헬라스인들을 참주 디오니시오스로부터 해방시켜야 한다고 주장한다. 이런 상황에서 디오니시오스가 보낸 관람객들의 천막이 약탈당했다. 그에 이어 참주 디오니시오스가 가진 부와 그 몰락이 가시화된다.

　이 변론은 할리카르나소스 출신 디오니시오스에 의해 일부분만 남아 전한다. 위서(僞書)-플루타르코스[1]의 〈10명 변론가들의 생애〉에서는 이 변론을 '가장 훌륭한 작품'으로 평가한다. 실로 이 글은 웅대하고 진취적인 기상을 담고 있고, 그런 점에서 〈코린토스를 도우다 전사한 이들을 위한 장례 추도사〉를

능가할 정도라고도 한다.

또 이 글은 리시아스의 정치적 입장을 직접 나타내는 것이기도 하나, 현실적으로 아테나이의 거류외인이었던 리시아스는 정치적 활동에 직접 관여할 수가 없었다. 그래서 아마도 코린토스인을 위해 이 글을 적었다는 견해도 있다. 훗날 코린토스인들은 실제로 티몰레온을 보내어 시켈리아의 참주를 타도하게 된다.

⚖

1 다른 많은 훌륭한 공적 가운데서, 여러분, 헤라클레스[2]를 기억할 만한 가치가 있습니다. 그가 헬라스를 사랑하여 처음으로 이 경기를 시작했기 때문입니다. 그전에 도시들은 서로를 이방인
2 으로 간주했습니다. 그런데 그가 참주들을 폐기하고 오만한 자들을 축출하고는, 헬라스의 가장 아름다운 장소에서 육체의 힘을 겨루고, 부와 정신을 발현하는 경기들을 시작함으로써, 그 때문에 한곳에 모여서 보기도 하고 듣기도 하게 되었습니다. 그는 이곳에 모이는 것이 헬라스인들 간 화합의 시작이 되리라
3 고 믿었습니다. 이렇게 그가 이것을 구상했습니다. 저는 사족(蛇足)을 논하거나 명칭에 대해 시비를 걸 생각은 없습니다. 그런 것은 아주 무익하고 생계에 쫓기는 소피스트들의 일거리

---

2 Lysias, 2(코린토스에서 싸우다 전사한 이들을 위한 장례추도사). 11 이후에도 헤라클레스에 대한 언급이 있다.

인 것으로 보이니까요. 반면, 헬라스가 이렇듯 수치스런 질곡에 처하여, 많은 부분이 이방인에게 종속되고, 많은 도시들이 전제군주에 의해 유린되는 것을 보면서, 좋은 사람, 많은 덕성을 가진 시민들은 가장 비중 있는 사안에 대해 조언을 하는 것이죠. 이런 질곡들이 허약함에 기인한 것이라면 운 앞에 침묵하고 있으면 될 것입니다만, 그런 것들이 분열과 상호 경쟁에 의한 것이라면, 전자는 막고 후자는 멈추어야 하는 것 아니겠습니까? 만일 경쟁이 번영을 가져오는 것이라면, 우리 같은 입장인 사람들에게 최대한의 신중함이 수반되어야 한다는 점을 알고서 말이죠. 우리가 처한 위험이 심각하고 사면에 노출되어 있음을 우리가 알기 때문이지요. 패권은 바다를 장악한 자[3]에게 있으나, 왕은 돈 금고를 가지고 있고, 헬라스인은 돈을 푸는 사람들을 위해 봉사하며, 배를 가지고 있는 자가 있다 해도, 시켈리아의 참주도 마찬가지로 많이 가지고 있다는 사실을 여러분은 알고 있습니다. 그래서 우리는 상호간 전쟁을 중지해야 하며, 한마음으로 우리의 생존을 도모하기 위해서 노력해야 합니다. 지난 일들을 뉘우치고 앞으로 다가올 일을 경계해야 합니다. 우리는 다른 이들의 땅을 장악하려 욕심을 부리는 이방인들로 하여금 오히려 그들 자신의 땅을 빼앗기도록 했고, 참주를 추방하고 모든 이에게 동등한 자유를 가져온 우리 선조

4

5

6

---

3   바다를 장악한 자는 페르시아의 왕이다. 시켈리아의 디오니시오스도 많은 돈을
     가지고 있으므로 헬라스인은 양편을 다 상대해야만 한다.

7 를 흠모해야 합니다. 그러나 저는 무엇보다 라케다이몬인들에게 놀라움을 갖습니다. 그들이 어떤 생각을 가지고 헬라스가 유린당하는 것을 가만히 감내했을까 하는 점 때문에 말이지요. 그들은 타고난 덕성과 전쟁의 지식으로 명실공히 헬라스인의 지도자가 되었으며, 또 그들만이 성벽 없이도 거주지를 약탈당하지 않고 분열과 패배를 겪지 않았으며 언제나 일정한 생활의 원칙을 준수하는 사람들이거든요. 그래서 이들이야말로 영원한 자유를 얻을 수 있다는 희망을 가지며,4 지난날 헬라스를 구하기 위해 위험을 불사함으로써 다가올 것에 대비하고 있었

8 던 것으로 보게 되는 것이죠. 실로 지금보다 더 좋은 기회는 미래에 오지 않을 겁니다. 파멸한 자의 불행을 남의 것이 아니라 우리 자신의 것으로 여겨야 할 것이고, 또 양측에 도사리고 있는 적군이 우리를 공격해올 때까지 기다리지 말고, 아직 시간

9 여유가 있을 때 그들의 오만을 제거하도록 합시다. 우리가 서로 싸우는 동안 그들이 강자로 부상한 것을 보면서 분통이 터지지 않는 사람이 있겠습니까? 그냥 수치스러운 것이 아니라 끔찍하기까지 한 우리의 이런 사태가 저들로 하여금 크나큰 죄를 저지를 수 있도록 기회를 준 것이고, 또 헬라스인들은 그에 대해 아무런 응징조차 할 수가 없었습니다.

---

4 이 희망은 곧 허물어진다. 스파르타는 헬라스인에게 자유를 주려 하지 않았고, 레욱트라와 마케도니아에서의 패전 이후 그들은 펠로폰네소스의 패권을 되찾으려 했으나 마케도니아의 세력 앞에 패배했다.

34

아테나이의 전통적 정치체제의 해체에 반대하여

역자 해설

기원전 403년 가을, 아테나이에서 30인 체제가 붕괴한 후 주요 논제는 '어떤 정치체제를 수립할 것인가'였다. 할리카르나소스 출신 디오니시오스가 전하는 정보에 따르면, 당시 페이라이에우스에서 돌아온 망명객 가운데 한 사람이 참정권을 토지소유자에 한정시키자는 제안을 했다고 한다. 포르미시오스는 한편으로 30인 체제에서 추방된 사람들을 다 돌아오게 하고, 다른 한편으로는 도시의 행정을 토지소유자로 한정하자는 제안을 했다고 한다. 그런 조건에서는 다수의 아테나이인이 정치에서 배제된다. 아리스토텔레스는 《아테나이 국제 34》에서 포르미시오스가 중립 성향을 가졌으며, 테라메네스, 아르키노스, 아니토스 등이 지도자로 있던 집단에 속했던 것으로 평가한다.

리시아스는 포르미시오스의 제안을 부결시키기 위해 이 변론을 썼다. 이 변론은 한 정치적 인물이 민회에서 발표했다고 추정되며, 30인 체제의 붕괴 뒤 아테나이의 정치상황을 알려주는 귀중한 사료가 되고 있다. 할리카르나소스의 디오니시오스로부터 전해지는 이 글은 결론부분은 사라지고 본론이 남아 있다.

⚖

1   도시에 닥친 재앙이 우리 후손들로 하여금 정치체제의 변혁1을 도모해서는 안 되겠다는 교훈을 충분히 남겼을 것이라고 우리가 생각하고 있는 바로 그 순간에 그들이 나타났습니다. 그들은 이미 두 번이나 우리를 기만한 조령들을 가지고 나와서는, 참담한 고통을 겪고 이미 두 정치체제를 다 경험한 우리들을

2   기만하려고 했습니다. 그런데 제가 이해하기 어려운 것은 그들이 아니라 오히려 그들의 말에 귀 기울이는 여러분입니다. 여러분은 세상사람 가운데 가장 건망증이 심하거나 아니면 저들과 같은 사람들에게 걸려들 준비가 가장 잘되어 있는 사람들인 것이죠. 저 사람들은 페이라이에우스에서 시작된 반격에 어쩌다가 동참하긴 했으나, 그 속내는 도시(아테나이 도심)에 남아 있던 사람들2과 같았던 것이었어요. 제가 묻고 싶은 것은 여러분이 스스로의 결정에 의해 자신을 예속시키려 한다면,

3   무엇 때문에 추방되었다가 돌아왔느냐는 것입니다. 아테나이인 여러분, 재력이나 태생에서나 저는 결격사유가 없고, 두 가지 면에서 다 제 상대측보다는 유리합니다. 그럼에도 제 소견

---

1   기원전 411년 400인 과두정, 기원전 404년 30인 참주정 등 짧은 기간 동안 민주정부가 해체된 사실을 말한다.

2   '도시(아테나이 도심)에 남아 있던 사람들'이란 민주정을 회복하려던 페이라이에우스의 사람들과 대조적인 개념이다. 이 책 용어 해설 중 '도시(아테나이 도심)' 항목 및 Lysias, 12(30인에 속했던 에라토스테네스를 비난하여). 92 참조.

으로 보면, 도시를 구할 수 있는 유일한 길은 모든 아테나이인이 나랏일에 동참하는 것입니다. 성벽, 배, 돈, 동맹국들을 보유하고 있었을 때도 우리는 어떤 아테나이인도 배제하려 하지 않았고, 실로 에우보이아인들까지도 혼인을 통해 권리를 획득하도록 허용했습니다.[3] 그런데 여러분은 지금 기존의 시민들도 배제하려고 하십니까? 안 됩니다. 여러분이 제 충고를 받아 4 들인다면 말이지요. 성벽을 잃은 마당에, 우리가 스스로 우리의 힘을 더 약화시키면 안 되는 것이지요. 많은 수의 보병, 기병, 궁수들을 가지고 있어야 한다는 말입니다. 여러분이 이들을 확실하게 보유한다면, 민주정체를 안전하게 지키고, 적군을 제압할 수 있는 가능성이 더 높아지며, 동맹국들의 요구에도 더 잘 부응할 수가 있습니다. 여러분도 주지하듯이, 우리 당대 과두정체가 수립되었을 때, 도시를 지배했던 것은 지주들이 아니었습니다. 지주들 중 많은 이가 처형되었고, 또 다른 많은 사람들이 도시에서 쫓겨났거든요. 민중이 추방된 자들을 5 불러들인 다음 여러분에게 도시를 맡기고 스스로 개입하려고 하지를 않았어요. 그러니 만일 여러분이 제 말을 들으신다면, 여러분에게 은덕을 베푼 사람들을, 여러분이 재량할 수 있는 한 그들을 조국으로부터 배제하지 않을 것이고, 행동보다 말에, 또 과거보다 미래에 더 큰 무게를 두는 일도 없게 될 것입

---

3 아테나이에서는 플라타이아 등 특정 도시인이 아테나이인과 혼인하면 시민권을 주었다.

니다. 특히 과두정체를 이끈 우두머리들이 말로는 민중을 탓하지만, 실제로는 여러분의 재산에 눈독을 들이고 있었던 사실을 기억하신다면 말입니다. 여러분이 동맹국들을 상실하는 순간 그들이 여러분 재산을 빼앗게 될 것입니다.

6   그러면, 이와 같은 질곡의 상황에서 우리가 라케다이몬인의 말을 따르지 않고 어떻게 도시를 해방시킬 수 있는 길이 있는가를 사람들이 묻겠지요. 그러면 제가 도리어 그들에게 묻겠습니다. 라케다이몬인들이 시키는 대로 해서 민중이 득을 보는 것이 뭐가 있냐고요. 그런 것이 아니라면, 우리가 스스로에게 명백하게 사망선고를 내리는 것보다 싸우다가 죽는 것이 훨

7   씬 낫지요. 제 생각에, 여러분이 제 말을 받아들이는 경우 위험부담은 양편에 다 같이 있습니다. 아르고스인과 만티네이아인들도 각기 자신의 땅에 살면서 그런 입장을 택했음을 저는 알고 있습니다. 전자는 라케다이몬인과 국경을 맞대고 있고, 후자는 그 가까운 곳에 있죠. 인구도 한쪽은 우리보다 많지 않

8   고, 다른 쪽은 3천 명이 채 못 됩니다. 라케다이몬인들이 잘 알고 있는 사실은, 자신들이 이 나라들을 침략하면 상대도 무기를 들고 반격하므로, 그런 위험을 감수하는 것이 무익하다는 것이죠. 라케다이몬인은 승리한다 해도 그들을 예속시킬 수가 없고, 또 패배할 경우에는 자신이 가지고 있는 재물들을 축내게 되기 때문입니다. 번영을 하면 할수록 위험을 감수하

9   려는 용기는 더 약해지는 거예요. 실로, 아테나이인 여러분, 우리가 헬라스인들을 지배했을 때도 그 같은 입장에 있었거든

요. 우리 땅을 방어하기 위해 싸우기보다는 유린되도록 내버려두는 것이 지혜롭다고 생각한 것이었어요. 큰 실리를 지키기 위해서는 작은 것들은 무시하는 것이 우리에게 득이 된단 말이죠. 그러나 전쟁으로 모든 것을 다 빼앗긴 채 그나마 우리에게 남은 것이 조국의 땅 밖에 없는 지금, 싸우는 길만이 우리가 해방될 수 있다는 희망을 던져주고 있습니다. 실로 우리가 10
유념해야 할 것은, 지금까지 부당한 지경에 처한 다른 이들을 도우려고 출정하여, 이방의 땅에 대적 승전비를 세워왔던 것처럼 지금 우리 땅과 우리 자신을 지키기 위해서 용감하게 방어해야 한다는 점입니다. 신들을 믿고 또 신들이 피해자를 위해 정의를 지켜줄 것이라는 희망을 가집시다. 아테나이인 여 11
러분, 우리가 추방되어 돌아오기 위해 싸워야 했을 때도 라케다이몬인들과 싸웠는데, 돌아오고 난 다음에는 그들과의 싸움을 피한다면 말이 안 되는 것이죠. 우리 선조들은 이웃의 자유를 지키기 위해서도 모든 것을 걸었는데, 여러분은 여러분 자신을 위한 전쟁도 하지 않는다면, 수치가 아니겠습니까?

제 2 부

단편들

단편들

역자 해설

리시아스 작품 가운데 단편으로만 남아 전하는 것은 변사의 변론이나 서신을 통한 것이다. 고대의 작가나 주석가들도 있어서, 아리스토텔레스, 하르포크라티온, 테오프라스토스, 아테나이오스, 디오니시오스, 위서(僞書)-플루타르코스, 아리스테이데스, 폴리데우키스(폴룩스), 테온, 키케론, 발레리오스, 막시모스 등이 이에 속하고, 또 쩨제스(Tzetzes), 포티오스와 같은 후대의 작가들도 있다.

단편들 가운데 대다수는 법정 변론문이며, 사적인 소송(노임, 후견, 상속, 상해, 위증 등)에 관한 것이다. 그 외 소수의 서신은 리시아스의 사생활과 관련된 것이다.

단편 중 그 주제와 내용의 기본적인 줄거리를 알아볼 수 있는 것은 한정된 소수에 불과하고, 대부분은 짧은 몇 개 문장으로 남아 전한다. 변론의 제목들이 고대 사전에 일정한 단어를 설명하는 과정에서 많이 남아 전하는데, 특히 하르포크라티온에게서 그러하다. 예를 들면, 하르포크라티온의 사전 중 단어 'notheia' 항목에 〈칼리파네스의 이방인 신분에 대하여〉가, 그리고 'karkinos' 항목에 〈개에 대한 변명〉이 있다.

1) 소크라테스학파 아이스키네스의 빚에 대하여

변사인 리시아스가 계약에 관한 그의 변론에서 언급하는 그런 행동을, 소크라테스의 제자 아이스키네스가 하리라고 누가 상상을 했겠습니까? 리시아스가 〈소크라테스의 제자 아이스키네스의 빚에 대하여〉란 제목을 붙인 변론에 대해 제가 살펴볼 것인데요. 거기에는 여러 가지가 언급되고 있으나, 여러분 철학자들의 높은 긍지를 위하여 다음과 같이 시작하고 있습니다.

배심원 여러분, 아이스키네스가 이렇듯 창피한 문제를 재판에까지 회부하리라는 생각은 제가 하지 못했고요. 또 이보다 더 황당한 중상모략의 재판을 다른 어느 경우에도 쉽게 찾기가 어렵다고 생각합니다. 배심원 여러분, 그는 대부업자인 소시노모스에게 빚을 지고 있고, 또 아리스토게이톤에게는 1므나당 매달 3드라크메의 이자를 지불해야 합니다. 그런데 그가 제게 와서 부탁하기를 이자로 자기 재산을 축내지 않도록 좀 해달라는 겁니다. 그가 말하기를, "제가 향수공장을 경영하고 있는데, 자금이 좀 필요합니다. 1므나당 매달 9오볼로스를 지급하겠습니다"라고 하는 거예요. 제가 그 말을 믿었죠. 동시에 소크라테스의 제자이며 정의와 덕성에 관해 많은 설득력 있는 말을 한 아이스키네스가 가장 비열하고 나쁜 놈이나 할 수 있는 그런 짓거리를 하지 않는 것은 물론이고 엄두조차 내지 않을 것이라고 생각한 거지요.

그런데 배심원 여러분, 그가 저한테만 그런 게 아니라요, 그가 알고 지내는 다른 모든 이를 이렇게 속인 거예요. 그 이웃에서 장사를 하던 소매상들로부터 보증금을 받고는 돌려주지도 않아서, 가게를 닫으면서 그 사람 때문에 어떻게 낭패를 보지 않았겠으며, 그 이웃들도 그 때문에 피해를 보고는 살던 집을 떠나서 먼 곳에 셋집을 들지 않았겠습니까? 그가 모은 계원들은 돈을 저축하는 것이 아니라, 이 협잡꾼 손에 해를 입는 것이 마치 (마차가) 기둥을 들이박는 것과 같아요. 너무나 많은 사람들이 매일 떼를 지어 몰려와서 빚을 갚으라고 아우성이라, 지나가는 사람들은 그가 죽어서 상여를 내가는 줄로 안다니까요. 페이라이에우스에 사는 사람들은 정말 그를 싫어해서, 그와 거래하는 것보다는 아드리아해로 배를 타고 나가는 것이 더 안전하다고 생각할 정도예요. 왜냐하면 그는 부친에게서 물려받은 것보다 남에게서 빌린 것이 훨씬 더 확실하게 자기 것이라고 보기 때문이에요. 그런데 실제로 향수장사를 하는 헤르마이오스에게서는 돈을 갈취한 것은 아니고요, 칠십 먹은 그 아내에게 손을 댔어요. 그녀를 사랑한다고 해서는, 그녀가 그 남편과 아이들을 다 거지로 만들어놓고, 대신 아이스키네스를 행상에서 향수업자로 거듭나게 했지요. 그가 이 여자에게 너무나 살갑게 굴면서 나이가 많은 점을 이용했는데, 이 여자는 이빨이 다 빠져 손가락 수보다 더 적었기 때문에 헤아리는 수고를 하지 않아도 되는 상태였지요.

2) 증인들
아무튼 이와 같은 것이 궤변론자(소피스트)의 삶입니다.[1]

---

1   Athenaios, 13, p. 611. D.

3) 아리스토파네스 재물의 몰수에 관해 아이스키네스를 비난하여

그런데 데마라토스가 배반을 이용해 히트로이인들을 장악했으니 … 2

4) 아이스키네스의 횡포에 반대하여

이 사람은 저에게 입힌 손해 때문에 재판을 받았어요. 3

5) 알렉시데모스에 반대하여

(재산이) 분배되었지요. 4

6) 집안 문제 관련하여 알키비아데스에 반대하여

알시오코스와 알키비아데스는 함께 헬레스폰토스로 배를 타고 가서 아비도스5에서 메돈의 후손인 아비도스 여인과 같이 동거를 했어요. 그러다 딸이 생겼는데, 이들은 둘 중 누가 아버지인지 모른다고 말을 했답니다. 그 딸이 남자들에게 매력이 있는지라, 이 둘이 그녀와 함께 동침을 했는데, 알키비아데스가 그녀와 함께 동침할 때는 악시오코스의 딸이라고 하고, 악시오코스가 동침할 때는 알키비아데스의 딸이라고 말을 했지요. 6

　백색의 해변, 해운 재판, 보증금. 7

―――――

2　Harp. , *v. chytroi*.
3　Bekker, *Anekdota*, p. 123, 23.
4　Harp. , *v. dateisthai*.
5　소아시아 연안 헬레스폰토스(다르다넬스해협)의 한 도시.
6　Athenaios, 12, p. 534. F.

7) 소(小)알키비아데스에 반대하여

아비도스에서도 망해버리도록 하세요. 당신에게 욕을 얻어먹는 것도
이제 저는 신물이 나거든요. 8

8) 알키비오스에 반대하여

이 사람이 주장하듯, 그가 크테시클레스에게 빌린 돈을 갚았다면 … 9

9) 신부(新婦) 맞이 잔치10에 대하여

지금까지 변사들로부터도 확실한 내용이 약간 언급되었어요. 그리고
마치 리시아스의 〈신부 맞이 잔치에 대하여〉와 〈낙태에 관하여〉에서
처럼, 거의 모든 변론들이 밝히고 있듯이 말이죠. 이 두 변론의 내용
은, 혼인을 한 여인에게 수여된 신부 맞이 잔치의 선물은 그녀에게 소
유로 남는다는 것이에요. … 이 변론들은 리시아스의 것이 아니라는 말
이 있지만, 젊은이들이 연습을 하는 데는 무용지물인 것은 아니죠. 11

10) 안도키데스 아포스타시우에 반대하여

그들은 일정한 가격에 파는 것이 아니라, 가능한 한 가격을 부풀려서
더 비싸게 팝니다. 12

7　Harp., *v. Leuke akte*, *nautodikai*, *parakatabole*.

8　*Lexeis Patm. Bull. corr. hell.* I, 153.

9　*Phot. Lex.* p.370, 26; Suid. *v. palaion*.

10　신부가 결혼한 지 사흘 만에 신랑과 함께 사람들 앞에 나타날 때 벌이는 잔치.

11　Theon, *progymnasmata*, c. 2, I 165 Walz.

11) 안드로티온을 비난하여

세란기온(마을 이름). 아르키다미오스 전쟁. [13]

12) 유산(流産)에 관해 안티게네스를 비난하여

바로 이 안티게네스가 어떤 짓거리를 했는지 보십시오. 우리의 어머니를 고발하고 우리의 여자형제를 데려가려 하고, 또 1천 드라크메를 갚지 않으려고 송사를 제기했어요. 그 돈은 고발되어 유죄로 판정된 자라면 누구든지 갚아야 하는 것이거든요. [14]

13) 안티폰의 여식에 관한 재산교환 소송에 대하여[15]

14) 아폴로도로스를 비난하여

(민회의 개최와 관련하여) 5일 전의 공고. [16]

15) 아레산드로스에 반대하여

우리는 지금 징세관리인 앞으로 모은 재산을 신고합니다. [17]

---

12 Pollydeukes, 7. 14.
13 Harp., v. *Serangion*; *Archidamios polemos*.
14 *Fragm. Lex. rhet. Cantabr.* p. 669, 20. Dobr.
15 Lysias, *Fragmenta*, 333. 18t.
16 Harp., v. *propempta*.
17 Harp., v. *eklogeis*.

16) 아리스타고라스의 고발을 비난하여

어떤 방법을 쓰든지. 18

17) 아리스토데모스의 고발에 대한 항의

재판, 안테네(도시 이름), 배교자의, 항거. 19

18) 계원(契員)의 보증에 관해 아리스토크라테스에 대하여

계원들. 20

19) 아리스톤의 태만을 비난하여

〈아리스톤을 비난하여〉라는 변론에서 리시아스가 말하기를, 드라콘이 법률을 제정했고, 이어서 솔론이 그것을 이용했는데, 다만 사형죄는 적용하지 않았다. 그러나 세 번 유죄가 되면 불명예에 처하고, 유죄가 한 번이면 100드라크메의 벌금을 내도록 했다. 21

20) 이피크라테스의 뇌물에 관해 하르모디오스에 대하여

일을 하기 전에, 만일 제가 일을 끝내게 되면 조각상을 하나 달라고 흥정을 했더라면, 당신이 그러마고 했겠지요. 계획부터 하는 것이 좋겠다고 한다면, 당신이 동의했겠지요. 그런데 정작 일을 마치고 나니

---

18 Harp., *v. amosgepos.*
19 Harp., *v. anakrisis, Anthene, apostasiou, diamartyria.*
20 Harp., *v. eranizontes.*
21 *Lex. rhet. Cantabr.* p. 665, 19. *v. argias dike.*

당신이 주지 않으려 하는 건가요? 해야 할 일을 앞뒀을 때는 약속을
해놓고는 일이 끝나고 나니 당신이 약속을 어기면 안 되는 것이죠. 22

하르모디오스와 아리스토게이톤23은 어떤 대담한 일을 하기 전에는
그런 대담함을 갖춘 이들이 아니었어요. ··· 그런데 제 상황은 당신 것보
다 더 하르모디오스와 아리스토게이톤의 경우와 닮은 점이 있어요. 24

만일 당신이 저와 같은 장군 일곱 명을 갖추고 있다면, 라케다이몬
에는 사람이 남아 있지 못했을 거예요. 25

아테나이인 여러분, 여러분은 여러분의 금석문과 기념비가 저에게
명예를 가져다준다고 생각하시겠지요. 그러나 펠로폰네소스에는 저
를 위한 기념비가 하늘 높이 서 있어서 제 용기를 증명하고 있습니다. 26

저의 집안은 저와 더불어 시작하고, 당신의 집안은 당신으로 인해
끝납니다. 27

21) 아르케비아데스에 반대하여

아르케비아데스가 저를 상대로 바로 이 소송을 제기했으므로, 배심
원 여러분, 제가 그를 만나서 말했지요. 제가 아직 어리고 이런 송사

22 Aristot., *Rhetor.* (2. 23.), 1397b 28~31.
23 하르모디오스와 아리스토게이톤은 기원전 5세가 말 아테나이 참주 페이스스트라
   티다이(페이스스트라토스의 후손) 가문에 저항한 인물들로서 자유의 상징으로 후
   대까지 전해져 내려온 인물이다.
24 Aristot., *Rhetor.* (2. 23.), 1398a 15.
25 Aristid., *Or.* 49., p. 518. Dind.
26 Aristid., *Or.* 49., p. 518. Dind.
27 Plut., *Apophthegm,* p. 187. B.

에 경험이 없어, 재판소에는 도무지 가고 싶지 않다고요.

'내가 어리다고 무시하지 말고, 내 친구들과 당신 친구들을 불러서 빚이 어떻게 생겼는지를 말하도록 하세요. 그들이 보기에 당신이 참 말을 하는 것 같으면, 재판할 필요도 없이 당신의 것을 가지고 가면 되는 거요. 사실을 자초지종 정직하게 말하고 아무것도 속이지 마시오. 내가 아직 나이가 어려서 계약에 관한 것은 잘 모르니 말이오. 우리가 잘 모르는 말을 듣게 되면, 당신이 말한 것이 어느 편에 속하는지를 어떤 방법으로든지 가려낼 필요가 있는지를 결정하게 될 거요. 내 것을 당신이 부당하게 요구하는 것인지, 아니면 당신 것을 정당하게 가지려 하는 것인지를 말이오.'

제가 이렇게 제안했는데, 그가 친구들 모을 생각도 하지 않고, 자신의 주장에 대해 해명도 하지 않고, 또 여러분이 중재자와 관련한 법을 만들어 놓은 게 있는데도 중재에 회부하지도 않았습니다. 28

제 소견에, 아르케비아데스는 제 것을 자기 것이라고 우기는 것 외에 다른 무엇을 가지려는 것이 아니란 사실을 여러분은 파악하셨을 것입니다. 29

22) 아르키노스에 반대하여
이 변론은 아르키노스가 제안한 것으로서 시민권자 등록을 제한하는 법안에 관련한 것입니다. 30

———

28 Dionys., Hal. 5, p. 601. R.
29 Suid, *v. aisthesthai*.

23) 책을 훔친 사실에 관해 아시온에 반대하여

의혹. 31

24) 아스피도포이오스를 위하여

같은 가격으로. 32

25) 가옥에 관련하여 아소포도로스에 반대하여

보증금. 33

26) 아우토클레스를 비난하여

진실을 조작하다. 34

27) 아우토클레스의 간통을 비난하여

그는 밤에 길에서 만난 사람들을 공격해 그 옷가지들을 빼앗았다. 35

내게 20므나의 자금이 모였다. 36

---

30 Arist., *Ath.*, *Pol.*, 40.
31 Harp., *v. Amphignoein.*
32 Pollydeukes, 7. 15; 155 〔*tes isonias*〕
33 Harp., *v. parakatabole.*
34 Pollydeukes, 7, 200.
35 Bekk., *Anekd*,. p. 110, 29.
36 Pollydeukes, 9. 56.

그를 뒤따르던 머슴. 37

그녀가 겉옷(키톤)을 갈아입고 … 38

28) 아킬레이도스의 살인을 변호하여

그녀에게 다가온 큰 슬픔이 그녀를 죽였다. 39

29) 바키오스와 피타고로스(피타고라스)를 위하여

키파시스, 피겔라(도시), 스키티카이(종족). 40

30) 바트라코스의 살인을 변호하여

피가이아 데모스(區)로부터. 41

31) 보이온에 반대하여

상정하다. 42

32) 보온의 자식들을 위한 후견인단에 반대하여

'후견인들을 임명'한 게 아니라 사람들에게 권한을 줘버린 거였어요. 43

---

37 *Phrynichi epitome*, p. 353. Lob. ∴. Bekk. *Anekd.* p. 82, 21.
38 Pollydeukes, 7. 44.
39 Apsines in *Rhetor. Gr.* 9. p. 591. Walz.
40 Harp., *v. kypassis*, *Pygela*, *Skythikai*.
41 Harp., *v. phegousion*.
42 Harp., *v. anagein*.
43 Harp., *v. epitropen*.

33) 디카이오게네스의 유산에 관해 글라우콘에 반대하여

실로 이런 주장은 글라우콘도 아니면 디카이오게네스의 다른 친척도 할 수가 없습니다. 디카이오게네스의 주검이 놓였을 때, 그에 관해 말을 하기조차 주저하더니만, 상여가 나갈 즈음에 여러분은 재물을 염두에 두었거나 아니면 그의 딸들이 당신들과 함께 사는 것이 도리라고 생각했겠지요. 44

디카이오게네스는 과거에 우리들과 함께 살다가, 성년 검증을 받고 난 다음 혼인을 했지요. 45

34) 덱시오스 아포스타시우를 위하여

그들이 그를 염소들에게로 보냈고, 그가 목동이 되었지요. 46
클레이토폰과 그 상대소송인이 지불을 해야 한다. 47

35) 덱시포스를 비난하여

이 대담한 자가 어디 다른 데서 나타났단 말이오? 법무장관(테스모테테스) 앞으로 고발문서를 제출했을 때요? 조정위원회(*syndikoi*)에 보고서를 요청할 때요?48

---

44 Suid. , *v. proukeito.*
45 Suid. , *v. teos.*
46 Bekk. , *Anekd.* , p. 129, 15.
47 Bekk. , *Anekd.* , p. 129, 18.
48 Harp. , *v. syndikoi.*

36) 데모스테네스의 후견인단을 비난하여

당신이 만일 이 청년이 당신의 재물을 장악하고 있다고 비난한다면, 법에 따라 그를 재판에 회부하면 될 것이오. 그러니까, 만일 과실이 나는 토지나 집세를 받는 집을 당신 것이라고 주장한다면 말이요. 지금 이 사람이 후견을 잘못했다고 소송을 하는 것처럼 말이오. **49**

37) 디오게네스의 유산에 대하여

우리는 그 누구보다 디오게네스와 친한 친구입니다. 그가 건강했을 때 밭에서 돌아오면 언제나 우리 집에서 묵었어요. **50**

그녀는 전 남편에게서 얻은 11살짜리 사내아이를 두고 있었어요. **51**
몰피스는 페이라이에우스에 있던 10인 가운데 한 사람이었어요. **52**

38) 전원 토지에 관해 디오게네스에 반대하여

여러분은 조용한 사람으로 알고 있었던 디오게네스는 한편으로 토지를 자기 것이라 주장하면서 소송을 냈고, 또 다른 한편으로 자신의 아버지가 남긴 토지라고 주장하는 고아들에게 고소를 당했습니다. **53**

---

49 Harpokr., *v. karpou dike.*
50 Priscian., 18. c. 25. p. 230. Kr.
51 Priscian., 18. c. 25. p. 210. Kr.
52 Harpokr., *v. Molpis.*
53 Bekk., *Anekd.*, p. 145, 8; 120, 14.

39) 가옥 임차에 관해 디오게네스에 반대하여

감정사들. **54**

40) 디오도토스를 비난하여

정원(庭園). **55**

41) 디오클레스의 횡포를 비난하여

제 형제와 우리의 친구 크테시온은 보티노스로 간 헤르몬을 만났습니다. **56**

42) 전원토지에 관해 디오판토스를 위하여

(몸에 바르는) 향유. **57**

43) 디오카레스에 반대하여

야금업자. **58**

44) 디온에 반대하여

옷상자. **59**

---

54 Harp., *v. apotimetai.*

55 Harp., *v. aulia.*

56 Bekk., *Anekd.*, p. 173, 26.

57 Pollydeukes, 7. 17. *aleiptria.*

58 Pollydeukes, *v, metaleis.*

45) 보관함에 대하여

배심원 여러분, 만일 리시메네스가 정당하고 바른말을 하는 것이라면 … 제가 이렇게 30드라크메 시가의 보관함이 제 것이라는 주장을 하려고 하지 않았을 겁니다. 작년에 그 함을 다듬는 것으로 동의하고, 청동제작업자에게 그것을 줬어요. 거기에 사티로스들과 소의 머리들이 함께 조각되어 있었는데 … 거기다 크기가 달랐어요. 더구나 이 기술자는 그 같은 종류의 것들을 많이 제작하는 사람이었지요. [60]

46) 특별세 납부에 관하여

금석문. [61]

47) 에피게네스의 유언에 대하여

에피게네스는 병약했지만 삼단노전선을 위한 공적부담을 지도록 강요받았는데, 그가 돈을 내놓지 않자 적들이 그 땅을 장악했습니다. [62]

48) 재산에 관해 에테오클레스에 반대하여

태어난 지 7일째에 이름을 얻어서 … [63]

---

59 Pollydeukes, *v*, *phaskolon*.
60 Athen. , 5. p. 209 F.
61 Harp. , *v. epigrapheas*.
62 Suid. , *v. anargyros*; *Epigenes*.
63 Harp. , *v. ebdomeuomenou*.

49) 사적 시혜에 대하여

아주 큰 섬의 키오스인들. **64**

50) 눈을 다친 아이를 위해서 에우티데모스에 반대하여

배심원 여러분, 이들이 제공하는 이러한 증거들에 의해, 제가 여러분께 사실을 증명하도록 하겠습니다. **65**

51) 에우티디코스를 비난하여

문들이 양쪽에서 다 잠겨 있으므로 그가 밖으로 나갈 수 없었어요. **66**

52) 에우티노스를 위하여

우리는 우리 마음대로가 아니라 엄격하게 이 일을 행했습니다. **67**

53) 에우클레에스의 토지 소개(疏開)를 비난하여

자력구제. **68**

54) 에우크리토스의 항의에 찬성하여

걸신들린 삼단노전선. **69**

---

64 Harp., *v. Keioi*; cf. metapyrgeion; Phegaieusi.

65 *Bull. corr. hell.* I 150 〔*initium orationis erat*〕

66 Harp., *v. amphideai*.

67 Bekk., *Anekd.*, p. 467, 32.

68 Harp., *v. automachein*.

55) 에우페이테스에 반대하여

거머리. 70

56) 헤게산드로스의 유산에 관하여

그가 사당으로 가서 정해진 격식에 따라 행하려고 했습니다. 71

　가장 가까운 친척들과 함께 살아왔습니다. 72

57) 후견의 종결에 관해 테오페이테스에 반대하여

보증금의 위탁. 73

58) 테오폼포스의 악의를 비난하여

제가 식초를 섞은 꿀을 마십니다. 74

59) 테오폼포스의 유산에 관하여

성직자. 75

---

69 Harp., *v. adephagous triereis.*
70 Harp., *v. dermestes.*
71 Priscian., 18. 238. p. 221. Kr.
72 Priscian., 18. 179. p. 187. Kr.
73 Harp., *v. epidiatithestai.*
74 Athen., 2. p. 67 E.
75 Harp., *v. orgeon.*

60) 트라시불로스를 비난하여

아낙시비오스, 디카이오폴리스, 부가적 축제, 이스메니아스, 폴리스트라토스, 피라, 세우테스, 스트루테스. **76**

61) 히포테르세스에 반대하여

비가시(非可視) 재산과 가시(可視) 재산, 히에로니모스(인명). **77**

62) 히포크라테스의 자식들에 반대하여

사실, 배심원 여러분, 후견인들이 후견 업무를 위해 하는 일들이 죄다 만족스러운 것은 아닙니다. 그러나 많은 이들이 그 친구들의 재산을 잘 유지했음에도 불구하고, 그 고아들에 의해 비난을 받곤 합니다. 바로 이런 상황이 지금 제게 발생한 것입니다. 저는 말이죠, 배심원 여러분, 히포크라테스의 재산에 대한 후견인으로 지명되었습니다. 그래서 그 재산을 바르고 마땅하게 관리를 했고, 그 아이들이 성년으로 검증을 받은 다음, 후견 관리하도록 위탁받았던 재산을 그들에게 돌려주었습니다. 그런데도 지금 이들에 의해 부당하게 음해를 당하고 있습니다. **78**

63) 이소데모스에 반대하여

현장범. **79**

---

76 Harp., *v. Anaxibios, Dikaiopolis, epithetous heortas, Ismenias, Polystratos, Pyrra, Seuthes, Strouthes.*

77 Harp., *v. aphanes ousia kai phanera, Hironymos.*

78 Dionys., Hal. 5, p. 599. R.

64) 이소크라테스의 악의에 반대하여

상해의 경우에는 그저 벌금이 부과될 수 있으나, 음해한 것으로 드러난 자는 사형에 처해질 수 있다는 사실을 여러분 가운데 모르는 사람이 누가 있습니까?[80]

65) 이피크라테스의 배반 혐의에 대한 변호

그런 다음 아리스토폰 당신은 배반을 하지 않았을 것이고, 나 이피크라테스가 배반을 했을 것이란 말이오?[81]

저의 진술은 카레토스가 행한 일을 바탕으로 엮어갈 것입니다. [82]

저는 저를 음해하려는 다른 사람들의 공격이 아니라 다른 사람을 음해하는 저의 편으로부터 상해를 당했습니다. [83]

이 사람아, 그런 전쟁이 우리를 엄습하고 있는 순간에, 당신은 이 도시가 외적을 물리치기 위해 나에게 협조하는 것이 아니라 나에 대해 벌하도록 설득하려 애쓰는 그런 짓거리를 하는 거요?[84]

소송 상대편의 배우는 다른 사람보다 더 낫지만, 우리의 작품은 그보다 더 나은 것이오. [85]

---

79 Harp. , *v. authentes.*
80 Phot. , p. 614, 10; Pollydeukes, 8. 46.
81 Aristot. , *Rhetor.* (2. 23.), 1398a.
82 Aristot. , *Rhetor.* (3. 10.), 1411b.
83 Schol. Hom. 2. p. 364 B. 22 Bk.
84 Plut. , *Moral.* , p. 187 B.
85 Plut. , *Moral.* , p. 801 F.

66) 칼라이스크로스를 위하여

그는 판자와 식탁 등 자기 것을 팝니다. **86**

67) 칼리오스의 고발을 비난하여

그를 피해 달아나면서, 머슴(예속노동자)이 이 문을 열었어요. **87**

68) 칼리오스의 오만을 비난하여

그이로부터 떠날 때 하녀(*doule*)가 문을 열었다. **88**

69) 칼리오스를 위하여

이들이 주장하기를, 임금을 더 비싸게 주었으므로 가격도 그에 맞추어 매겼답니다. **89**

70) 칼리피데스에 반대하여

꽃병. **90**

71) 칼리파네스의 우정에 반대하여

사생아에게 주는 유산. **91**

---

86 Pollydeukes, 10. 105
87 Bekk., *Anekd.*, 95. 25 〔*eonekos*〕
88 Lysias, *Fragmenta*, 349. 16
89 Harp. / Suid., *v. timema*.
90 Harp., *v. lakros*.

72) 칼리폰을 비난하여

언젠가는 친척이 증인으로 인정되어야 한다는 점에 대해서 리시아스가 변론 〈칼리폰을 비난하여〉를 통해 밝히고 있습니다. 이 재판은 공탁에 관한 것으로, 한 사람은 자신이 준 것을 아무것도 돌려받지 못했다고 하고, 다른 사람은 다 되돌려 주었다고 합니다. 요구하는 측은 이방인을 증인으로 세웠는데, 상대측이 주장하기를, 만일 꾸릴 것이 없으면 친척을 증인으로 세워야 한다고 해요. 보통 이런 일은 이방인이 아니라 친척들이 아는 가운데 이루어지기 때문이라는 거죠. 그의 주장은 이랬죠. 만일 재판이 무례나 상해, 그에 준하는 다른 사안이라면 당연히 외부에서 증인을 구할 수 있지만, 보증금 반환 관련 사안에서는, 외부 사람이 아니라 사안을 알 수 있는 친척이 될 수밖에 없다는 겁니다. 92

73) 키네시아스에 반대하고 파니오스의 범법행위를 변호하여

법률 감독관으로 키네시아스가 임명된 데 대해 만일 여러분이 분개하지 않는다면 제게는 곤혹스러운 일이 될 것입니다. 그에 대해서는 여러분 모두가 주지하듯이, 그는 사람 중에서 가장 방자하고 가장 무도한 자입니다. 이 사람은, 다른 사람의 경우 말하는 것만으로도 수치스럽게 여기는 한편 여러분이 해마다 희극 교사에게서도 듣는 그런 죄를 신 앞에 짓는 자가 아닙니까? 전에는 아폴로파네스, 미스탈리데스,

---

91 Harp., *v. notheia*.

92 A. Mai, *Scriptorum veterum nova collectio*, II. p. 584. Cf. H. Rabe *Rh. Mus.* LXIII 519.

리시테오스가 그와 함께 식사를 하면서, 어느 날 은밀한 제식(비의가 외부로 새어나가지 않도록 하는 제식)을 준비하고, 새 달을 숭배하는 사이비 교도들 대신 자신들의 이름을 놓고는 그들의 운을 조작하려 했고, 그런 의도로 이런 짓거리를 하고, 동시에 신들과 우리 법률을 농락하지 않았습니까? 실로 그런 사람들이 당연히 그렇듯이, 그들은 각기 파국을 맞았지요. 다수가 알고 있는 키네시아스를 신들이 이렇듯 벌하였으므로, 그들의 적들까지도 그가 죽지 말고 살았으면 하는 거예요. 다른 사람들에게 귀감이 되도록 말이죠. 신들 앞에 크게 불경죄를 지으면, 그 벌이 자손에게 전가되는 것이 아니라 스스로를 파멸시켜서, 다른 어떤 사람보다 더 심하고 열악한 불행과 질병에 몰아넣는다는 사실 말입니다. 죽음과 병은 모든 이에게 같이 찾아오지만, 이런 상황에, 매일같이 사경을 헤매면서도 목숨을 끊지 못하는 운명은 바로 키네시아스같이 그런 죄를 지은 사람에게만 해당되는 것입니다. 93

74) 키네시아스에 반대하여 B
키네시아스. 94

75) 클레이니아스의 항의에 반대하여
모두 잠자리에 들었을 때, 그는 가능한 데까지 청동을 마련하여 단도를 준비한 채 그것을 은밀하게 바깥으로 내보냈다. 95

---

93 Athen., 12. p. 551 D
94 Harp., *v. Kinesias*

76) 클레오스트라토스에 반대하여

양자가 죽는다 하더라도 그 어머니가 그의 재물을 박탈당하는 것은 아니다. 96

77) 금제 세발솥에 관해 클레온에 반대하여

아직도 은과 금이 제공될 수 있다. 97

78) 크테시아르코스를 위하여

내가 맹세를 한다. 98

79) 크테시폰을 비난하여

여러분을 도운 사람들로 아직 생존해 있는 사람들의 자식들에 관한 한, 맞는 말이든 틀린 말이든 비난하는 것을 법률로써 금하고 있다. 99

80) 개의 변호에 관하여

개들이 안으로 들어와서 내가 가진 가재를 죽여 버렸다. 100

---

95 Suid., *v. hypo males.*
96 Priscian., 18. 257, p. 235. Kr.
97 Athen., 6, p. 231. B.
98 Harp., *v. epeskepsato.*
99 Suid., *v. apeipein.*
100 Harp., *v. karkinos.*

81) 라이스에 반대하여

필리라는 물론 스키오네, 히파페시스, 테오클레이아, 프사마테, 라기스카, 아리스토클레이아는 한창 젊은 시절에 창녀 행각을 중단했다. 101

82) 라크라테스에 반대하여

누구라도 이들 대부업자들이 대부를 하고 받는 이자보다 아주 더 적게 계산하지는 못할 것이다. 102

83) 렙티네스에 반대하여

아르데토스. 103

84) 리시테오스의 고의 상해를 비난하여

의원 여러분, 성벽을 지나면 왼편 모퉁이에 넓은 공터가 있습니다. 104
    압박을 받아서 그는 문을 찾으려고 했어요. 105
    돌로 된 절굿공이를 가진 절구에 흙을 바르는 그를 제가 보았습니다.

85) 마카르타토스의 재물에 관련된 헤미클레리오스에 대하여

프로스팔티오이인, 106 밀가루 통. 107

---

101 Athen., 13. p. 586 E.
102 Harp., *v. obolostatei.*
103 Harp., *v. Ardettos.*
104 Suid., *v. gonia.*
105 Phot. *Lex.* p. 323, 5.

86) 만티오스를 비난하여

노티온(지역 명칭). 108

87) 위증한 메돈에 반대하여

안티키라(보이오티아의 지명), 혐오. 109

88) 메익시데모스의 고발에 반대하여

두 명의 예속노동자가 그를 수행했는데, 한 사람은 무사이오스, 다른 사람은 헤시오도스라고 불렸어요. 110

89) 메네스트라토스에 반대하여

기한에 관한 법. 111

90) 미키노스의 살해를 비난하여

밤에는 얼굴을 가지고 신전에 숨어 있었어요. 112

　　다른 친척들은 옆에 있는데, 그만이 보이지 않았어요. 여러 가지

---

106 아카만티스 부족의 프로스팔타구(區, 데모스) 사람들이다.

107 Harp., *v. Prospaltioi, sipya.*

108 Harp., *v. Notion.*

109 Harp., *v. Antikyra, apecheia.*

110 Harp., *v. Mousaios.*

111 Harp., *v. Prothesmias nomos.*

112 Anonym. in *Rhet. Gr.* 7. p. 286. Walz.

원인에 기인한 것으로 나타난 것들을 그는 무시할 것 같소. 113

　　그는 공동 만찬에 초청을 받았어요. 114

91) 므네시마코스를 비난하여

시인인 카르키노스가 이런 것들을 창작하면서 말했지요.

　"포도주가 그를 유혹한 것이 아니죠. 천성으로 재능을 타고난 것이라 … 그의 정신은 어떤 경우에도 미망으로 빠져들지 않소."115

92) 모스코스를 비난하여

데마르코스(촌장). 116

93) 주형(鑄型)에 관련된 나우시아스에 반대하여

그는 세 가지 기술, 즉 채석, 돌 연마, 돌 세공기술을 가지고 있고요, 117 또 거기에 더하여 집 처마를 잇고 집 토대를 놓기도 해요. 118

94) 네소클레스를 위하여

보증액의 제공. 119

113　Priscian., 18. 191. p. 194. Kr.

114　Athen., 8. p. 365. B.

115　Harp., *v. Karkinos.*

116　Harp., *v. demarchos.*

117　Suid., *v. lithourgike.*

118　Poll., 7. 120.

119　Harp., *v. epidiatihesthai.*

95) 피리연주가 니카르코스에 반대하여

안티게니다스여, 잘나가는군요. [120]

96) 보증금에 관해 니키아스에 반대하여

배심원 여러분, 상대소송인의 준비와 열성을 보시지요. [121]

97) 니키아스를 위하여

전투도 해전도 없이 헬라스인들에게 닥친 재앙을 나는 슬퍼하오. 그 사람들은 신들의 사당에 탄원자가 되어 여러분을 배반자로 고발했소. 친척의 안녕을 호소하면서 말이오. [122]

98) 니코마케를 위하여

리시아스는 니코마케를 위한 자신의 변론에서 엑판티데스와 디오파네스를 비난하면서 이런 내용까지 언급하지 않았습니다. 양쪽이 다 같은 성격의 것이었거든요. [123]

99) 크세노폰(혹은 크세노크라테스)에 반대하여

열매를 모아서 밭에 쓰라고 내놓았어요. [124]

---

120 Harp. , *v. akmazeis*, *Antigenidas*.
121 Clem. Alex. strom. 6. p. 626. Sylb.
122 Theophrastus apud Dionys. Hal. 5. p. 484. R.
123 Marcellinus in Hermogenes, 4. 324. Walz.
124 Phot. *Lex.* p. 546; 767. Suid. , *v. synkomide*.

100) 오노마클레스의 딸에 대하여[125]

펜타코시오메딤노이, [126] 히바다이. [127]

101) 고아 집안에 관련된 파시스에 반대하여

(범법자에 대한) 고발. [128]

102) 판탈레온을 비난하여

능력의 (혹은 능력자). [129]

103) 포세이디포스를 비난하여

당첨되지 못하다. [130]

104) 소크라테스의 변호[131]

---

125 Harp., *v. pentakosiomedimnon, Hybadai.*

126 500메딤노이 수입을 가진 계층으로 아테나이에서 가장 부유한 이들이다. 아테네
   는 솔론의 개혁 (기원전 594년) 으로 4계층을 구분하여 부의 정도에 따라 국가의
   의무 부담을 달리했는데, 오늘날의 누진세제와 유사하다. 다만 고대 그리스 폴리
   스에서는 오늘날 근대국가와 달리 조직적 수세제도가 발달되지 않았고, 시민계층
   은 사안별로 직접 국가 비용 부담을 떠안았다.

127 레온티스 부족에 속하는 데모스(행정구역으로서의 촌, 혹은 구역) 이다.

128 Harp., *v. phasis.*

129 Pollydeukes, 4.23 (*hekanotes*)

130 Harp., *v. apolachein.*

131 *Cic. De or.* 1.54, 231; Val. Max. 5.4. ext. 2; Diog. Laert. 4.40; Stob.
   Flor. 7.56.

105) 소크라테스를 위하고 폴리크라테스에 반대하여

아니토스, 멜레토스. **132**

106) 소스트라토스의 횡포에 반대하여

이소텔레스. **133 134**

107) 테이시스를 비난하여

여기 있는 아르키포스는 말이죠, 아테나이인 여러분, 체육을 하러 이 송사의 피고 테이시스와 같은 체육관에 다녔습니다. 그러다 싸움이 났는데, 사소한 시비에서 출발한 것이 욕설, 적대, 매도를 하는 정도로까지 확대되었습니다. 피테아스가 이 젊은 친구(테이시스)의 연인인 동시에, 제가 사실을 있는 그대로 여러분에게 다 털어놓자면, 그 아버지로부터 그의 미성년 후견인으로 지명되었어요. 테이시스가 체육관에서 있었던 일을 피테아스에게 이야기해주자, 그는 테이시스의 마음을 얻고, 또 무섭고 위협적인 사람으로 비치고 싶어서, 테이시스에게 충동질을 했어요. 제가 사건을 알고 있고 또 상황을 잘 알고 있는 사람들에게서 들어서 아는 대로 말씀을 드리자면요, 피테아스가 사주하기를, 먼저 아르키포스와 화해하는 척하고는 어딘가 그가 혼자 있을 때를 엿보라는 겁니다. 테이시스가 이 말을 곧이듣고 같이 돌아다

---

132 Schol. Aristid. 3. 319, 480. Dd. ; Schol. Plat. 330. Bk. 〔Ἄνυτος Μέλητος〕; Bekk. *Anekd.* 115, 8 〔hypourgia〕ὑπουργί

133 같은 몫을 세금으로 부담하는 것. 혹은 그런 사람.

134 Harp., *v. isoteles.*

니고 도와주고 예의바른 친구인 것 같은 행색을 하는 것이 도가 지나칠 정도였어요. 그러다가 아나키아 경마가 있는 날, 아르키포스가 입구 문에서 저와 함께 있는 것을 그가 본 거예요. 사실 우리는 이웃이었거든요. 테이시스가 그를 보고 저녁을 같이 먹자고 초대했어요. 아르키포스가 거절하자 다시 그가 술자리에 오라고 하면서, 자기랑 집안 사람들이랑 같이 술을 마시자고 하는 것이었어요. 그래서 우리가 같이 저녁을 먹고 날이 어두워지자 그의 집으로 가서 문을 두드렸어요. 그들이 나와 안으로 들어오라고 해서 우리가 들어갔죠. 그런데 저를 밖으로 쫓아내버리고, 그를 잡아서 기둥에다 묶어놓고는, 테이시스가 채찍을 들고 그를 때려 여러 군데 상처를 내고는 집에다 가두었어요. 이런 짓거리를 하는 것으로도 부족했어요. 도시에서 가장 악랄한 양아치를 흉내 내고, 또 최근 부친의 유산을 물려받아서, 젊은 부자 행세를 해요. 그가 머슴들을 부려서는 날이 새자마자 다시 아르키포스를 기둥에 묶고는 채찍으로 때렸어요. 이렇게 아르키포스의 몸이 만신창이가 된 상태에서 그들이 안티마코스를 불렀어요. 그래놓고는 전혀 사실대로 말하지 않고, 오히려 아르키포스가 식사를 하고는 술이 취한 채 와서 문을 부수고 들어와 자신과 안티마코스는 물론 그 부인들까지 욕을 하더라고 했어요. 안티마코스가 참담한 일이 벌어진 것을 보고는 그들에게 화가 났으나, 증인들을 불러 모으고 그가 어떻게 들어왔는지를 물었지요. 그러자 테이시스와 그 집 사람들이 시킨 대로 대답을 했어요. 어쨌든 그 자리에 온 사람들이 얼른 그를 보내주자고 의견을 내고 또 사건이 심각하다고 판단해 아르키포스를 그 형제들에게 넘겨주었어요. 그가 걷지도 못했으므로 들것을 가져와서 '데

이그마¹로 옮겼지요. 많은 아테나이인은 물론, 많은 다른 이방인이 그의 몰골을 보게 되었습니다. 이를 목격한 사람들은 그를 그 지경으로 만든 사람들에게만이 아니라, 그런 무지막지한 행위를 한 사람들을 당장에 공적으로 처벌하지 않는 도시 당국에 분노했습니다.

바로 이 사람 아르키포스가 내 친구입니다, 배심원 여러분. 135

108) 티몬에 반대하여
그들은 티몬을 배경 삼아 거만을 부리고, 그처럼 중요한 사람들인 듯이 행세를 합니다. 136

109) 티모니데스에 반대하여
죽은 자의 유언을 무시하겠습니까? 정신이상도 아니었고 또 부인의 꾐에 넘어간 것도 아닌 상태에서 한 유언을 말이죠. 137

110) 틀레폴레모스에 반대하여
이 사람은 볏짚에다 씨를 뿌려요(즉, 계속 같은 땅에 농사를 지어서 땅이 회복되도록 내버려두지 않는다는 뜻). 138

---

135 Dionys. Hal. *De Demosth.* Γι ρι. σ. a. fol. 83.
136 Suid., *v. exchematismenos.*
137 Suid., *v. diathesis.*
138 Suid., *v. epi kalame aroun.*

111) 안드로클레이데스가 유증한 토지에 관해 페레니코스를 위하여

제 생각에, 배심원 여러분, 무엇보다 먼저 저와 페레니코스의 우정에 대해서 말씀드려야 할 것 같습니다. 이전에는 여러분 누구에게도 말한 적이 없었는데, 지금에야 그를 위해 말씀드리게 되어 의외라고 생각하는 분이 없도록 말입니다. 배심원 여러분, 그의 아버지인 케피시오스를 제 집에서 머물게 한 적이 있었습니다. 우리가 추방당했을 때 저와 원하는 아테나이인들이 모두 케피시오스가 있는 테바이로 갔는데, 그로부터 개인적으로는 물론 공적으로도 많은 덕을 보고 돌아왔습니다. 그 후 이들도 같은 추방의 운명에 처해 아테나이로 왔어요. 제가 그들에게 큰 은덕을 입은 사실을 생각하고 그들을 제 가족처럼 반겼어요. 그래서 제 집에 오는 사람들은, 그전부터 알던 것이 아니라면, 누가 집주인인지 모를 정도였지요. 배심원 여러분, 저보다 언변이 뛰어나고 이런 송사 경험이 더 많은 사람들이 많은 줄 페레니코스도 잘 알지만, 제 우정을 가장 믿을 수 있다고 보는 것입니다. 제게는 송구스러운 일이나, 안드로클레이데스가 물려준 것을 빼앗길 처지에 있는 그가 법에 따라 제 능력이 되는대로 도와달라고 제게 부탁했습니다. 139

안드로클레이데스가 밭이나 다른 가시(可視) 재산을 남겼다면, 원하는 자 누구에게라도 이 사람이 거짓말을 하는 것이고, 실제로 그 재산이 페레니코스에게 주어진 것이라고 말할 수 있지요. 금전과 비가시(非可視) 재산은 분명히 안드로클레이데스가 페레니코스에게 주었고, 그가 그것을 가지고 있음이 증명되니까요. 140

---

139 Dionys., Hal., *De Isaeo*, 6. 5. p. 594. coll. p. 596 sq. R.

112) 필리포스의 후견(감독)을 비난하여

필리포스가 이런 것 정도에 만족할 것이라고 생각지 마십시오. 141

113) 테오클레이도스의 살인과의 관련에서 필론에 대하여

좁은 집 뒤편 여인들이 거주하는 곳으로 … 142

114) 필로니데스의 폭력을 비난하여

나이스라는 이름의 기녀(妓女)가 있었는데, 그 기둥서방이 히메나이오스의 친구인 아르키아스였어요. 그런데 필로니데스가 그녀를 사랑한다고 말을 한 것이죠. 143

115) 카이레스트라토스에 반대하여

허위의 선서. 144

116) 키트리노스에 반대하여

갑자기 누군가가 돌을 집어 들고 뒤따라오던 예속노동자(머슴)의 등불을 쳐버렸어요. 145

---

140 Suid. , *v. ousia phanera.*
141 Pollydeukes, 10. 23 〔*tas kleidas*〕.
142 Pollydeukes, 9. 39.
143 Athen. 13. p. 592 C.
144 Harp. *v. epaktos horkos.*
145 Pollydeukes, 10. 116.

117) 무명의 피고

리시아스는 고아에 관한 변론에서 말하기를, 그는 사람들이 아니라 재물과 동족인 것이 분명하다는 겁니다. 146

누구든지 부정하지 않으려는 것이 아니라 벌을 받지 않으려고 조심하는 사람은 누구라도 악행을 행합니다. 147

판결을 할 때는, 입법을 할 때와 같은 마음을 가져야 합니다. 148

지나간 것들로부터 정의를 터득할 수 있는 것이라면, 피고들은 변명을 할 것이 아니라, 재판도 받지 않고 처형되어야 합니다. 고발인들이 거짓말을 할 수 있으므로, 여러분은 양쪽 소송인들의 말을 다 들어보고 올바른 결정을 내려야 합니다. 149

(피고의) 목숨을 두고 결정을 내리는 여러분은 법을 어기지 마시고 신실함으로 임하십시오. 건성으로 사건을 판단하지 마시고 조용히 시비를 가리십시오. 150

여인이 몸을 허락하고 염치의 정을 팽개치게 되면, 그 즉시 사리분별을 상실하여, 집사람들을 적으로, 이방인을 신실한 사람으로 여기게 되며, 선과 악에 대해서도 정반대의 생각을 하게 됩니다. 151

법에 따라 후견인은 고아들의 재산을 토지에 투자할 수가 있도록

---

146 Clem. Alexand. *Stromata*, 6. 2. 21. 2

147 Stobaios. , *Florilegium*(*Anthologion*). 3. 2. 22.

148 Stobaios. , *Floril*, 4. 5. 17

149 Stob. , *Floril*, 4. 5. 110.

150 Stob. , *Floril*, 4. 5. 111.

151 Stob. , *Floril*, 4. 22. 61 H.

되어 있으나, 이 사람은 우리를 뱃사람으로 만들어요. 152

혀는 많든 적든 생각을 갖지 않으나, 생각은 많이 가진 자는 많고, 적게 가진 자는 적어요. 153

그는 네메아로 가서 그 오른편에 섰어요. 154

이 사람은 제 조카입니다, 아테나이인 여러분. 155

여러 가지 이유로 저는 제 친척을 도와야 할 것 같습니다. 156

다른 원하는 사람이 있다면, 그가 당신들에게 부탁하기를. 157

이 사람은 한 번도 도시를 위한 재정 부담을 지려 한 적이 없어요. 158

이방 출신의 피해방인을 위해 대리 송사를 치르고 있소. 159

누구라도 미리 조심을 한다면, 키마이라의 불도 막을 수가 있어요. 160

리시아스는 스스로를 도시 공공의 친구라고 합니다. 161

---

152 Suid., *v. engeion*.
153 Gregor. Cor. *De dial*. p. 4. Schaef.
154 Pollydeukes, 2. 159.
155 Maxim. Plan. in *Rhetor. Gr.* 5. p. 382. Walz.
156 Apsines in *Rhetor. Gr.* 9. p. 482. Walz.
157 Bekk., *Anekd.*, p. 122, 7.
158 Bekk., *Anekd.*, p. 155, 26.
159 Bekk., *Anekd.*, p. 169, 27.
160 Tzetz. *Ad. Lycophr.* 5. 17.
161 Aristid., *Or. Platon.* 2.

118) 서신들의 단편

리시아스는 ⋯ 수사와 연설의 기법, 찬양, 장례추도사가 있고, 또 7편의 서신이 있는데, 그중 송사 관련 변론이 한 편이고, 나머지는 연애에 관한 것인데 그중에서도 다섯 편이 젊은이들에 관한 것이다. [162]

119) 아시바로스에 반대하여

여인들이 열심히 춤을 추었다고 말했어요. 그러나 술을 먹지 않고 회식자리를 떠나야만 했던 것인데요. [163]

120) 메타네이라스에 반대하여

당신은 머리숱은 적은데, 겨드랑이에는 털이 많군요.
　많은 여인들과 남정네들이 모두 같이 누워 있어요. [164]

121) 엠페도스를 비난하는 폴리크라테스에 반대하여

한쪽 눈이 더 밝은 것이거나 부풀어 오른 것. [165]

122) 무명인으로부터 온 서신

당신은 내가 당신을 사랑하지 않는다고 하면서 내게 엄청 많은 욕을 해대는 거요. 만일 내가 그런 덕성과 행동, 마음, 이렇듯 진정어린

---

162 Suid., *Lysias*.
163 Suid., *v. pomala*.
164 Suid., *v. homou*.
165 Harp., *v. pephoriosthai*.

호의, 거기에 더하여 우정의 교제, 함께하는 토론을 지극하게 사랑하지 않는다면, 내 정신이 나가버린 것이니 나보다 더 불행한 사람이 어디 있겠소?[166]

나와 당신의 사랑은 더할 수 없이 잘 어울리므로, 엠페도클레스의 적의도 우리를 방해하지 못할 것이라고 생각하오. [167]

166 Suid., *v. phaulon.*

167 *Bull. corr. hell.* 1. 153; Suid. *v. Empedokleous echthra*; Diogenian. *Prov.* 4. 77; Lex. Vind. 89.

부록 ————

리시아스의 〈에라토스테네스 살해를 변호하여〉를
통해 보는 유죄살인이 아닌 정당방위 살해*

1. 에라토스테네스를 현장범으로 죽인 에우필레토스의
살인죄 혐의를 둘러싼 현대의 논의

기원전 5세기 말에서 4세기 초에 걸쳐 아테나이에서 활동한 리시아스의
첫 번째 변론문 〈에라토스테네스를 살해한 행위를 변호하여〉는 아마도
리시아스일 가능성이 있는 전문 변론가에 의해 쓰였다. 이 변론문은 에우
필레토스를 위해 쓰였는데, 그는 자신의 집에서 아내와 간음한 에라토스
테네스를 현장범으로 살해했다. 그리고 에라토스테네스의 가족으로부터
살인죄로 고소당했다. 에우필레토스는 에라토스테네스를 죽인 사실을 시
인한다. 그러나 그는 에라토스테네스가 자신의 아내와 간음하는 현장에
서 그를 잡아 죽였으므로 정당방위 살인이었다고 주장하고 죄가 있음을
부정한다. 이 재판은 51명의 시민 재판관 앞에서 벌어진 참심재판이었
다.[1] 이 재판에서 에우필레토스가 유죄 아니면 무죄로 판명되었는지는 알

---

* 최자영 (2014), "지중해 사회의 명예의 개념과 리시아스의 변론문 〈에라토스테네
  스의 살해를 변호하며〉", 〈서양고대사연구〉, 39, 207~235쪽.
1 이 사건의 재판소가 델피니온인지 아레오파고스인지에 대해서는 서로 다른 의견

려져 있지 않다.

헤르만(G. Herman)은 고금을 막론하고 지중해에서는 남편이 자신의 아내와 간통한 남자를 죽이는 것은 흔히 볼 수 있는 관습으로, 에우필레토스가 에라토스테네스를 죽인 것도 예외가 아니라고 한다.[2] 그러나 헤르만은 리시아스의 변론문에 보이는 예외적인 모습을 누구도 보지 못했다고 주장한다. 그 예외적 특성은 사회적 가치관과 관련되는데, 지중해의 보편적인 '명예와 수치'의 가치관과는 차이가 있다는 것이다. 그리고 이 변론문은 민주정의 폴리스(국가)와 아테나이 시민 내부 집단 간 미묘한 상호관계를 보여주는 유일한 사례라고 정의한다.

특이하게 에우필레토스는 에라토스테네스를 죽인 사실을 인정한다. 그러나 자신의 아내와 간통한 자를 죽인 사람은 살인죄(phonos)로 선고받지 않아야 한다고 주장한다.[3] 이런 에우필레토스의 주장에 대해 헤르만은 에우필레토스가 살인한 동기는 간통에 기인한 무모하고 즉흥적인 감정이 아니라, 냉정하게 계산된 행위였으며, 그 근거로 에우필레토스 자신이 나라의 법을 대신하여 벌을 내린 것이라고 주장[4]하고 있음에 주목한다. 더구나 살인 이유는 간통 때문이라기보다는, 에우필레토스 자신이 주장하듯이, 자신의 집에 침입해 들어온 사실[5]이 더 큰 비중을 차지한다.

이 있다. 델피니온이라고 보는 쪽에서는 간음하는 자를 현장에서 살해하는 것이 델피니온에서 재판하는 합법적인 사안에 해당된다고 본다. 그러나 다음과 같이 해당 변론문 안에 아레오파고스(Lysias, 1. 30)가 언급되기 때문에 혼선이 빚어지게 된 것이다.

2 Herman, G. (1993), "Tribal and civic codes of behaviour in Lysias I", *Classical Quarterly 43*(ii), p. 406f.
3 Lysias, 1. 30.
4 Cf. Lysias, 1. 25~26; 29; 34.
5 Lysias, 1. 25.

그래서 그 살해의 행위는 사적 범죄가 아니라 공적 징벌의 행위로서 정당화된다.

이런 해석에 근거하여 헤르만은 기원전 4세기 아테나이 사회의 특징을 크게 두 가지로 정의한다. 하나는 집권적 국가로서 공무원이 있었지만 사적 보복행위를 완전히 금지한 사회도 아니었고, 자력구제가 완전히 인정된 원시사회도 아니었다는 것이다. 아테나이는 그 중간쯤 되는 사회였으므로, 법을 강제할 수단이 결여되어 있었고,[6] 그 실천은 개인의 손에 맡겨졌다. 그리고 개인적으로 범죄자를 다룰 때 국가의 이름으로, 또 국가에 의해 인정되는 권리를 따라야 했다.

또 다른 특징은 에우필레토스의 계산된 행위는 지중해의 보편적 가치관에 부합하지 않는다는 점이다. 즉, 분노의 보복을 통해 명예를 유지한다는 가치관과는 다르게, 명예를 포기하고 분노의 감정을 자제하는 가운데 냉정하게 계산된 이성으로 에우필레토스는 국가를 대신하여 처벌을 내렸다는 것이다. 그리고 이런 에우필레토스의 행위는 기원전 4세기 아테나이가 어느 정도 공권력이 발달한 집권적인 사회였기 때문에 가능했던 것이라고 한다.[7]

---

6 Cf. Finley, M. I. (1983), *Politics in the Ancient World*, p. 18ff. Cambridge.
7 고대 그리스 폴리스에서는 오늘날 국가가 시행하는 많은 기능이 개인의 재량에 달려 있었다[A. Lintott, *Violence, Civil Strife and Revolution in the Classical City*(London, 1982), p. 26]. 그 재량의 범위도 아주 컸다. 모든 범죄에서 범죄자를 체포하는 것이 고소인이 할 일이었다. 법원에 의한 손해배상 판결을 실천하는 것도 배상받는 사람이 할 일이었다. 헤르만("Tribal and civic codes of behaviour in Lysias I"(1993), p. 411f]에 따르면, 에우필레토스의 행위는 바로 이런 맥락에서 이해되어야 한다. 에우필레토스는 자신의 행위가 합법적 정당방위라고 주장한다. 그러나 대부분의 낭패한 남편이 이런 권리를 주장하지 않고 '유괴 혹은 강제구인'(*apagoge*)을 통해 관리에게 혐의자를 인도한다. 혐의자가 범죄를

이 글은 이와 같은 헤르만의 견해를 다른 시각에서 비판하려는 것이다. 특히 에우필레토스가 에라토스테네스를 죽인 사실은 인정하나 '살인죄'(*phonos*)로 처벌받아서는 안 된다고 말한 것이 어떤 의미를 가지는가를 재고하려 한다. 헤르만의 설명, 즉 사적 감정이 아니라 '국가의 법을 대신 집행'했기 때문이라고 하는 설명을 거부한다. 오히려 '사람을 죽인 행위'(*kteinai, apokteinai*)가 반드시 유죄가 되는 것은 아니라는 사실, 그리고 사람을 죽여서 유죄가 되는 경우에만 '*phonos*'의 용어가 쓰이기 때문이라는 점을 밝히려 한다. 에우필레토스의 경우는 간통 현장에서 현행범을 죽인 것이므로 정당방위 살해로서 인정되어 '살인죄', 즉 '*phonos*'에 해당되지 않음을 뜻한다.

아울러 에우필레토스의 무죄 주장은 기원전 4세기 아테나이 공권력의 집권 여부와는 무관하며 전통적으로 내려오는 아테나이 사회의 관습법에 관련된다. 더 중요하게는, 에우필레토스의 입장은 철저하게 계산된 이성적 행위 자체가 아니라 지중해의 보편적 자력구제의 보복 관습과도 일맥상통하는 바가 있음을 논하겠다.

인정하면 바로 사형시키고, 부인하면 재판에 회부한다. 또 국가와 전혀 무관하게 혐의자와 협상하여 돈을 취하기도 한다.

2. 지중해 사회의 명예의 가치관

헤르만8에 따르면, 페리스티아니(J. G. Peristiany)의 《명예와 수치: 지중해 사회의 가치관》9이라는 저서가 출간된 이후 인류학적 저서에서는 고금의 지중해를 하나의 산재한 동질적 문화공동체로 파악하는 것이 관습이 되었다. 로마제국의 지배가 형성한 독특한 환경으로 인해 지중해 문화들 간에 근본적으로 유사성이 있다고 보는 브로델의 기념비적 저서가 영어로 번역되고 난 다음부터는 더욱 그러했다. 브로델 자신은 '명예와 수치'의 가치관을 이 공동체적 문화에 포함시키지 않았다. 그러나 페리스티아니의 추종자들은 로마의 호수였던 곳에 전체적으로 동일한 형태의 숭고한 명예의 가치관이 존재하는 것으로 간주했다.10 같은 맥락에서 페리스티아니와 피트-리버스(J. Pitt-Rivers)에 따르면, 명예는 가정에서나 전쟁터에서나 목숨보다 더 중요한 것으로서 "불명예보다는 차라리 죽음을!"이라는 표현은 이러한 가치관을 대변한다.11

    페리스티아니와 피트-리버스는 지중해를 하나의 공동체로 보는 것은

---

8   Herman, G. (1966), "Ancient Athens and the Values of Mediterranean Society", *Mediterranean Historical Review*, 11, p. 5f.

9   Peristiany, J. G. (ed.) (1965), *Honour and Shame: The Values of Mediterranean Society*, Cambridge.

10   Gilmore, D. D. (ed.) (1987), *Honour and shame and the Unity of the Mediterranean: A Special Publication of the American Anthropological Association*, Washington, D. C., n. 22, p. 2 참조. 길모어는 지중해에 동일한 '명예와 수치'의 가치관이 존재한다는 견해를 폐기하지 않는 가운데서도 다양한 지역적 편차에 주의해야 한다는 입장이다.

11   Peristiany, J. G. & Pitt-Rivers, J. (eds.) (1992), *Honour and Grace in Anthropology*, Cambridge, p. 2.

지리적 정의라기보다 인식론적 시각에 불과하며, '지중해의 명예 개념'이라는 것도 남성의 명예와 여성의 순결을 상호 연관시키는 피상적 경향 이상의 것이 아니라고 정의한다. 왜냐하면 지중해에 인접한 지역에는 이런 가치관이 전혀 적용되지 않는 곳도 있기 때문이다. 이들의 입장에 더하여, 지중해 지역에 유사한 명예와 수치의 가치관이 존재한다고 보는 입장에 대한 반론이 제기되었다. 지중해 지역이 아닌 북유럽에서도 명예의 가치관이 존재하는 곳이 있는가 하면, 지중해 내에도 여러 가지 다양한 편차가 존재한다. 하나의 모형으로는 지역적인 다양성과 복합성을 다 설명하기 어렵다는 것이다.

헤르만은 지중해에 연해 있는 아테나이의 경우가 이런 지중해의 보편적인 명예와 수치의 가치관에서 일탈하는 예외라고 주장한다. 그 증거로 그는 리시아스의 첫 번째 변론문, 〈에라토스테네스를 살해한 행위를 변호하여〉를 논한다. 에라토스테네스를 죽인 에우필레토스는 분노나 명예의 가치관에 따라서 행동한 것이 아니라 반대로 극도의 자제력과 철저하게 계산된 이성적 행위자로서, 국가의 법을 대신 시행하는 대리자로 자처한다고 보기 때문이다. 에우필레토스의 이런 입장은 '불명예보다는 차라리 죽음을!'이 아니라 '죽음보다는 차라리 불명예를!', 혹은 '눈(眼)에는 눈을!', 더 나아가 '눈에는 머리를!'이 아니라 '눈에는 손톱을!'(*A nail for an eye!*)이라는 입장이라고 비유한다.

이런 아테나이의 가치관을 보여주는 예로 헤르만은 데모스테네스의 변론문, 〈메이디아스에 반대하여〉를 든다.

메이디아스가 데모스테네스에게 연이어 창피와 모욕을 가했으나 데모스테네스는 극도의 자제력을 가지고 인내했다. 폭력이 또 다른 폭력을 부른다고 생각했기 때문이다. 그런데 마침내 데모스테네스가 도저히 참기 어려운 사태가 발생했다. 데모스테네스가 조직하고 후원하여 열린 행사에서 수천의 사람들이 모였는데, 거기서 메이디아스가 데모스테네스의 얼굴을 때린 것이다. 그런데 데모스테네스는 메이디아스에게 바로 반격을 가하지 않았고, 오히려 자신의 극기를 그렇지 못한 다른 경우와 대조한다. 예를 들면, 사모스에서 에우티노스는 연회장에서 자신을 모욕했다고 생각한 소필로스를 죽였다.[12] 또 에우아이온은 공공 연회장에서 자신에게 단 한 번의 주먹질을 한 것밖에 없는 보이오토스를 죽였다. 데모스테네스는 이들과 달리 자력구제를 행하지 않고 민중의 판단과 법에 의존하겠다는 입장을 밝혔다.[13] 자기뿐 아니라 다른 이도 그렇게 하도록 법을 제정해야 한다고 주장한다.[14] 흥분한 사람이 자기를 공격한 사람을 마음대로 죽일 것이 아니라 민중의 법정으로 와서 보호를 받을 수 있게 하기 위해서였다. 이 사건은 데모스테네스가 메이디아스로부터 돈을 받고 소송을 취하함으로써 중단되었다.

　헤르만은 이 사건을 두고 아테나이의 사회적 분위기는 지중해적 명예와 수치의 가치관과는 거리가 멀다고 평가한다. 데모스테네스는 도무지 지중해적 남성상에 어울리지 않는다는 것이다.[15] 그 외에도 헤르만은 이와 유사한 예를 열거한다. 리시아스의 변론문 〈시몬을 반박하는 변론〉에서 피고의 경우,[16] 그리고 이사이오스의 〈아스티필로스의 재산에 대하

12　Demosthenes, 21. 71.

13　Demosthenes, 21. 74~75.

14　Demosthenes, 21. 76.

15　Herman, G. *Ancient Athens and the Values of Mediterranean Society*, *atypical Mediterranean male*. p. 18.

16　Lysias, 3. 5~9. 피고는 원고인 시몬이 자신의 집을 침범하여 재산에 손실을 내고 집안 여자들을 희롱했으며, 나가라고 해도 나가지 않고 저녁 연회장에서 자신을 모욕하고 마침내 두들겨 패기까지 했다는 것이다. 그러나 피고는, 참으로 낭패했으나 이것을 시민의 판단에 맡기기로 했다고 말한다.

여〉에 나오는 아스티필로스[17]이다.

그런데 필자가 보기에 반드시 그런 것만은 아니다. 데모스테네스의 개인적 성향이 반드시 아테나이 사회를 대변한다고 보기 어렵기 때문이다. 더구나 데모스테네스가 언급하고 있는 에우티노스와 에오아이온의 경우는 자력구제가 그리스 사회에 여전히 횡행하고 있었음을 반증하는 예이다. 자력구제가 인정되는 사회에서도 개인의 성향에 따라서 돈으로 화해할 수 있고, 또 더한 질곡의 전개를 피하기 위해 참는 경우도 있을 수 있다. 고대 아테나이의 사회적 환경은 발달된 폴리스(도시국가)로서, 헤르만이 말하는 그리스 내의 유목민족인 사라카차니인,[18] 아랍인, 코르시카인 등의 경우와는 비교가 안 될 정도로 자력구제의 개념이 약한 것이 사실이다. 그러나 그런 사실이 자력구제의 관습을 배제하는 것은 아니기 때문에 지중해 사회 내 이질적인 존재라고 단정하기 어려운 것으로 보인다. 더구나 헤르만이 드는 예는 폭행에 관한 것으로, 간통 현장에서 에라토스테네스를 죽인 에우필레토스와는 다른 측면에서 다룰 필요가 있다. 간통범을 살해한 이는 특별히 법률을 제정해 그 정당성을 인정했기 때문이다. 이 또한 자력구제를 원천적으로 인정하는 예라 할 수 있다.

---

17 Isaios, 9. 16~19. 아스티필로스의 아버지 에우티크라테스는 투디포스로부터 상해를 당하여 그 여독으로 죽었다. 그런데 이에 대한 아스티필로스의 대처는 임종 시 자신의 가족들에게 투디포스의 묘에 절대로 가지 말도록 유언하는 것에 그쳤다.

18 그리스 중부의 유목민족으로 여성의 순결을 중시하며, 명예의 가치관과 자력구제의 관습이 강하다.

3. 에우필레토스의 살인에 대한 헤르만의 견해: 계산된 행위로서의 살인

리시아스의 〈에라토스테네스를 살해한 행위를 변호하여〉는 흔히 간음과 살인의 사례로서 언급되지만, 헤르만은 다른 시각의 견해를 제시한다. 근거는 다음 세 가지이다.[19]

첫째, 에우필레토스의 주장은 당시 아테나이인 일반은 물론, 특히 배심원들[20]이 가지고 있던 가치관을 반영한다는 점이다. 생사를 건 치열한 공방전에서 그는 배심원들이 지닌 가치관에 맞는 논리를 구사했다는 것이다. 둘째, 에우필레토스는 자신의 살해 행위가 사적 원한이 아니라 오히려 국가의 법을 대신하여 집행하는 공적 처단의 행위라고 주장한 점이다. 그리고 셋째, 간통 현장을 덮쳤을 때 에우필레토스가 에라토스테네스를 비난한 것은 간음 행위가 아니라 자신의 집을 침범[21]했다는 사실이라는 점이다.

그런 점에서 에우필레토스의 살인 행위는 고금의 지중해적 가치관에서 보이는 명예를 위한 복수와는 다른 것으로서 아테나이인의 가치관을 대

---

19 Herman, G. (1993), "Tribal and civic codes of behaviour in Lysias I.", *Classical Quarterly*, 43(2), p. 406f.

20 배심제라는 용어 대신 참심제라는 용어를 사용하기도 한다. 배심제는 오늘날 시민 재판관들이 유무죄 여부를 결정하고 주석 판사가 형량을 구형하는 복합적 형태를 지칭하는 데 쓰이나, 아테나이에서는 주석 판사 없이 시민 재판관들이 유무죄까지 판단했기 때문이다. 다만 형량은 이해당사자인 원고와 피고가 각각 제시하고 시민 재판관들은 둘 중 하나를 선택하는 데 그쳤다. 여기서는 아테나이 시민 재판관들이 구체적 형량까지 재량한 것은 아니라는 점에서 배심이라는 용어를 사용하기로 한다.

21 Lysias, 1.4; 24~25.

변하고 있으며, 간통에 대한 처벌이 아닌 다른 종류의 폭력에 연관된 가치관을 보여주고 있다고 한다.

에우필레토스가 국가의 법을 대신하여 에라토스테네스를 처벌한 사실의 증거로서 헤르만은 다음의 구절을 인용한다.

그(에라토스테네스)는 자신의 죄를 인정했고, 자신을 죽이지 말고 그 대신 돈으로 보상받으라고 애원했습니다. 그래서 제가 대답했지요. "자네를 죽이는 것은 내가 아니라 우리 도시의 법이네. 자네는 그 법을 어기고 자네 쾌락보다 더 가볍게 여겼으며, 법에 복종하고 신사가 되기보다는 오히려 내 아내와 내 자식을 능욕하는 죄를 범하는 쪽을 택했던 것이네."(Lysias, 1. 25〜26)

여러분, 그는 사실을 부인하지 않았고 자신의 죄를 인정하면서 죽이지만 말아달라고 하고 돈으로 보상하겠다고 애원했습니다. 그렇지만 저는 그의 제안에 응하지 않았습니다. 저는 우리나라의 법이 더 중요하다고 생각하기 때문입니다. 또 저는 그런 짓거리를 한 사람이 받아야 할 가장 공정한 징벌로 여러분이 제정해 놓은 그 법에 따라 그를 벌한 것입니다(Lysias, 1. 29).

나아가 에우필레토스는 법에 따라 면책사유에 해당될 뿐 아니라 정의를 실천하는 입장에 처하게 되었다고 한다. [22] 그리고 자신이 무죄 판결을 받는 것은 사적인 이익이 아니라 전체 도시를 위한 일이라고 말한다. [23] 이어서 헤르만은 대개 간통 현장에서 일어나는 살인은 흥분 상태에서 이

---

[22] Lysias, 1. 34.
[23] Lysias, 1. 47.

루어지기 때문에 그 정당성을 부여받는다는 점을 고려할 때, 에우필레토스의 주장은 예외적이라고 한다.

헤르만에 따르면, 에우필레토스는 두 가지 상반된 행동유형을 교묘하게 드러낸다. 하나는 그가 은연중에 배척하고 있는 것으로 폴리스가 출현하기 전에 적용되었던 부족적이고 분권적인, 미개한 사회에 속했던 것이나, 여전히 그리스의 주변 세계나 이민족 사회에서 잔존하고 있었던 것이다. 다른 하나는 그가 명시적으로 자기 정당화를 통해, 그러나 완전히 일관성을 갖춘 것은 아닌 것으로, 완전히 성숙한, 집권적이고 민주적인 아테나이 폴리스의 행동양식이다. 헤르만은 이 두 가지 행동양식 간의 긴장이 법정 청중들의 마음에 존재했다고 생각한다. 즉, 한편에는 더 우선적인 것으로 정당하고 진실하며 합법적인 것, 다른 한편에는 폐기되었으나 여전히 의식 깊은 곳에 남아서 더 정당하고 더 진실하며 더 합법적인 것으로 생각되는 것이 있었다는 것이다.

헤르만에 따르면, 에우필레토스는 참심원들로 하여금 자신을 무죄로 석방하도록 하기 위해 자신을 가해자가 아니라 오히려 희생자로 포장한다고 한다. 더구나 자신은 개인이 아니라 도시의 입장을 대표하여 에라토스테네스를 죽인 것으로 표현한다. 에라토스테네스가 도시국가의 가치관을 침해했기 때문이다. 가해자가 아니라 피해자로서, 또 도시국가의 가치관을 해치는 것이 아니라 수호하는 것으로 자처하면서 에우필레토스는 에라토스테네스를 죽인 것이 사적인 보복행위라는 인식을 불식시키려 한다. 즉, 에우필레토스는 에라토스테네스를 살해한 것이 아니라 벌한 것이다. 에우필레토스는 무너진 위신을 회복하려 하는 배반당한 남자라는 인식을 불식시키려 하며, 공동체의 가치관을 실현하는 공정한 대리자의 역할을 담당한다.

그의 행동은 기대치로 보면 충동적 감정에서 빚어졌을 법한데도, 계산된 방법으로 이루어진다. 에라토스테네스가 집에 들어왔다고 하녀가 에우필레토스에게 알렸을 때, 에우필레토스는 충동적으로 아내와 그녀의 연인이 있는 방으로 들어가서 에라토스테네스를 죽이거나, 혹은 부정한 자신의 아내를 죽이려 하지 않았다. 에우필레토스는 간통 현장을 목격한 다음 집에서 빠져나와서 자신의 친구들을 하나하나 불러 모았다. 자제력 있고 신중하게, 계산적으로 과정이 진행되었다. 자신의 아내가 다른 이와 함께 침대에 있는 줄 알면서도 그는 자신의 집을 떠나기 전에 침착하게 자신과 친구들이 사용할 횃불을 마련하기 위해 가까운 가게로 간 것을 기억했고, 하녀에게는 현관에서 기다리고 있다가 때맞춰 열어주도록 지시했다. 또 간통 현장을 덮쳤을 때도 에우필레토스는 바로 행동하지 않고 금전 배상에 관해 대화를 나누었다. 24

헤르만은 이런 과정을 살펴보면, 에우필레토스에게는 충동적 감정, 즉 홍적 행위가 결여되어 있다고 정의한다. 헤르만에 따르면, 감정적 공격은 자극, 분노에 의해 발생하고, 중추신경계, 자율신경계의 활동(혈압과 맥박이 높아지는 것과 같은 현상)에 의한 것이다. 반면, 계산된 행위는 대개 감정이 크게 개입되지 않은 경우로서, 청부살인처럼 사적 감정에 좌우되는 것이 아니다. 감정적 공격과 계산된 공격의 주요 차이점은 후자는 주로 대상을 해치려는 것이 아니라 다른 어떤 목적을 위한 행위라는 것이다.

그런데, 헤르만에 따르면, 에우필레토스의 경우는 자신의 행위가 감정적인 것이 아니라 계산된 것임을 강조하고 있다. 헤르만은 감정적 행위와 대조되는 계산된 행위의 예로서 데모스테네스의 〈메이디아스에 반대하여〉를 든다.

---

24 Lysias, 1. 25. 5; 1. 29.

에우아이온과 다른 사람들이 공격당했을 때 자기 손으로 법을 실천하는 것에 나도 공감하지만, 나는 신중하게, 아니 더 기꺼운 마음으로, 내가 곤경에 처했다 하더라도 돌이킬 수 없는 행동을 하지 않으렵니다(Demosthenes, 21.74).

4. 계획적 유죄살인과 비계획적 정당방위 간의 공방

헤르만은 에우필레토스가 자신이 국가의 법을 대신 시행하는 것이라는 사실, 그리고 에라토스테네스가 자신의 집을 침범한 사실을 강조하고 있고, 대신 간통 사실 자체나 그로 인한 사적 감정을 중요한 것으로 드러내지 않고 있다고 주장한다. 그리고 이것이 지중해에 보편적인 분노에 의한 보복 살해의 관습과 다른 것이라고 보고 있다.

그러나 헤르만의 주장과는 반대로, 필자는 에우필레토스가 바로 간통의 사실을 중시하고, 그로 인해 그 살해 행위를 정당화하고 있다는 점을 논하려 한다. 에우필레토스는 에라토스테네스가 에우필레토스의 집을 무례하게 침범했다는 사실을, 바로 그다음에 이어지는 사실, 즉 에라토스테네스가 자신의 잘못을 시인했다는 사실을 증명하기 위해 도입하고 있기 때문이다.

저는 그를 때려눕히고 그 두 팔을 뒤로 돌려 묶었습니다. 그런 다음 왜 무례하게 제 집을 침입했는지를 물었습니다. 그는 자신의 죄를 인정했고, 자신을 죽이지 말고 그 대신 돈으로 보상받으라고 애원했습니다(Lysias, 1.25).

에우필레토스는 에라토스테네스가 자신의 잘못을 시인했음을 연이어서 강조한다.

여러분, 그(에라토스테네스)는 사실을 부인하지 않았고 자신의 죄를 인정하면서 죽이지만 말아 달라고 하고 돈으로 보상하겠다고 애원했습니다 (Lysias, 1. 29).

동시에 에우필레토스는 자신의 집으로 에라토스테네스가 제 발로 들어와 침실에서 죽어 넘어졌다는 사실을 강조한다. 그리고 강간보다 간통이 더 큰 죄로 형벌이 더 무겁다는 점을 강조한다.

여러분, 자유인이나 아이를 강제로 능욕한 자는 이중의 벌을 받도록 합니다. 또 부녀를 강제로 능욕한 자도 (이때는 살인이 허용되는 경우가 있는 것인데) 그와 같은 벌을 받도록 하고 있다는 사실을 여러분은 들으셨습니다. 이렇게 입법자는, 여러분, 폭력을 사용한 자가 유혹을 한 자보다 적은 벌을 받도록 했습니다. 후자의 경우는 죽음을 당할 수도 있으나, 전자는 벌을 두 배로만 했기 때문입니다. 그것은, 힘으로 원한 바를 얻은 자는 강제를 당한 사람으로부터 미움을 받게 되지만, 유혹을 한 자는 그로 인해 희생자의 정신을 타락시키고, 타인의 아내를 그 남편보다 자신에게 더 가깝도록 만들며, 전 가정을 자신의 손아귀에 장악하고 또 그 아이들조차 남편의 것인지 간부(姦夫)의 것인지도 모르게 만드는 까닭입니다(Lysias, 1. 32~33).

다른 한편, 에우필레토스에 따르면, 그의 상대 고소인은 거짓말을 하고 있다. 즉, 에라토스테네스가 길바닥으로 끌려나왔다든가 혹은 헤스티아(화로 혹은 아궁이)25로 피신했다든가 하는 주장을 하기 때문이다. 그뿐 아니라 고소인은 에우필레토스가 하녀를 시켜서 에라토스테네스를 일부러 유인해 들어오도록 했다고 주장하고 있다. 26 그러나 원고 측은 에우필레토스가 에라토스테네스를 살해한 것이 미리 짜인 계획에 따라 일어난 것이 아니었다고 주장한다. 이렇게 소송 쌍방 간에는 계획적 살해험의 여부가 쟁점이 되는 것이다.

에우필레토스는 이런 고소인의 주장이 거짓말이라고 장황하게 설명하고 있다. 27 그가 친구들을 끌어모은 것은 에라토스테네스가 간통 현장에 있다는 것을 알고 난 다음이었으며, 현장에서 그를 잡을 때에 자신을 보호하기 위한 것이었을 뿐, 고의적 계획이 아니었다는 것이다. 자신은 그 전에는 에라토스테네스를 한 번도 본 적이 없었다고 한다. 만일 에라토스테네스가 간통을 하러 자신의 집에 오곤 하지 않았더라면 자신이 잘못한 것이겠으나, 그가 자주 들락거린 사실이 있으므로, 그를 잡으려고 갖은 수단을 동원한 점에서 자신은 정당하다고 주장한다.

특히 그날 밤 그는 시골에 갔다가 저녁 무렵에 들어온 친구인 소스트라토스와 자신의 집에서 만났고 저녁을 같이 먹은 다음 그가 떠나갔다. 에우필레토스에 따르면, 만일 그날 밤 에라토스테네스를 유인해 들이려 했다면 자신의 집이 아니라 다른 곳에서 저녁을 먹었을 것이라고 한다. 자기가 집에 있는 줄 알면 에라토스테네스가 오려는 엄두를 내지 못할 것이기 때문이다. 또 에라토스테네스를 해칠 계획을 가지고 있었다면 자기 친구의 힘을 빌리려고 그가 가도록 내버려두지 않았을 것이라는 것이다. 또

---

25 그리스 가정의 화로는 가정 종교의 중심지로 신성한 장소이므로 거기서 사람을 죽이는 것은 신성모독의 행위가 될 수 있다. Cf. W. R. M. Lamb trans., *Lysias* (Cambridge, Mass. 1930), p. 17.

26 Lysias, 1. 37.

27 Lysias, 1. 37ff.

만일 일을 미리 꾸민 것이라면 친구들을 낮에 불러 모았을 것이다. 그런데 밤이 되어서야 에라토스테네스가 온 줄 알고 친구들에게 연락을 했더니 어떤 이는 외지로 가고 어떤 이는 외출하고 없어서 있는 사람만 불러모으게 되었다고 한다.

피고 에우필레토스의 경우 원고와의 쟁점은 살인이 사전에 계획된 것인가 아닌가 하는 것이었다. 그리고 에우필레토스는 살인이 계획된 것이 아니고 또 에라토스테네스가 확실하게 자신의 잘못을 시인했으므로 그를 죽인 것은 무죄라고 주장한다. 리시아스(6. 13~15)에 따르면, 피고가 문제되는 행위를 저지른 사실을(*poiesai*) 인정하나, 사건이 정당한가 아닌가가 불확실할 때, 아레오파고스 재판소(*the court in the Areopagos*)에서 재판받는다고 한다. 그리고 사실을 인정하는 사람과 부정하는 사람은 달리 취급되어야 한다는 점이 강조되고 있다.

여기서 에우필레토스는 헤르만의 주장과는 달리 국가법의 집행인으로서 행동한 것이 아니었고, 다만 자신의 아내를 간음하는 자를 죽였으므로 유죄가 아니라고 강조하고 있다. 헤르만이 말하는 기원전 4세기 아테나이의 국가 공권력의 발달과 무관하게, 이 법은 전통적인 것으로 아레오파고스 재판소의 권위로부터 주어지는 것이다.

> 아울러 아레오파고스 기둥(*ek tes steles ex Areiou pagou*)에 새겨진 법을 읽어주시기 바랍니다. ⋯ 여러분, 예나 지금이나 마찬가지로 살인사건을 재판해 온 아레오파고스 재판소(*to dikasterio to ex Areiou Pagou*)[28]에서는 배우자와

---

28 Cf. 여기서 '예나 지금이나 마찬가지로 살인사건을 재판하는'이라는 표현을 중심으로 이견이 있다. 뵈크는 리시아스의 이 문장이 기원전 5세기 중엽 에피알테스 때 살인사건 재판권이 아레오파고스에서 제거되었다가 기원전 5세기 말에 다시

의 간통 현장에서 잡힌 간부(姦夫)에게 복수한 자(*timorian poiesetai*)는 '살인죄'(*phonos*)에 걸리지 않는다고 분명하게 규정하고 있음을 들으셨습니다 (Lysias, 1.30). [29]

여러분, 저는 제 아내를 타락하게 한 자를 잡으려고 온갖 방법을 구사했다는 점에서 저 자신이 정당했다고 봅니다(Lysias, 1.37). [30]

간통한 사람을 죽인 것은 죄가 되지 않는다는 사실은 데모스테네스의 다음 구절에서도 알 수 있다.

만일 누가 운동경기를 하거나, 길에서 만나 싸우거나, 전쟁터에서 알아보지 못했거나, 혹은 자기 여자나 어머니, 누이, 딸, 자유인 자식을 가진 첩을 범하는 자를 비자발적(*akon*)으로 죽였을(*apokteinei*) 때는, 죽인 사람은 피고가 되지 않는다(*me pheugein kteinanta*)(Demosthenes, 23.53).

돌아왔음을 증명한다고 주장한다[A. Bochk의 이론은 P. W. Forchhammer, *De Areopago*(Kiliae, 1828), p. 21 f에서 재인용]. 그러나 포르크햄머에 따르면, 이 문장은 먼 옛날에는 아레오파고스에서 정당방위 살인사건을 재판했으나 그 후 델피니온으로 재판권이 이전된 것을 보여주는 것이다[P. W. Forchhammer, *De Areopago*, p. 21 ff]. 더구나 재판관들이 '의회 여러분'(*boule*)이 아니고 '여러분'(*o andres*) 혹은 '아테나이 시민 여러분'(*o Athenaioi*)이라고 말하는 것도 아레오파고스 의회가 아님을 보여주는 것이라고 한다. 그러나 아레오파고스의 정치적 권한은 시대에 따라 변동이 있었더라도, 살인 재판권에 관하여 그 권한의 변동사실을 보여주는 사료는 찾아보기 어렵다.

29 Cf. Aristoteles, *Athenaion Politeia*, 57.30의 델피니온 재판에 관한 기술을 참조.
30 Cf. Lysias, 1.29ff.

또 데모스테네스는 살인 혹은 상해 사건이 아레오파고스 의회에서 재판된다고 하면서 무죄와 유죄 살인에 대해 다음과 같이 언급한다.

… 우리들의 법이 제일 관심을 갖는 것이 무엇일까? 연쇄살인이 일어나지 않도록 하는 것으로, 특별히 아레오파고스 의회가 이러한 것을 돌본다. 이들 법 가운데서 드라콘은 누가 다른 사람을 '(돌발적으로) 죽이게 되는'(autocheir) 것을 아주 몹쓸 짓으로 간주하여, (유죄) 살인자(androphonon)를 정화의 샘, 제사, 잔치, 신전, 시장 등에 출입하지 못하도록 하였다. 이렇게 그런 일이 아예 일어나지 않도록 모든 것을 상세하게 규정하였다. 그러나 정당성을 주장할 수 있는 기회를 없애지 않았다. 정당방위로 죽였을 때(apoktinnynai)는, 비록 해를 가했으나(drasei) 무죄(katharon einai)로 하였다(Demosthenes, 20. 158ff.). 31

또 아리스토텔레스는 원고와 피고 간에 사건의 정당성에 대한 의견불일치에 대해 다음과 같이 서술하고 있다.

---

31 Cf. Lysias, 6(안도키데스의 불경죄를 비난하여). 14~15. "더구나 그들은 혐의 행위를 부인하지만, 그는 자신의 죄를 인정하고 있어요. 그리고 가장 엄하고 공정한 법정인 아레오파고스 재판소에서는(in the court in the Areopagos〔en Areio Pago … dikasterio〕) 죄(adikein)를 인정한 이는 사형선고를 받지만, 혐의를 부인하면 심사가 이루어집니다. 그래서 실제로 많은 이들이 죄(adikein)가 없는 것으로 판명되었어요. 그러니 여러분은 혐의를 부인하는 자와 인정하는 자를 같이 취급하면 안 됩니다. 이해가 안 가는 것이 있어요. 머리, 얼굴, 손, 발 등 사람의 몸에 상처를 입힌 사람은 아레오파고스로부터의 법(kata tous nomous tous ex Areiou Pagou)에 따라 상처받은 피해자가 있는 도시에서 추방되고, 또 만일 그 가해자가 돌아오면 고발되어 사형에 처해집니다.

피고는 사실이 그러한가 아닌가, 또는 사건이 일어났는가 아닌가를 진술하는 것 이상의 것은 허용되지 않는다는 것이 명백하다. 사건이 중대한가 아닌가, 혹은 정당한가 아닌가 하는 것은 입법가가 관여할 문제가 아니라 재판관이 결정해야 하며, 입법가는 피고에 대해 직접 관여하지 않는다(Aristoteles, Rhetorike, 1354a 26~31).

나아가, 에우필레토스가 자신의 살인행위가 정당방위라고 주장하는 것은 자신의 아내와 간통한 사실을 인정했을 뿐 아니라, 그 살인행위가 미리 계획된 것이 아니었다는 사실이 전제된다.

계획성 여부에 대해 원고와 피고 간의 주장이 다른 것은 당연하다. 데모스테네스는 계획적이었는지 아닌지에 대한 재판의 필요성에 대해 다음과 같이 적고 있다.

아직 죄인(*healokos*) [32]인 것으로 증명되지도 않았고, 또한 사건을 저질렀는가 아닌가, 비계획적이었는가 계획적이었는가 하는 것도 가려지지 않았는데 … (Demosthenes, XXⅢ, 79).

다음 하르포크라티온의 기록에서도 살인의 계획성 여부가 문제시되었다.

두 가지 사안의 범죄명. 한 가지는 누군가 계획적으로 다른 사람의 죽음을 '초래하는 환경을 만든 것'(*kataskeuasei*)에 관한 것으로, 그 계획에 말려든

---

32 '*healokos*'는 유죄판결을 받거나 재판받기 전에 이미 죄가 있음을 인정하는 사람이다. Demosthenes, 23. 28~29: 69 참조.

사람이 그로 인해 죽었는가 아닌가 하는 것이다(Harpokration, s. v. bouleuseos).

살인이 계획적이었는가 아닌가 하는 것은 재판소에서 판정하게 되며, 에우필레토스의 경우도 이에 해당한다. 만일 에우필레토스가 그날 밤 계획적으로 에라토스테네스를 유인해 들였다는 원고 측의 주장이 재판관들에게 받아들여지면, 에우필레토스의 살인은, 자신의 아내와 간통한 자를 죽였다고 해도, 그 정당성을 상실하게 된다.

5. 유죄살인과 무죄살인

앞에서 언급한 리시아스(1. 30)에서, 에우필레토스는 "간음한 자를 벌한 사람(*timorian poiesetai*)을 살인자(*phonos*)로 유죄선고하지 않습니다"라고 주장한다. 이에 대해 헤르만은 에우필레토스가 가해자가 아니라 피해자이며, 자신이 입은 피해에 대해 국가의 법을 대리집행하여 '벌을 내린 것'이므로 살인죄가 없는 것이라고 해석했다. 그러나 필자는 이 '살인자'(*phonos*)에 대조되는 개념은 '국가법의 집행자'가 아니라 '사람을 죽였으나 죄가 없는 자'가 되어야 한다고 생각한다. 에우필레토스는 사람을 죽였으나 '유죄살인자'(*phonos*)가 아니라는 것이다.

이뿐 아니라 phonos, phoneus, phoneuo 등은 anthropoktonos, apokteino, kteino 등과 대조적 개념으로 쓰이는 다른 예도 찾아볼 수 있다. 전자는 유죄살인, 후자는 단순히 죽인 사실 그 자체만을 가리킬 때 쓰인다.

… 폭력적으로 부당하게 빼앗거나 끌고 가는 사람을 자신을 방어하려 죽이면(*amynomenos ktenei*) 벌을 받지 않는다(*nepoine tethnanai*)(IG, I2, 115, 〈드라콘법〉37번째 줄).

그는 죽이지 않고 상처를 입힌 사람은 죽인 사람(*apokteinas*) 보다 더한 유죄 살인자(*phoneus*)가 된다고 말한다. 그것이 계기가 되어 사람이 죽었기 때문이다(*bouleuten tou thnatou genesthai*). 그러나 나는 그 반대로 말한다…(Antiphon, 4. c. 4).

… 그들은 내가 소년을 죽였다고도(*apokteinai*) 생각하지 않았고, 'phonos'의 죄가 있다(*enochon einai tou phonou*)고도 생각하지 않았다(Antiphon, 6. 46).

'akon'과 'phonos'의 차이는 〈드라콘법〉의 내용에서도 증명된다. 이 법의 17번째 줄에서 '비고의적'(*akon*)인 경우를 말하고, 그다음 25번째 줄부터는 (유죄) 살인(*phonos*)에 대해 말하고 있다.

(13번째 줄부터) 아버지나 형제나 아들이 있으면 이들 모두의 동의에 의해 피고는 사면된다. 한 사람이라도 반대하는 사람이 있으면 그에 따른다. 그러나 이들 범위의 친척이 없을 때는 '사촌의 아들'(*aneph〔si〕otetos*)과 사촌까지 범위를 넓혀서 이들 모두가 원하면 사면한다. 그러나 한 사람이라도 반대하면 그에 따른다. 그러나 이들 범위의 친척도 없는 경우, 사건이 '비자발적'(*akon*)인 것이라면, 51명의 에페타이가 비자발적으로 죽였음(*akonta ktenai*)을 확인 판정한다. 형제단이 원할 때는 10명이 동참하는데, 51명 에페타이가 품위(*aristinden*)에 따라 이들을 뽑는다. 이 (법이 제정되기) 전에

사람을 죽인 사람(*ktenantes*)도 이 법에 따른다. 사람을 죽인 자에게는 (*ktenanti*) '사촌의 아들'[*anephsiotetos*]과 사촌이 광장(*agora*)에 못 들어오도록 금지하고, 사촌, 사촌의 자식들, 사위, 사돈, 형제단이 공동으로 이를 감시한다.

(23번째 줄 끝부터) (유죄) 살인의 원인이 될 때는(*aitios* [*ei*] *phono*) 51명 에페타이들이 … 유죄살인이 된다(*phono helos* [*i*]). … 만일 누가 살인자를 죽이거나(*ktenei*) 혹은 (유죄) 살인의 혐의(*aitios ei phono*)가 있을 때는 변경장터(*agora ephoria*), 운동경기장, 인보종교행사장에 출입하지 못하고, (아테나이인을 죽인 경우같이 *ktenanta*), 이런 것들로부터 삼간다. 이에 대해서 에페타이가 판결한다. …

이와 같이 〈드라콘법〉 자체 내에서 '(유죄) 살인'(*phonos*)과 '비자발적인 것'(*akon*)이 구별되어 쓰이고 있음을 알 수 있다. 17번째 줄에 51명 에페타이 재판관들이 "비자발적으로 죽인 사실"을 판정한다고 되어 있다. 또 27번째 줄에서는 "살인자를 죽이거나(*ktenei*) 유죄살인의 혐의를 받는다면(*aitios ei phono*)"이라고 하여 그냥 '죽이는 것'과 '유죄살인의 혐의' 두 가지를 구분하여 언급하고 있다. 나아가 37번째 줄에는 '… 자신을 방어하기 위해 죽이면'(*amynomenos ktenei*)이라고 하여 정당방위의 살인에 대해 그냥 '죽이다'(*kteinein*)로 표현하며 '(유죄) 살인'(*phonos*)이라는 표현을 쓰지 않는다.

가가린은 '*phonos*'란 표현이 모든 살인사건을 다 가리키지만, 주로 계획적 살인을 뜻하며, 비계획적 살인은 '*akousios phonos*'로 표현된다고 한다. 33 그러나 이와 같은 가가린의 견해와는 달리, '*phonos*'의 표현은 '고의'뿐 아니라 '비고의'에 대해서도 쓰인다. 다소간 죄가 있는 것은 다

'phonos'(유죄살인)가 되는 것이다. 위의 〈드라콘법〉은 비고의적 살인에 관한 것인데, 고의적 살인으로 인정을 받더라도 언제나 무죄가 되는 것은 아니고 정황에 따라 유죄선고를 받기도 한다는 것을 알 수 있다.

한편, 어떤 살인사건을 두고 자발적(hekon)인가 비자발적(akon)인가, 즉 순간적이라 해도 살해의 의도를 가지고 있었는지 없었는지를 구분하는 것은 쉬운 일이 아니다. 그래서 화가 나서 저지르는 살인에 관련하여 플라톤은 자발 · 비자발 간의 구분보다는 미리 계획을 했는가 안 했는가에 따라 구분하는 것이 더 용이하다고 말한다. 34

누가 자유인을 살해할 때(autocheir) 화(thymos)로 인한 것은 두 가지가 있다. 하나는 화가 나서 죽이되 갑자기 그리고 죽이려는 마음 없이(aprobouleutos tou apokteinai) 상처에 의하거나 혹은 그와 같은 즉흥적 공격으로 사람을 해치는 것이다. 그런 뒤에 곧 뉘우치는 것이다. 다른 하나는 욕을 얻어먹거나 창피를 당한 사람이 앙심을 먹고 누구를 죽이려는 마음으로 (tina boulethentes kteinai) 나중에 죽이는 것이다. 유죄살인(phonos)은 이렇게 두 가지가 있으며, 이는 다 화 때문으로 자발(hekousios)과 비자발적 (akousios)인 것의 중간이라고 말함이 옳다. 그렇지만 이 두 경우는 각각 자발적인 것이나 비자발적인 것에 가까운 정도가 다르다. 화를 참았다가 즉석에서 갑자기가 아니라 마음을 먹고(meta epiboules) 나중에 보복을 하는 것은 자발적인 것에 가깝고, 화를 못 참고 즉석에서 예정 없이 바로 행동하는

---

33 Gagarin, M. (1981), *Drakon and Early Athenian Homicide Law*, p. 106. London. Cf. Demosthenes, 23. 71.

34 Cf. 최자영 (2004), "고대 아테나이 살인사건의 재판: 비자발적인 것(akousios)와 계기조성(bouleusis)에 관하여", 〈역사와 경계〉, 52, 257쪽.

것은 비자발적인 것에 가깝다. 이것은 완전히 비자발적인 것은 아니지만, 거기에 가깝다. 그래서 화 때문에 일어난 유죄살인(phonoi)은 자발적인지 혹은 비자발적인지 법적으로 규정하기가 곤란하다. 가장 좋고 참된 방법은 두 가지 모두 유사성이 있는 것으로 하되, 미리 예정했나(epiboule) 예정이 없었나(aproboulia)에 따라 구분하는 것이다. 예정하여 분노(orge)로 죽인 사람들(kteinasi)에게는 벌이 더 무겁고, 예정 없이 갑자기 한 것은 벌을 더 가볍게 한다(Platon, Nomoi, 866d ff).

비계획적 살인에도 순간적인 살해의도의 유무에 따라 편차가 있다. 마쉬케(R. Maschke)에 따르면 '고의(혹은 계획적)가 아닌' 것에는 두 가지 경우가 있다. '(순간적이라 하더라도) 살해가 의도적이었으나 계획적이지 않은 경우', 그리고 '전혀 죽일 의도가 없었던 경우'(akon)가 그것이다. 35 에우필레토스의 경우를 보면, 갑자기 즉흥적으로 간통 현장에서 살해를 한 것은 아니다. 작심하고 에라토스테네스를 죽이려고 친구들을 끌어모으는 등 준비를 했기 때문이다. 그러나 에우필레토스는 원고 측이 주장한 바와 같이, 에라토스테네스를 자신의 집으로 유인하여 끌어들인다든가 하여 상황을 계획적으로 구성했다는 사실을 부인하고 있다. 에우필레토스 자신은 간통 현장을 덮치기 전에 자신의 친구들에게 도움을 구하긴 했으나, 그것은 에라토스테네스가 칼을 가졌을지도 모르는 상황이었으므로 자신의 신변을 보호하기 위한 정당방위였다고 주장한다. 나아가 자신

---

35 Maschke, R. (1926), *Die Willenslehre im griechschen Recht*, pp. 42~53, Berlin; Stroud, R. S. (1968), *Drakon's Law on Homicide*, pp. 40~41, Berkeley; Gagarin, M. (1981), *Drakon and early Athenian Homicide Law*, p. 31ff, London; New Heaven.

의 아내와 간통하는 현장에서, 그것도 잘못을 시인하여 돈으로 배상하겠다고까지 하는 에라토스테네스를 죽였으므로 정당하고 합법적인 살인이었다고 주장한다. 따라서 에우필레토스의 사례는 살해 의도는 있었으나 계획에 의한 것은 아니었던 것으로 분류할 수 있다.

6. '유죄살인', 즉 'phonos'에 해당되지 않는 정당방위 살해

리시아스의 첫 번째 변론문 〈에라토스테네스를 살해한 행위를 변호하여〉에서 에우필레토스는 자신의 집에서 자신의 아내와 간음한 에라토스테네스를 현장범으로 살해했다. 에우필레토스는 에라토스테네스를 죽인 사실을 시인하지만, 자신의 아내와 간음하는 현장에서 에라토스테네스를 잡아 죽였으므로 정당방위 살인이었다고 주장하고 죄가 있음을 부정한다.

이런 에우필레토스의 주장에 대해 헤르만은 에우필레토스가 살인한 동기는 간통에 기인한 무모하고 즉흥적인 감정이 아니라, 냉정하게 계산된 행위였으며, 그 근거로 에우필레토스 자신이 나라의 법을 대신하여 벌을 내린 것이라고 주장하고 있음에 주목한다. 더구나 살인은 간통 때문이라기보다는, 에우필레토스 자신이 주장했듯이, 자신의 집에 침입해 들어온 사실이 더 큰 비중을 차지한다고 한다. 그래서 그 살해행위는 사적 범죄가 아니라 공적 징벌행위로서 정당화된다고 한다.

헤르만에 따르면, 에우필레토스의 계산된 행위는 지중해에 보편적인 가치관과는 다르다. 즉, 분노의 보복을 통해 명예를 유지한다는 지중해의 가치관과는 다르게, 명예를 포기하고 분노의 감정을 자제하는 가운데 냉정하게 계산된 이성으로 에우필레토스는 국가를 대신하여 처벌을 내렸다는 것이다. 그리고 이런 에우필레토스의 행위는 기원전 4세기 아테나이가 어느 정도 공권력이 발달된 집권적인 사회였기 때문에 가능했다고 본다.

그러나 이 글에서는 에우필레토스의 행위가 사적 감정에 의한 것이 아니라 '국가의 법을 대신 집행'한 것이라는 헤르만의 설명을 거부하고, 오히려 그 행위가 지중해의 명예 개념에서 크게 벗어나지 않는다고 본다. 그는 간통하는 자를 죽이는 것은 나라의 법으로도 인정되는 것이라고 주장하기 때문이다.

에우필레토스는 에라토스테네스를 죽인 사실은 인정하나 '살인죄' (*phonos*)로 처벌받아서는 안 된다고 말한다. 그 이유에 대해 헤르만은 에우필레토스의 살인이 간통에 대한 사적 보복이 아니라 국가의 법을 대행하는 징벌자로서, 가해자가 아니라 오히려 피해자로서의 입장을 표방하며 이루어졌기 때문이라고 해석한다. 그러나 이 글에서는 '사람을 죽인 행위'(*kteinai, apokteinai*)가 반드시 유죄가 되는 것은 아니라는 사실, 그리고 사람을 죽여서 유죄가 되는 경우에만 'phonos'의 용어가 쓰이기 때문이라는 점을 밝히려 했다. 에우필레토스의 경우는 간통 현장에서 현행범을 죽인 것이므로 정당방위 살해로서 인정되어 '유죄살인', 즉 'phonos'에 해당되지 않음을 뜻한다.

에우필레토스가 에라토스테네스를 죽인 것은 이른바 '지중해의 보편적인 명예와 수치의 가치관'에서 크게 벗어나는 것이 아니다. 자신의 아내와 간통한 자를 자기 손으로 처벌하고 그 정당성을 주장하기 때문이다. 따라서 에우필레토스의 살인행위는 기원전 4세기 아테나이 공권력의 집권 여부와는 무관하며 전통적인 아레오파고스 의회로부터 공인된 아테나이 사회의 관습법에 관련된 사례라고 할 수 있다.

polis, chora, asty, demos, phyle 용어의 차이*

polis, demos, asty, Athenaioi 등의 용어는 그 자체가 어떤 일정한 범위나 특정한 의미를 갖는 것이 아니라 상황이나 문맥에 따라 여러 가지 범주에 다양하게 적용될 수 있다. 예를 들어 'polis'의 의미가 확장된 경우를 살펴보자. 아티카는 처음에 여러 개의 폴리스로 구성되어 있었으나, 테세우스 이후 도시 아테나이를 구심점으로 하고 그 주변 지역을 포괄하는 하나의 폴리스로 지칭되었다.

demos란 말도 클레이스테네스에 의해 이루어진 행정구역으로서의 지역이란 의미뿐 아니라 일반적인 지역의 의미로 쓰일 수 있다. 그런 의미에서 아테나이, 페이라이에우스 등이 하나의 데모스로 불릴 수 있다.

또 demos 또는 chora는 아티카의 중심지, 즉 수도로서의 아테나이와 대조되는 지방·지역이라는 의미로 쓰일 때도 있다. 이런 경우 demos나 chora는 agros(농촌이나 전원 지역)와 상보적인 의미로 사용될 때도 있다.

Athenaioi는 넓은 의미에서 통합된 정치집단을 이루는 아티카의 거주민 전체를 지칭하지만, 좁은 의미에서는 '(*Athenai*) 도시에 살고 있는 아

---

*   최자영(2007), 《고대 그리스 법제사》, 아카넷, 687~701쪽.

테나이인'을 뜻하는 경우도 생각해볼 수 있다. 이런 경우 '도시'라는 말을 붙일 수도 있으나 반드시 그런 말이 없는 경우도 배제할 수 없겠다. 아테나이에 관한 사료가 다른 곳보다 더 많이 남아 있으므로 다음의 예도 아테나이에 관련된 것이 많으나 다른 지역도 예외가 아니다.

코린토스의 경우에는 부족(*phyle*)과 도시(*polis*)가 서로 별개로 언급되기도 한다.

1) polis, chora, agros가 대조적 의미로 쓰인 예

아테나이인의 선조들은 폴리스를 *komai*로 나누고 전원(*chora*)을 *demoi*로 나누었다(Isokrates, 7. 46).

그(페리클레스)는 전쟁에 대비하여 들에 있는 것(*ta ek ton agron*)들을 옮겨 들어오고, 적을 맞아 바깥으로 싸우러 나갈 것이 아니라 도시(*polis*)로 들어와서 지켜야 한다고 충고했다(Thucydides, 2. 13. 2).

많은 사람들이 농촌에(*en tois agrois*) 사는 것에 익숙했으므로 이주하는 것이 몹시 어려웠다. 다른 도시보다 아테나이에서는 이와 같은 것이 더 강했다. 케크롭스와 초기 왕들의 시대부터 테세우스 때까지 아티카는 여러 도시들(*poleis*)로 나뉘어 각각 행정부(*prytaneia*)와 관리(*archontes*)들을 갖고 있었다. … 테세우스가 여러 도시들을 뭉쳐 지금의 도시(*polis*)를 만들었다 (Thykydides, Ⅱ. xiv. 2~xv. 2).

(전원)지역(*chora*)에서 오랫동안 자치생활을 했으므로, 집주(集住)한 이후에도 초기 아테나이인들이나 그 후손들은 이(페르시아) 전쟁이 일어날

때까지 계속해서 모든 가재도구를 가지고 농촌에서(*en tois agrois*) 태어나 삶을 이어왔다. 따라서 그들은 이주하는 것이 쉽지 않았다. 특히 페르시아 전쟁 이후 최근에 들어서야 겨우 삶의 터전을 회복한 터였다. 그들은 당혹해하며 집과 신전을 버리고 떠나야 하는 것이 마음 아팠다. 그것들은 언제나 그들의 고유한 정치체제(*politeia*)이며, 전통(*patria*)이었다. 또 생활방식을 바꾸고 그들 자신의 폴리스(*polis*)를 버려야만 한다는 사실도 그랬다. 대부분의 아테나이 사람들이 도시(*asty*)로 왔을 때, 소수만이 친구나 친척들로부터 숙소와 피신처를 구할 수 있었다. 대부분 사람들은 도시의 공터에 머물고, 아크로폴리스과 엘레우시니온, 그 외에도 단단히 잠겨 있는 곳을 제외한 나머지 신전이나 영웅의 사당에 머물게 되었다(Thukydides, Ibid. Ⅱ, xvi, 1~xvii, 1).

나는 촌부(*agroikos*)로 메가클레스의 질녀로서 도시 출신(*ex asteos*)의 여인과 결혼하였다(Aristophanes, *Nephelai*, 46~47).

2) asty와 demos가 대조적 의미로 쓰인 예

asty와 demos의 대조는 아티카의 수도 아테나이와 나머지 지역의 대비에만 사용된 것이 아니라, 소지역 단위를 구분할 때도 각 지역의 중심은 asty, 그리고 그 주변 지역은 demos로 칭했을 가능성도 배제할 수 없다. 아티카의 수도 아테나이 외의 소도시도 polis로 불릴 수 있음과 같은 이치이다. 다음의 두 가지 예에 나오는 asty는 아티카의 수도 아테나이인지 아니면 각 지역의 수도를 말하는 것인지 불분명하다.

그런 다음, 농촌에(*en tois agrois*) 있는 사람들을 교육하려는 계획을 가지

고, 그들을 위하여 그는 도시의 중심(*en mesoi tou asteos*)과 각 데모스의 길
에 헤르메스의 상을 세웠다(Platon, *Hipparchos*, 228d).

… 데모스 사람들 중에서 맹세 의례를 마친 사람은 73명이었습니다. 우리는
저녁이 되어 투표를 시작했는데, 내 이름이 불렸을 때는 이미 어두워져 있
었어요. 내 이름은 60번째였지요. 우리 데모스는 도시(*asty*)에서 35스타디
아 떨어져 있었으므로 다수 데모스 사람들(*demotai*)이 이미 집으로 돌아가
버린 뒤였어요. 남아 있는 사람들은 30명을 채 넘지 않았는데, 그중에 에우
불리데스도 있었습니다. 내 이름이 불리자 그는 튀어나와 그 자리에서 지금
하는 것과 꼭 같이 장황하게 큰 소리로 나를 욕하기 시작했어요. 하지만 그
는 자신의 데모스인들(*ton demoton*) 중에서는 물론이고 다른 시민 가운데서
도(*ton allon politon*) 한 사람의 증인도 대지 못했습니다(Demosthenes,
57.10).

3) asty가 아티카의 수도 아테나이를 지칭한 예,
또는 아티카의 수도 아테나이 asty가
나머지 지역 chora, agros와 대조적인 의미로 쓰인 예

이미 당하고 있는 고통 외에도 아테나이인들은 농촌으로부터(*ek ton agron*)
도시(*asty*)로 몰려든 사람들 때문에 더한 고통을 당했다(Thucydides, 2.
52.1~2).

데켈레이아가 전 펠로폰네소스 군인들에 의해 처음으로 요새화되고 도시로
부터 정기적으로 수비대가 교대로 파견되어 전원(*chora*)을 점령했다. … 그
전에는 침략이 단기간에 그쳐서 나머지 기간에 전원(*chora*)을 경작하는 데

지장이 없었으나 이제 치명적이다(Thucydides, 7.27.2~7.28).

(asty가 아니고 그것을 둘러싼 나라의) 땅과 성벽이 없는 도시외곽(ten gen kai to proasteion ateichiston)을 유린했다(Cf. Thucydides, 3.102.2).

의원 여러분, 도시(polis)에 재앙이 닥쳤을 때가 있었죠. 어쩔 수 없이 불행했던 기억을 들추게 되었습니다만, 그때 필론은 30인에 의해 도시(asty, 아테나이 도심)에서 쫓겨나서 전원(en agro)에 머물렀어요. 그러나 (추방에서 돌아와) 필레에 모였던 사람들이 페이라이에우스로 돌아오고, 전원에서뿐 아니라 국경 너머에서 온 사람들도 일부는 도시(asty, 아테나이 도심)로, 다른 일부는 페이라이에우스로 모여들어서 제각기 형편이 되는대로 조국을 위해 힘을 보탰지요(Lysias, 31.8).

입법자는 서로 이해하고 의사소통하기에 어렵지 않은 곳으로, 될 수 있으면 나라(chora) 한가운데 가까운 곳에 도시(polis)를 세운다. 그런 다음 헤스티아, 제우스, 아테나 신전을 짓고 아크로폴리스라 이름하여 둥근 성벽을 두른 뒤 12등분으로 나눈다. 즉, 전체 도시(polis)와 전체 지방(chora)을 12개로 나누되, 기름진 땅은 크기가 작게, 척박한 땅은 크게 잡아서 공평하게 한다. 이렇게 5,040필지를 만들되 각각을 두 개로 짝을 짓는다. 원근을 고려하여 하나가 도시(polis)에 가까우면 다른 하나는 멀리하고 또 하나가 도시에서 멀면 다른 하나는 더 가까운 곳에 두도록 한다. … 사람도 12등분을 하고 다른 모든 재산도 일체를 조사하여 그렇게 한다. 그다음 12개 신의 명칭을 정하여 추첨으로 각기 배정한 다음 이들(12부분)을 부족(phyle)이라고 부른다(Platon, Nomoi, 745b~e).

도시(*polis*) 의 상황은 이렇게 적절하게 처리될 수 있다. 그러나 그 밖의 나라 전체(*alle chora pasa*) 를 어떻게 통제하고 어떤 조직을 갖추어야 하나? 온 도시(*pasa men he polis*) 와 온 지방(*sympasa de he chora*) 이 12지역으로 나뉘어 있는데, 도시의 길과 주택, 건물, 항구, 시장, 샘, 신성한 대지와 신전 등 모든 곳의 책임자를 임명하지 않아야 하는가? (Platon, *Nomoi*, 758e)

아리스타르코스는 이렇게 대답했다. "아, 그래, 소크라테스, 나는 아주 곤란한 지경이야. 도시에 난리가 일어난 이래 페이라이에우스로 피난들을 오면서 뒤에 남아 있던 한 무리 여성들이 내게로 왔지. 누이들, 조카들, 사촌 등. 그래서 머슴(예속노동자) 을 빼고도 우리는 14명이야. 전원(*ge*) 에서 아무것도 얻을 수가 없지. 적들이 장악하고 있으니까. 그리고 우리 집 재산으로부터도 아무것도 얻는 게 없다네. 도시(*asty*) 에 거주하는 사람이 몇 안 돼. 가구집기들은 살 손님이 없어. 돈을 빌릴 만한 곳도 없어 … ."(Xenophon, *Apomnemoneumata*, 2. 7. 2)

살라미스해전 이후 49년째인 피토도로스 아르콘 때에 대펠로폰네소스전쟁이 일어났으며, 이때 민중은 도시 안(*en toi astei*) 에 머물면서 군사원정을 통하여 돈을 버는 데 익숙해지고 자의 반 타의 반으로 정부를 경영하게 되었다. 재판소에도 보수제를 도입한 것은 페리클레스가 처음이었는데, 이는 키몬의 부에 대항하기 위한 조처였다(Aristoteles, *Athenaion Politeia*, 27. 2).

도시(*asty*) 의 생활이 싫고 내 데모스의 집이 그리워(Aristophanes, *Acharneis*, 32~33).

나는 도시(*asty*) 가 아니라 데모스 사람들(*demotai*) 에게로 가서 이 일을 말해주어야지(Sophokles, *Oidipus Koloneus*, 77~80).

데모스에 피에(*Phye*)라는 여인이 있었다. … 전령관이 (아름답게 치장한) 그녀를 앞에 내세우고 도시(*asty*)로 들어오면서 "아테나이인들이여, 아테나 여신이 어느 누구보다 총애하며 자신의 아크로폴리스로 데리고 오는 페이시스트라토스를 환영하십시다"라고 외쳤다. 그러자 바로 아테나 여신이 페이시스트라토스를 데리고 왔다는 소문이 데모스들로 퍼졌으며, 도시 사람들(*oi d'en toi astei*)은 이 여자를 여신인 것으로 믿고 그녀를 숭배하며 페이시스트라토스를 받아들였다(Herodotos, 1. 60. 4~5; cf. Aristoteles, *Athenaion Politeia*, 14. 4).

10년 후 그들(페이시스트라토스 일당)은 에레트리아에서 나와서 고향으로 돌아왔다. 그들이 아티카에 처음으로 닿은 지역은 마라톤이었다. 그곳에 진을 치고 도시로부터(*ek tou asteos*) 온 그들의 패거리와 데모스에서(*ek ton demon*) 모여든 사람들이 합류했다. 이들은 자유보다 일인 통치를 선호했다. 그러나 '도시에 있는 아테나이인들'(*Athenaioi ek tou asteos*)은 페이시스트라토스가 돈을 모으고 마라톤을 공격할 동안 아무낌새도 알지 못했다. 그가 마라톤에서 나와 아테나이를 공격한다는 것을 알게 되었을 때에야 반격하기 시작했다. … 그들이 마라톤에서 나와 도시(*epi to asty*)로 진격하는 도중 팔레네 아테나 여신전에 닿았을 때 적들과 마주하여 진을 쳤다(Herodotos, 1. 62. 1~3).

그(페이시스트라토스)는 데모스 단위로 대판관을 조직했고, 또 몸소 시골(*chora*)로 자주 나가 살펴보고 분쟁을 해결함으로써 사람들이 도시(*asty*)에 자주 들락거리면서 일을 등한시하는 일이 없도록 조치했다(Aristoteles,

Athenaion Politeia, 16. 5).

경찰도 10명이 있는데, 이들 중 5명은 페이라이에우스에서, 5명은 도시 (*asty*)에서 근무한다. … 시장관리인 10명을 추첨으로 뽑아서 5명은 페이라이에우스, 5명은 도시에 둔다. … 또 도량형감독관 10명을 추첨으로 뽑아서 5명은 도시에, 5명은 페이라이에우스에 둔다. 식량간수인 10명도 추첨으로 뽑아서 5명은 페이라이에우스에, 5명은 도시에 두었는데, 지금은 도시에 20명, 페이라이에우스에 15명이 있다(Aristoteles, *Athenaion Politeia*, 50. 1~2).

전쟁 관련 관리들은 모두 거수로 선출한다. 스트라테고스가 10명인데 전에는 각 부족에서 한 명씩 나왔으나 지금은 전체에서 뽑히며 거수로 할 일을 배분한다. 한 사람은 중무장보병을 관장하여 원정 시 중무장보병을 인솔한다. 또 한 사람은 도시의 외곽(*chora*)을 지키며 전쟁이 국토(*chora*) 내에서 일어날 때 지휘한다. 두 사람은 페이라이에우스를 지키는데, 한 사람은 무니키아를 지키고 다른 한 사람은 악테(곶)를 지킨다. 이들은 페이라이에우스를 수비한다. 또 한 사람은 심모리아를 맡아서 삼단노전선주를 구성하고 '(재산) 교환 소송'을 접수하여 이들에 대한 재판절차를 밟는다. 나머지 사람들은 상황에 따라 임무를 맡겨 파견한다(Aristoteles, *Athenaion Politeia*, 61. 1).

아티카 은화를 주조하여 공식 문장을 넣도록 한다. 공공 검사관(*ho dokimastes ho demosios*)이 탁자 (사이에) 앉아 … 검사하도록 한다(l. 18~23). 곡물거래에서 일어나는 불평은 곡물감독관(*sitophylakes*) 앞으로 제기하되, 시장(*ta en tei agorai*)과 '(다른) 도시'(또는 도시 안의 다른 지역)(*en toi alloi astei*)에서 일어난 것은 '데모스의 회계관'(*hoi to demo syllogeis*) 앞으로 한다. 반면 무역(*ta en toi emporioi*)과 페이라이에우스에서 일어나는 것은, 곡물에 관한 것만 제외하고, 무역 감독관(*hoi epimeletai tou emporiou*) 앞으로 한다. 곡물에 관한 것은 곡물감독관 앞으로 한다. … (l. 37~39) 페이라이에우스에서도 선주(*nauleroi*), 무역상인(*emporoi*) 등 모든 사안을 위하여 검사관이 있도록 하며 의회(*boule*)가 공무원(*demosioi*) 가운데서 지명하거나 돈을 주고 고용하도록 한다(*epriastho*)〔Hesperia, 43(1974), *An Athenian Law on Silver Coinage*, pp. 157~159〕.

〔38〕그 후 필레로부터 나온 추방자들은 무니키아를 점령하고 30인에 협조한 무리들과 싸워서 승리했다. (아테나이) 도시 사람들은 싸움에 지고 돌아온 다음 날 광장으로 모여 30인을 해산하고 전쟁을 끝내기 위하여 시민 가운데 10명의 전권소유자를 선출했다. 그런데 이 관직에 뽑힌 사람들은 자신이 선출된 원래 목적을 위한 일은 아무것도 하지 않고 라케다이몬에 도움을 청해 자금을 빌리려 했다. 이에 대해 정부 내에 있던 사람들이 싫어했기 때문에 10명은 파면될까 봐 염려도 되고 또 실제로 그랬듯이 다른 사람들을 위협하려고, 시민 가운데서 입지가 있는 데마레토스를 잡아서 죽였다. 이들은 확실하게 주도권을 잡았는데, 여기에는 칼리비오스와 그곳에 와 있던 펠로폰네소스인들이 합세했고 약간의 기병도 동조했다. 이들 가운데 일부 시민들은 필레에 있는 사람들이 돌아오지 못하도록 무척 애를 썼다. 그러나 페이라이에우스와 무니키아를 장악한 사람들은 전체 민중이 그들 편을 들었기 때문에 점차 전투에서 유리한 입지에 있었다. 이때 (아테나이) 도시 사람들은 처음에 뽑혔던 10명을 해산하고 우수하다고 생각되는 다른 10명을 뽑았다. 이들은 그 협조와 정성으로 화해를 성사시키고 민중이 돌아오도록 주선했다. 이들의 지도자는 파이아니에우스(파이아니아 사람) 리논과

아케르두시오스(아케르두스 사람) 파울로스였다. 이들은 파우사니아스가 도착하기 전에 페이라이에우스에 있는 사람들에게 사람을 보냈고 파우사니아스가 도착한 다음에는 그들이 귀환하도록 힘을 썼다. 마침내 라케다이몬인들의 왕 파우사니아스는 라케다이몬으로부터 10명의 중재자를 오도록 했고 후에 그들이 도착하자 그들과 협조하여 평화와 화해를 주도했다. 리논 일당은 민중에게 호의를 가졌으므로 칭송받았으며, 과두정하에서 관직에 임했으나 민주정부에 회계감사를 제출했다. 그런데 도시 지역에 있던 사람들이나 페이라이에우스에서 돌아온 사람들 중 누구도 이들을 비난하지 않았으므로, 리논은 즉각 장군으로 선출되었다.

〔39〕 에우클레이데스 아르콘 때에 다음과 같은 조건으로 화해가 이루어졌다. 도시 지역에 머물렀던 아테나이인들 가운데서 원하는 사람은 엘레우시스로 이주할 수가 있다. 이들은 완전한 권리를 가졌고 스스로 권리와 독립의 주체이며 재산에서 나는 결실을 거둘 수 있다. 신전은 양편 공동의 것이며, 전통에 따라 케리케스와 에우몰피다이 가문이 맡는다. 양편 각각은 제식 때를 제외하고는 엘레우시스에서 도시 지역으로 갈 수 없고, 또 도시 지역에서 엘레우시스로 들어올 수 없다. 엘레우시스인들은 다른 아테나이인들과 마찬가지로 공동방어를 위해 자신의 수입에서 세금을 납부한다. 만일 이주해 나간 사람 중 엘레우시스에 집을 마련하려는 사람은 소유주와 협상한다. 만일 서로 타협이 안 되면 각각 3명의 감정인을 선택하여 이들이 정하는 값을 양쪽이 수용한다. 새로 이주해 들어가는 사람들과 그들을 수용하는 엘레우시스 사람은 함께 거주한다. 이주해 나가려는 사람들의 등록은 국내에 있는 사람의 경우, 서약한 지 10일 이내에 등록하고 20일 이내에 이주해 간다. 국외에 있는 사람은 귀국한 날로부터 같은 규정이 적용된다. 도시 지역 출신으로 엘레우시스에 정착한 사람은 다시 도시 지역에 거주하는 것으로 등록하기 전까지는 어떤 관직에도 나가지 못한다. 만일 누가 직접

다른 사람을 죽이거나 상해하면, 전통의 관습에 따라 살인 관련 재판이 선다. 30인·10인·11인, 그리고 페이라이에우스에서 관직에 있던 사람들을 제외하고는 돌아온 사람들 중 누구에 대해서도 좋지 못한 과거 일을 캐서는 안 된다. 더구나 이들도 회계감사를 받으면 제외 대상에서 풀려난다. 페이라이에우스에서 관직을 맡은 사람은 페이라이에우스에 있는 사람들에게, 도시 지역에 있었던 사람들은 일정 재산을 가진 사람에게 회계감사를 받는다. 그렇게 하기 싫은 사람은 이주해 나간다. 전쟁을 하면서 빌려간 자금은 양편이 각각 갚는다.

〔40〕 그런 조건으로 화해가 이루어지자, 30인 편에 서서 싸운 사람들은 겁을 내었으며, 많은 사람들이 이주해 나가려고 생각했으나 흔히 그런 것처럼 기한 마지막 날까지 등록을 미루었다. 아르키노스는 그런 사람의 수가 많은 것을 보고 이들을 붙들어 두고자 등록을 위한 나머지 날을 취소해 버렸다. 그래서 많은 사람들이 안심을 하게 될 때까지 강제로 머물게 되었다. 이 점에서 아르키노스는 조치를 잘 취한 것으로 보인다. 그 후 트라시불로스의 조령을 불법으로 고발한 것도 그러하다. 트라시불로스는 페이라이에우스에서 도시로 들어온 모든 사람에게 시민권을 주자고 제안했는데, 그들 가운데 일부는 분명히 예속노동자였다. 세 번째로 잘한 것은 어떤 이가 돌아온 사람들에 대해 좋지 못한 과거사를 들추었을 때, 그는 그를 의회로 끌고 가서 "만일 민주정을 구하고 서약을 지키기를 원한다면 지금 그것을 증명할 때"라고 말하면서, 그를 재판 없이 처형하도록 의원들을 설득했다. 그런 자를 그냥 두면 다른 사람까지 부추기게 되며, 없애버린다면 모든 사람의 귀감이 된다는 것이었다. 사실 그러했다. 그 사람이 죽은 다음부터는 좋지 않은 과거를 들추는 일이 사라졌다. 한편 아테나이인들은 어느 누구보다 과거의 불행에 대처하는 데 있어 사적이나 공적으로 가장 고귀하고 가장 정치가다웠던 것으로 보인다. 지난날 앙금을 지웠을 뿐 아니라, 30인이 전쟁을 하느라

라케다이몬인들로부터 빌린 돈도 공동으로 갚았다. 비록 조약에서는 도시 지역 출신과 페이라이에우스 출신이 각기 별도로 돈을 갚도록 되어 있었지만, 아테나이 사람들은 함께 해결하는 것이 화합의 첫걸음이라고 생각했다. 다른 도시의 경우, 민주주의자들은 사재에서 내놓으려 하지 않으며 반대로 토지재분배를 한다. 한편 엘레우시스로 이주해 나간 지 세 번째 해인 크세나이네토스 아르콘 때에 그들과도 화해했다(Aristoteles, *Athenaion Politeia*, 38~40).

리쿠르고스는 라코니아의 나머지 땅을 3만 개 할당지(*kleros*)로 분할하여 주변인들(*perioikoi*)에게 분배했고, 스파르타의 도시 지역(*asty*)은 9천 개로 분할했다(Plutarchos, *Lykurgos*, 8.3).

어떤 다른 곳에서(*apo tinos topou*) '*asty*'와 '*polis*'를 향한 곳에 일정량 이상의 토지를 소유하지 못하도록 하는 곳도 있다(Aristoteles, *Politika*, 1319a 9~10).

(부친이) 죽으면 도시에(*en poli*) 있는 집들, 그리고 농노가 전원(*epi korai = chorai*)에 살기 때문에 아무도 거주하지 않는 그 집안에 있는 것들, 농노의 소유물이 아닌 가축들은 일정 부분 자식들의 소유가 된다(Inscriptiones Creticae, IV, n. 72, 31~35).

4) 중심 도시 아테나이는 물론 아티카 내의 다른 도시들도 한 지역공동체라는 의미로 demos가 쓰인 예

그(클레오메네스)는 (전 펠로폰네소스) 군대를 소집한 이유, 즉 아테나이 인들의 데모스(*ton demon ton Athenaion*)에 복수하려 한다는 말을 하지 않 았다. 그리고 아크로폴리스 바깥에서 그와 함께 온 이사고라스를 참주로 세 웠다. 클레오메네스는 대군을 거느리고 엘레우시스까지 진격했다. 보이오 토이인들도 이에 협조하여 아티카 변경(*demous stous eschatous Attikes*)의 오이노에와 히시아이를 장악했고 칼키데에스인(*Chalkidees*)들도 다른 쪽에 서 아티카를 공략했다. 적으로 둘러싸인 아테나이인들은 엘레우시스에서 스파르타에 대적하고 보이오토이와 칼키데에스인들은 나중에 대처하기로 했다(Herodotos, 5.74.2).

… (Kallidamas가) 아테나이인들의 데모스와 페이라이에우스인들의 데모 스에 좋은 일을 했으므로 … (기원전 300~250년경, IG, II2, 1214).

5) polis가 '나라'와 '중심도시'의 두 가지 의미로 쓰이는 예

펠로폰네소스인들은 제욱시다모스의 아들 아르키다모스의 지휘 아래 아티 카로 쳐들어갔다. 그들은 그곳에서 일단 멈춘 다음 먼저 엘레우시스와 트리 아시온 평야를 약탈했다. 레이토이강 근처에서 아테나이 기병을 격파하고 아이갈레온 산맥을 오른쪽으로 끼고 크로피아를 지나 아카르나이에 도착했 다. 이곳은 아티카의 데모스들 가운데서 제일 큰 것으로 간주되는 곳이었 다. 이들은 거기서 멈춘 다음 오랫동안 그곳을 유린했다. 전해오는 말에 의 하면, 아르키다모스 생각에 … 그곳은 진을 치기에도 좋을 뿐 아니라 아카르나이 사람들(*Acharneis*)은 중무장보병 3천을 낼 정도로 도시(*polis*)에서 큰 부분을 차지하므로 자신의 것들이 파괴당하는 것을 가만 내버려두지 않고 다른 사람들을 부추겨서 싸우러 나올 것이라 생각했다. 만일 아테나이 사람들(*Athenaioi*)이 아카르나이가 유린되는데도 싸우러 나오지 않는다면 자신은 마음대로 들을 짓밟고 또 도시(*polis*)를 향하여 나아가게 될 것이다. 자신의 것을 잃은 아카르나이 사람들은 더 이상 다른 사람들을 위해서 싸우려 하지 않을 것이고, 그러면 내분(*stasis*)이 일어나게 될 것이다. 이런 것이 아르키다모스의 생각이었다. 사람들은 아테나이 사람들이 아카르나이에 많이 살기 때문에 땅이 유린되지 않도록 나가서 싸우자고 주장했다. … 그러나 페리클레스는 도시(*polis*)를 단단히 지키고 소동이 일어나지 않도록 했다. 그런 가운데 계속 기병대를 보내어 적의 전초병이 도시(*polis*) 근처의 들을 유린하지 못하도록 막았다. 한편 엘레우시스와 트리아시온 평야에 군대가 있는 동안 그래도 적군(즉, 펠로폰네소스 군대)이 더 이상 가까이 오지 못할 것이라는 (즉, 아테나이 측의) 희망이 있었다. 14년 전에 라케다이몬의 왕 파우사니아스의 아들 플레이스토아낙스가 아티카를 쳐들어온 적이 있었는데, 그때는 엘레우시스와 트리아시온을 지나지 못하고 후퇴했다. … 그런데 지금 그들(아테나이 사람들)의 도시(*polis*)에서 겨우 60스타디아 떨어진 아카르나이에 적군을 두고 있는 것이다. 그래서 안절부절이었다. 영토(*ge*)가 자신의 눈앞에서 유린당하는 것을 젊은 사람들은 본 적이 없었고 나이 많은 사람들은 메디아(페르시아) 전쟁을 제외하고는 본 적이 없었던 것이므로 굉장한 수치감을 유발했다. … (출전하자는 의견이 분분한 가운데서도) 아카르나이인들이 가장 적극적이었다. … 그(페리클레스)는 사람들의 분노가 만연한 것을 보는 가운데서도 출전해서는 안 된다는 자신의 예지를 믿으면서 민회나 집회도 소집하지 않았다. 경솔하게 감정에 의해 결정을 내릴까 두려웠기 때문이다(Thukydides, 2. 19~20).

6) phyle와 polis가 별개로 언급되는 경우

알레테스(왕)는 신탁에 따라 코린토스인들을 집주(*synoikizon*)하게 한 다음 시민들(*politai*)을 8개 부족(*phylai*)으로 나누고 도시(*polis*)를 8개 구역(*mere*)으로 하였다(Suda, s. v. *panta okto*).

7) 민중(demos)이 부여하는 시민권(politeia)과 부족(phyle)·프라트리아(phratria)에 등록되는 것이 별개의 사실로 언급되는 경우

그들(즉, 테노스에 은혜를 베푼 하리노스는 물론 그 자손들)에게 민중(*demos*)은 정부(*politeia*)와 땅과 집을 가질 수 있는 권한을 부여한다. 사람들이 원한다면(*am' boulontai*: 즉, 그를 받아들이는 경우) (그는) 필레(*phyle*)와 형제단(*phratria*)에 등록된다(*IG, XII*, v, 821, 1. 9~12).

부록 3

아테나이 송사의 절차법*

1. 송사의 구분

메인은《고대법》에서 오래된 법일수록 형법이 민법보다 더 풍부하고 세밀하다고 정의한다. 그 예로 아테나이의 〈드라콘법〉이나 〈게르만법〉을 들었다. 다만 로마의 〈12동판법〉에 나오는 민법만은 예외적이라고 한다. 메인에 따르면 민법의 상당부분은 신분법, 재산 및 상속법, 계약법 등으로 되어 있는데, 고대사회에 이러한 법이 적은 것은 친족집단이 중심이 되는 원시사회이기 때문이다. 모든 신분이 가부장권하에 종속되어 있으므로 신분 관련 소송이 나지 않으며, 재산이나 상속권도 친족 내에서 이전되므로 문제가 빈번하지 않았다고 한다. 계약법도 거의 없었다는 것이다.

그런데 이러한 메인의 정의는 고대사회를 이해하는 데 오해의 소지가 있다. 첫째, 고대사회는 민법과 형법 자체의 구분이 불분명하다. 메인은 그리스 고대사회에 대해 민법과 형법을 구분한다. 그리고 그 형법은 대부

* 최자영 (2007),《고대 그리스 법제사》, 아카넷, 561~604쪽.

분이 국가에 대한 것(*crime*)이 아니라 개인에 대한 것(*wrong* 혹은 *tort*)이라고 말한다.1 그러나 고대 그리스 법에서는 특정 범죄가 국가에 대한 것인가 개인에 대한 것인가 하는 구분이 선명하지 않았다. 개인에 관련된 사안이라도 반사회적 행위는 국가에 대한 범죄로 간주되었기 때문이다. 더구나 아테나이와 스파르타 등 소수의 강력하고 지속적인 폴리스를 예외로 한다면 도시국가의 존재 자체도 상당히 유동적이고 허약한 경우가 적지 않았다. 또 메인이 고대 형법의 예로 드는 아테나이의 〈드라콘법〉은 만들어지자마자 곧 폐기되고 말았다. 솔론이 〈드라콘법〉중에서 살인 관련 조문만 빼고는 다 없애버렸기 때문이다. 이것은 〈드라콘법〉과 같은 형법은 당시 아테나이의 정서에 맞지 않았음을 뜻한다.

둘째, 기소의 형식도 차이가 있는데, 살인과 같이 오늘날 형법에 속하는 범죄도 기소자가 없으면 재판 자체가 성립하지 않는다. 더구나 아테나이의 경우에 국가에 대한 범죄도 개인에 대한 것과 같이 국가가 아니라 개인의 기소가 있어야 비로소 재판이 성립하며, 국가기관에 의한 공소의 개념은 없었다. 나아가 범법자를 체포하는 과정에서도 국가가 능동적으로 색출하고 다니기보다는, 이해당사자가 직접 혐의자를 끌고 오거나 아니면 관리를 혐의자가 있는 곳으로 인도하는 경우가 적지 않았다.

셋째, 법과 정의를 실현하는 주체가 국가기관뿐 아니라 다양한 범주의 친족 등 사회적 집단이 될 수도 있다. 즉, 오늘날 국가가 주관하는 형법을

---

1   메인은 개인에 대한 부정과 달리 국가에 대한 범죄(*crime*)에 관련된 원시법의 발달은 4가지 단계를 거친다고 생각하였다. 첫 번째는 국가가 개별 사안에 대해서 직접 개입하여 처벌하며, 기소장은 각각 형법안이 되는 것이다. 두 번째는 사안마다 위원회를 만들어 조사 및 처벌권을 위임하는 것, 세 번째는 일정 범죄가 행해지는 것을 기회로 관련된 위원회를 정기적으로 두는 것, 네 번째는 영구적 법정이 서고 일정한 절차에 의해 일정한 계층으로부터 재판관이 선출되는 것이라고 한다.

고대에는 촌락 및 지역행정구역(*demos*) 등이나 친족집단에서 자체적으로 시행할 수도 있었다. 이때 법이란 성문이 아니라 관습과 불문법의 전통에 근거하는 정도가 더 커진다고 하겠다. 분쟁은 쌍방 간 화해를 위한 사적 중재 및 임의로 선택한 재판관에 의해 해결되기도 한다. 그래도 해결이 안 되면 데모스(지역)나 부족 단위나 폴리스의 재판소에서 해결된다.

메인은 〈드라콘법〉을 형법으로 분류하였으나, 이는 오늘날 형법의 개념으로 이해하기 어려운 점이 있다. 드라콘의 살인 관련 법에서는 실수로 사람을 죽였을 때 쌍방이 화해를 할 수 있으며, 화해가 성립되지 않으면 살인자는 무조건 추방되며 화해가 될 때까지 돌아올 수 없다. 피살자의 근친이 없을 때는 더 광범위한 동족으로 형제단(프라트리아) 사람들이 화해의 주체가 된다. 이러한 해결방법은 오늘날의 형사보다는 오히려 민사에 가깝다.

다음과 같은 플라톤의 말도 쌍방 간 화해를 목적으로 하여 임의로 구성되는 중재재판이나 부족의 법정이 있었음을 보여준다.

피해방자유인은 그 재산이 해방인보다 더 많아지면, 더 많은 부분은 주인에게 넘겨야 한다. 피해방자유인으로 20년을 살지 못한 사람은, 아르콘과 주인의 허락을 얻지 못하면 모든 재산(*ousia*)을 가지고 떠난다. 피해방자유인이나 다른 이방인들(*xenoi*)도 같이, 3등급[2] 이상의 재산을 얻으면, 얻은 날로부터 30일 이전에 재산을 가지고 떠나며 거주권을 아르콘에게 요구하지 않는다. 만일 이를 어기면 벌을 받고 재산은 몰수된다. 이에 관한 재판은, 먼저 이웃이나 선택한 재판관들에 의해 하고, 서로 해결이 안 되면 부족법

---

2 재산을 기준으로 시민을 흔히 4등급으로 구분하여 국가에 대한 권리와 의무를 분담한다.

정에서 한다(915 Bf.). … 만일 누가 노예(*andrapodon*)를 팔았는데, … 하자가 있을 때 쌍방이 동의한 임시 구성의 재판관들 앞에서 재판을 한다(Platon, *Nomoi*, 916b).

국가권력이 발달한 오늘날 공권력이 개입하는 형사법의 개념을 고대 그리스에 그대로 적용하기는 어렵다. 당시 법 성격의 이해는 그 사회구조를 바르게 파악함으로써 가능하다. 가장 중요한 것은 당시 국가권력 자체가 발달하지 못했다는 점이다. 그래서 사생활에 관련된 민법과 공권력이 개입하는 형법 사이를 구분하기보다는 그 어느 것이든 오히려 어떤 것이 정통성 있는 법이 될 수 있는지가 더 중요한 것이었다. 아테나이의 경우, 몇몇 예외를 제외하면 어떤 행위가 위법인지 아닌지를 결정하는 것은 일정한 입법기관이 아니었다. 그것 자체가 개인의 발의에 의한 소송으로 시작되어 시민들이 배심원(참심원)이 되는 재판소에서 결정되었다.

재판과 관련하여 가장 많은 정보가 남아 있는 아테나이의 경우 재판절차는 크게 세 가지로 나눌 수 있는데, 에이산겔리아(*eisangelia*), 그라페(*graphe*), 디케(*dike*)가 그것이다. 리시아스 변론의 한 피고는 자신은 한번도 수치스런 행위로 인해 디케, 그라페, 혹은 에이산겔리아 그 어느 것에도 걸려본 적이 없다고 말한다. [3]

디케와 그라페의 차이는 오늘날 민사 소송과 형사 소송의 차이와 동일한 것으로 보기는 어렵다. 앞에서도 언급했듯이, 당시에는 국가권력 자체가 사법에 있어 물리적 강제력을 행사할 만큼 강하지 않아, 공·사(公·私) 혹은 민사·형사 간의 구분 자체가 불분명했기 때문이다. 오히

---

3   Lysias, 16. 2.

려 디케는 주로 사적인 관계에서 벌어지는 권리와 의무관계에 관한 것,
그라페는 서면소송으로 기존의 법을 어긴 자에 대한 기소와 같은 것이다.
그라페는 사회적으로 이미 인정된 범법행위, 또는 그런 범죄를 저지른 것
이 명백할 때 제기하는 소송으로 볼 수 있다.

　　한편 그라페와 에이산겔리아의 구분에 대해서는 논란이 적지 않다. 그
라페가 에이산겔리아보다 더 넓은 개념으로, 전자가 후자를 포함한다고
보는 견해가 있다. 그러나 필자는 바로 다음에 이어지는 논의에서 이와는
다른 견해를 밝히고자 한다. 국가의 공권력이 약하고 대부분의 송사가 개
인 간의 분쟁에서 비롯되는 사회에서는 법의 기준 자체가 유동적이라는
점이 중요하다고 보는 것이다. 그래서 그라페는 이미 해당 법조문이나 전
례가 있는 경우, 혹은 범법의 혐의가 짙은 경우가 대부분이다. 그러나 에
이산겔리아는 특별한 경우4를 제외하고는 주로 일정행위에 대한 판결의
전례가 없거나, 피고 행위의 범죄 구성 요건 여부가 불명확한 경우에 관
한 것이라 할 수 있다.

　　이 같은 세 가지 재판 종류의 구분은 구체적으로 송사의 성격을 표현하
는 용어에서도 나타난다. 그것은 '프로스'(pros), '카타'(kata), '에피'(epi)
등이다. 프로스(pros), 즉 '누구에 대하여'라는 것은 범죄의 개념보다는
상호 간 권리분쟁에 흔히 쓰인다. 이것은 권리분쟁의 양 당사자를 전제로
한 협의의 디케(訟事) 개념과 밀접하다. 그리고 카타(kata)는 범죄요건
구성 혐의가 짙은 경우이다. 한편, 에피(epi)는 흔히 혐의를 받고 있으나
유무죄 여부가 불확실한 경우에 쓰이는 것이라고 필자는 생각한다. 즉,

4　예를 들어 중재인의 중재 등 사회적으로 중요한 활동에 대해 특별한 규제를 적용함
　　으로써, 이와 관련된 범법혐의는 에이산겔리아의 특수한 기소절차를 적용하도록
　　하는 경우도 없지 않다. Cf. Harpokration, s.v. *eisangelia*; 이 책 250쪽 참조.

주로 일정 행위의 범죄요건 구성 여부, 혹은 피고의 위법사실 여부가 불명확할 때 쓰인다는 것이다.

고대 그리스 법에서 공사의 구분 자체가 선명하지 않았던 점은 법의 형성과정에서도 드러난다. 예를 들어 기원전 5세기 아테나이에서는 입법의 공권력이 따로 존재하는 것이 아니라 사실상 시민단이 바로 공적 의사결정기관이었다. 기소도 대개 시민 개인의 문제제기에 의해 시작된다. 일단 소송이 제기되면, 범법사실이 자명하거나 피고가 범죄사실을 인정하는 경우에는 재판 없이도 국가관리에 의해 처벌이 가능하다. 그러나 범법사실이 확실하지 않거나 피고가 이를 부인하는 경우에, 사건은 관리들의 예심을 거친 후 재판소(다카스테리온)로 넘겨지며 일정수의 시민 배심원이 판결하게 된다.

다만 각 폴리스들은 정치체제에 따라 국가 공권력의 강도 차이가 달랐으며 시기에 따라서도 같지 않았다. 아테나이가 포괄하는 영역이 커지기 전의 예를 들자면, 시기에 따라서도 다르다. 예를 들어 민주정적인 솔론의 입법이 있기 전에는 관리(아르콘)들이 예심만 한 것이 아니라 자체적으로 재판권을 가지고 있었던 것으로 전해진다. 5

---

5   Cf. Aristoteles, *Athenaion Politeia*(아테나이 국제), 3. 5.

2. 재판의 종류와 절차

1) 사건의 접수와 재판 절차

(1) 예비판정(아나크리시스)

소송이 일어나면 사건을 접수한 해당 관리는 먼저 사건을 재판소에 회부할 것인가 아닌가를 결정한다. 현행범이나 피고의 자백을 통하여 죄가 명백한 경우에는 재판 없이 관리가 처벌하는 경우도 없지 않았다. 즉, 살인이나 도둑질이나 유괴, 간음 등 큰 잘못의 경우 관리가 바로 처벌하는 경우가 있었음을 다음에서 알 수 있다.

> 사람을 유괴하거나 간음하거나 살인하거나 큰 잘못을 저질렀는데, 은밀하게 이런 것을 행하면 재판을 받을까요? 이 가운데 현행범으로 붙들려 사실을 인정하면 당장에 사형에 처하고 은밀하게 행하거나 사실을 부인하면 재판소에서 재판하여 사실을 밝힙니다(Aischines, 1. 91).

> (11인 경찰이) 나쁜 짓을 하는 사람을 도둑질이나 유괴나 살인으로 붙들어 죄를 인정하면 사형에 처하고 확실하지 않은 자는 재판소로 넘긴다(Bekker, *Anecdota Graeka*, I, *Lexika Segueriana*, p. 250, 4∼9. s. v. *hendeka tines eisi*).

재판에 넘기는 경우에는 어떤 종류의 재판으로 할 것인가를 정한다. 여기에 관리의 의견이 영향을 미치고 있음을 다음의 언급에서 알 수 있다.

> 그는, 만일 자신이 5분의 1의 지지표도 얻지 못한다면 요구한 금액의 6분의

1(*epobelia*)의 벌금을 내야 한다는 것을 알고는 내가 제시한 증거를 반박하지 않았습니다. 그러나 관리를 설득해가지고 법정보증금(*prytaneia*)만 걸면 되도록 해놓고는, 다시 같은 소송을 제기했습니다(Isokrates, 18.12).

이와 같은 관리의 결정권을 예비판정(*anakrisis*, 아나크리시스)이라 한다. 그리고 관리뿐 아니라 다양한 예비 중재기구의 예비과정을 거쳐 재판소로 사건이 넘어오는 것을 항소(*ephesis*, 에페시스)라고 한다.

(2) 재판의 절차

아테나이에서는 사회적 범법의 경우 일단 사건이 재판에 회부되면 2차까지 재판이 진행된다. 1차 재판은 피고의 유무죄를 가리는 것이다. 피고가 유죄로 판정되면 2차 재판이 열리는데 여기서 피고의 형량이 결정된다. 재판관이 따로 없으므로 시민 배심원들이 피고와 원고가 제시하는 형량 가운데 하나를 다수결로 선택한다. 기원전 5세기 아테나이 재판소의 배심원은 가부 동수를 피하기 위해 201, 301, 501, 1,001명 등으로 구성되었다. 유명한 소크라테스의 재판은 501명의 배심재판이었던 것으로 전한다. 그는 1차에서 유죄선고를 받았으며, 2차 재판에서 배심원들은 원고 측이 제시한 사형을 선택하였다. 재판소의 배심원은 재판 당일 철저하게 추첨으로 배정되어 부당한 사전 결탁을 최소화할 수 있었다. 배심원 배정과정은 아리스토텔레스의 《아테나이 국제》(*Athenaion Politeia*)에 나와 있다.

사회적 범죄가 아닌 개인 송사의 경우는 아주 다르다. 개인송사에는 민·형사가 다 관련되는데, 두 경우 모두 중재인에 의한 중재가 가능하다. 구체적 과정은 아래 개인송사를 논하는 곳에서 다룬다. 다만 여기서 한 가지 언급해둘 것은 형사적 범죄 관련 개인송사에서 국가의 공권력에 의한 강제가 오늘날에 비해 상당히 약했다는 점이다(Aristoteles, *Athenaion Politeia*, 63~69).

예를 들어 아테나이에서 시행된 살인사건 재판은 요즈음의 상식으로는 납득하기 어려운 방식으로 진행되었다. 피고에게 3차의 변론기회가 주어지는데, 마지막 3차 재판이 일어나기 전까지, 즉 2차 변론이 일어난 뒤에도 마지막 재판이 열리기 전까지 피고는 자발적·합법적으로 도주할 권리를 갖는다.

필자의 생각에, 이것은 국가의 공권력이 강하지 않았던 사회에서 개인 간 분쟁에 의한 말썽을 최소화할 수 있는 편리한 방법인 듯하다. 객관적·과학적 증거를 찾기도 힘들었을 시절에 살인사건의 판결은 참으로 난감한 일이다. 특히 혐의가 짙은 피고가 사회적 배경이 막강한 경우에는 유죄 판결·처벌 등이 어려웠음에 틀림없다. 차라리 판결하기 전에 제 발로 없어지면 오판의 가능성, 패소한 측의 판결에 대한 불만 가능성 등을 줄일 수 있는 호재가 된다. 그러면 판결에 따르는 여러 가지 부담을 줄이면서 사회적 분쟁의 소지를 미연에 방지할 수 있는 것이다. 마지막 재판이 시작되기 전에 피고가 도주하는 경우 그는 물론 유죄선고를 받게 되고 다른 특별한 절차의 사면이 없는 한 고국으로 돌아올 수 없게 된다.

2) 사회적 범법 소송: 에이산겔리아와 그라페 6

(1) 에이산겔리아에 관한 사료

아테나이에서는 민회, 500인 의회, 민중재판소(디카스테리아) 등의 기관이 에이산겔리아 사건의 재판에 관여하였다. 에이산겔리아에 관한 몇 가지 사료 가운데 가장 풍부한 내용으로 기원후 1세기 하르포크라티온은 다음과 같이 전한다.

하르포크라티온, 에이산겔리아(*eisangelia*) 7: 공적 재판을 말한다. 세 종류의 에이산겔리아가 있다.

(A) 첫 번째 종류의 에이산겔리아는 공적으로 크게 잘못한 혐의(*epi demosios adikemasi megistos*)가 있는 것으로 정상참작이 허용되지 않는 경우이다. 또 담당 관리가 규정되어 있지 않고, 관리가 사건을 처리할 수 있는 법이 마련되어 있지 않는 경우로서 이러한 것은 의회(*boule*)나 민중에 의해 1차 판결이 행해진다. 여기서 피고는 만일 유죄로 드러나면 큰 벌을 받지만, 원고는 피고가 무죄로 입증이 되어도 벌을 받지 않는다. 다만 원고가 5분의 1의 지지표도 얻지 못하는 경우에는 1천 드라크메의 벌금을 문다. 지난날에는 이러한 사람들이 더 크게 벌을 받았다.

6　고발조처에는 여러 가지가 있었다. 프로볼레, 아포파시스, 아포그라페, 아파고게, 엔데익시스, 그라페 파라노몬 등의 고발조처에 관해서는 다음을 참조하라. Hansen, M. H. (1975), "Eisangelia: The Sovereignty of the People's Court in the Fourth Century and Polititions", *Odense University Classical Studies*, VI, pp. 9, 38ff. Odense.

7　Cf. Suda, s. v. *eisangelia*, 222; Lexicon Sabbaitikon, *s. v. eisangelia*.

(B) 다른 종류의 에이산겔리아는 (고아나 상속인 등에 관해) 부당한 짓을 한 혐의를 받는 사람들(*epi tais kakosesin*)에 대한 것이다. 이것은 관리에게 접수된다. 이때 원고는 5분의 1의 지지표를 얻지 못한다 하더라도 벌 받지 않는다.

(C) 또 다른 에이산겔리아는 중재인에 대한 것이다. 누군가 중재를 하는 가운데 잘못을 범하면(*kata ton diaiteton*) 재판관들에게 에이산겔리아를 제기할 수 있으며 죄가 있는 사람을 처벌한다.

그런데 《캠브리지 수사 사전》(*Lexicon Rhetoricum Cantabrigiense*)에는 하르포크라티온보다 앞선 기원전 4세기의 카이킬리오스와 테오프라스토스를 인용하면서 다음과 같이 전하며, 또 기원전 4세기 후반의 히페레이데스로부터도 에이산겔리아에 관한 것이 나온다.

성문의 법 규정이 없는 새로운 부정에 대한 것이다. 카이킬리오스가 이같이 전한다. 반면에 테오프라스토스는 《법에 관하여》의 4번째 책에서 말하기를 변론가 중 누가 민중을 와해시키거나 돈을 받고 최선의 것을 충고하지 않거나 한다면, 혹은 누가 땅이나 배나 육군을 배반한다면, 혹은 누가 적과 내통하거나 그들 편에 이주하거나 그들과 함께 원정을 하거나 뇌물을 받는다면 … (에이산겔리아가 적용된다) (*Lexicon Rhetoricum Cantabrigiense*, s. v. *eisangelia*).

누가 아테나이의 민중(정치체제)을 해체하거나 … 민중을 와해하는 데 동조하거나 도당을 만든다면, 혹은 누가 도시나 배나 육군이나 해군을 적에게 넘겨주거나 변론가가 돈을 받고 아테나이 민중에게 최선의 것을 충고하지 않는다면 … (에이산겔리아가 적용된다)(Hypereides, 4. 8).

또 하르포크라티온보다 더 후대에 속하는 것으로 보이는 사료들이 있
다. 그것들은 앞선 시대 사료의 내용을 절충하거나, 그 일부만을 취하거
나, 약간 변형한 것으로 드러난다.

성문법이 마련되지 않은 공적 범죄에 대해 에이산겔리아법에 따라 에이산
겔리아가 행해진다. 여러 가지로 전하기를 법이 마련되어 있지 않은 경우에
관한 것이다. 누가 잘못한 행위로 유죄판결이 나면 아르콘이거나 변론가이
거나 그러한 사람에 대해 의회(boule)로 에이산겔리아를 제소한다. 그 잘못
이 크지 않으면 의회가 처벌하고, 큰 경우에는 민중재판소(배심원 재판관)
에게 위임한다. 마땅한 벌을 받거나 벌금을 문다. 나아가 변론가 중에 누가
민중을 해체하거나 민중에게 최선의 것을 충고하지 않거나 또는 할 일 없이
적에게 넘어가는 사람이나 요새나 군대나 배를 적에게 넘겨주는 사람에 대
해 에이산겔리아가 행해진다고 테오프라스토스가 《법에 관하여》에서 말하
고 있다(Pollydeukes, 8. 51~52).

에이산겔리아는 주로 새롭고 공적인 부정에 관한 것으로 프리타네이아에서
재판이 열린다. 법이 명확하게 규정하지 않는 경우에 관한 것이다(Platon,
Scholia, Politeia, 565c).

에이산겔리아는 중하고 공적인 부정에 대한 것이다. 프리타네이아에서 재판
이 이루어지며 법이 명확하게 언급하지 않는 경우에 관한 것이다(Zonaras,
s. v. *eisangelia*).

위의 사료 중 비교적 전대에 속하는 것으로 테오프라스토스와 히페레이데스가 전하는 에이산겔리아의 구체적 사례들을, 하르포크라티온이 말하는 '공적으로 크게 잘못한 것'이라는 항목에 연결시킬 수 있다면 결국 에이산겔리아에 대한 정의는 하르포크라티온의 내용을 중심으로 내릴 수 있을 것이다.

(2) 에이산겔리아 제소절차에 관한 여러 견해

테오프라스토스와 히페레이데스는 에이산겔리아에 적용되는 항목을 구체적으로 명시하고 있다. 반면 카이킬리오스는 에이산겔리아가 성문법이 없는 새로운 경우라고 한다. 한센(H. Hansen)은 카이킬리오스가 전하는 내용을 부정한다.[8] 그는 하르포크라티온이 전하는 내용 중 (A) 유형에는 에이산겔리아 절차에 있어 민회와 의회의 에이산겔리아가 각각 구분되어 있다고 주장하였다. 그에 따르면 같은 종류의 범죄가 이 두 가지 기관에 다 적용될 수 있고 또 한 기관이 여러 가지 종류의 범죄에 관한 에이산겔리아를 담당할 수도 있었으므로, 〈에이산겔리아법〉은 사건의 종류가 아니라 형식적 절차에 따라 일정한 구분이 있었다고 할 수 있다.[9]

나아가 한센은 의회는 공직자의 범죄와 시민의 중대한 공적 의무를 이행하지 못한 경우의 에이산겔리아 사건을 재판하고, 반면에 민회는 시민이 중요한 공적 범죄를 저질렀을 때에 주로 관계한다고 생각하였다. 그리고 의회의 에이산겔리아에서는 〈에이산겔리아법〉이 구체적으로 규정하고 있는 중요한 공적 범죄뿐 아니라 공적 의무 이행에 관련된 고발사건도

---

8   Hansen, M. H. (1975), "Eisangelia: The Sovereignty of the People's Court in the Fourth Century and Politicians", pp. 21~28. Odense.

9   Hansen, M. H. (1975), "Eisangelia", p. 21.

다루어지며, 민회에서는 〈에이산겔리아법〉이 규정하고 있는 중요한 공적 범죄에 대한 고발이 행해진 것이라고 생각하였다. 이때 민회의 에이산겔리아는 의회의 예심(probouleuma)을 거쳐야 하는 것으로, 그러한 절차 없이 민회에 바로 상정된 것은 의회로 넘겨져 예심을 거친 후 민회로 다시 위임된다는 것이다. 10 의회나 민회의 에이산겔리아는 그 자체에서 처벌이 일어나기도 하고 민중재판소로 위임되기도 한다. 특히 관리의 범법행위 등을 주로 다루는 의회는 유죄판결을 내린다 하더라도 5백 드라크메 이상의 처벌권은 갖지 않았으므로 사건을 재판소로 이양하였다고 하였다. 이때 한센은 '혐의인정'(katagnosis)이라는 용어가 민회가 아니라 의회(boule)에서 혐의를 인정하는 경우에 자주 쓰이는 것이라고 주장한다. 11

이러한 한센의 견해와는 반대로 로즈(P. Rhodes)는 하르포크라티온에 전하는 내용을 달리 해석하였다. 하르포크라티온은 한센이 주장하는 형식적 절차가 아니라 오히려 범죄의 내용에 따라 에이산겔리아의 종류를 구분하고 있다는 주장이다. 12 그리고 에이산겔리아가 성문의 법 규정이 없는 것에 관한 것이라는 카이킬리오스의 전승과 하르포크라티온의 사료 첫 부분에 나오는 내용을 수용하는 입장에서, 에이산겔리아에 적용되는 죄목이 상당히 융통성이 있다는 점을 인정한다. 따라서 하르포크라티온의 기술에서는 에이산겔리아가 회부되는 기관이 공직자와 시민 사이에 구분이 있었다는 한센의 견해는 증명되지 않는다는 점을 지적하였다. 즉, 공직자 등은 의회에, 그리고 시민은 민회에 회부되었다는 등의 구분이 나타나지 않는다는 것이다. 또한 '혐의인정'이라는 용어는 의회에 회부된 공

---

10   Hansen, M. H. (1975), "Eisangelia", pp. 23, 26.

11   Hansen, M. H. (1975), "Eisangelia", pp. 14, 22.

12   Rhodes, P. J. (1979), "Eisangelia in Athens", *JHS*, 99, pp. 106~107.

직자의 에이산겔리아 경우에만 적용되는 것은 아니라고 생각하였다.

또한 로즈는 의회의 예심과정이나 혐의인정 과정이 없이 바로 에이산겔리아 사건이 민회에 제기될 수도 있다는 견해를 제시했다. 이뿐만 아니라 공식적으로 에이산겔리아의 사건으로 제소되지 않는 경우에도 에이산겔리아 재판이 이루어질 수 있는데, 민회의 토론이나 의회의 행정감사 중에 에이산겔리아에 해당하는 범죄의 발견이 가능하다는 것이다. 이렇게 볼 때 에이산겔리아가 다루어지는 기관이 어디인가에 따라 구분되었다는 한센의 견해는 받아들이기 어려운 것이 된다. 로즈는, 에이산겔리아는 체계적이고 구체적인 제도가 아니라 여러 다양한 기관에서 담당하고 또 여러 주제를 포괄하는 것으로, 성문의 법 규정이 없는 새로운 주제에 관해서도 적용이 가능하다고 결론지었다.

로즈에 의하면, 기원전 4세기 중반 이전에 에이산겔리아는 의회나 민회, 어느 곳에서나 다루어질 수 있었다. 의회는 5백 드라크메 이상의 벌금을 부과할 권한을 갖지 않았기 때문이다. 의회에 접수된 사건은 민회와 재판소로 위임될 수 있었으며, 민회에 위임된 사건은 다시 재판소로 위임이 가능하였다는 것이다. 여기서 같은 종류의 에이산겔리아 사건이라도 여러 가지 절차가 가능하였는데, 이것은 이 제도가 체계적인 과정이 아니라 경우에 따라 산발적으로 생겨난 것이므로 융통성이 있음을 보여주고 있다고 한다.

로즈는 4세기 중반 이후에 에이산겔리아 사건은 의회에서 재판소로 바로 위임되었다고 결론지었다. 그리고 변화 시기는 기원전 350년대인 것으로 추정한다. 기원전 362년 이후 민회에 에이산겔리아 사건이 제소되지 않았다는 사실에 학자들이 동의하기 때문이다. 13 그리고 그 이유는 부분적으로 민회는 자주 열리기 힘들다는 점, 특히 4세기에는 비용절감의 필요성이 있었다는 점 등에 있다고 생각하였다.

실리는 에이산겔리아에 해당되는 죄목은 고정적인 것이 아니라 유동적이었고 또 의회나 민회나 재판소의 어느 기관에나 제소될 수 있었다는 로즈의 견해를 지지한다. 14 다만 실리는 처음으로 '혐의인정'이 이루어지는 기관에 따라 일정한 구분이 가능하다고 믿었다. 의회나 민회에서 혐의인정 절차가 이루어지면 에이산겔리아라 불리고, 아르콘에 의해 이루어지면 그라페, 11인에 의해 이루어지면 엔데익시스라 불리었다는 것이다.

(3) 에이산겔리아 종류에 대한 하르포크라티온의 구분

한센은 공직자인 경우나 공적 의무를 이행하지 못한 시민의 경우에는 의회에, 그리고 시민이 중대한 공적 범죄를 저질렀을 경우에는 민회에 에이산겔리아가 제기되었다고 생각하였다. 반면, 실리는 민회와 의회에서 1차 재판이 행해질 때는 에이산겔리아이며, 아르콘에 의하면 그라페, 11인에 의하면 엔데익시스 절차가 된다고 생각하였다.

그러나 하르포크라티온이 전하는 에이산겔리아 종류에는 한센이 주장하는 의회나 민회 사이의 구분에 관한 것은 없다. 또 하르포크라티온은 실리의 견해와는 달리 아르콘에게도 에이산겔리아를 제출할 수 있음을 밝히고 있다. 더구나 에이산겔리아와 그라페가 같은 사건에 적용될 수 있다는 것이 이사이오스에서 보인다. 15 이사이오스는 고아 하그니오스의

---

13 *Ibid.* Cf. Lipsius(1905~1915), *Das Attische Recht und Rechtsverfahren*, vol. 3, pp. 188~192, Leipzig; Hansen, M. H. (1975), "Eisangelia", p. 54.

14 Sealey, R. (1981), "Ephialtes, Eisangelia, and the Council", Shrimton, G. S. et al. (eds.), *Classical Contributions: Studies in honour of Malcolm Francis McGregor*, N. Y., p. 129.

15 Isaios, 11. 6; 15에 에이산겔리아, 11. 28; 31; 32; 35에 그라페에 관한 것이 있다. Cf. P. Rhodes(*Eisangelia in Athens, JHS*, 99, 1979, p. 103)는 여기에 쓰

재산상속에 관한 사건을 에이산겔리아라고도 하고 그라페라고도 하였다. 따라서 이 두 가지 고발절차 사이에 실리가 말하는 것과 같은 첫 번째 혐의인정 기관이 어딘가에 따른 구분이 있었다고 말하기는 어렵다.

여기서 하르포크라티온의 말을 다시 살펴볼 필요가 있다. 그는 에이산겔리아를 세 가지로 구분하고 있다. 첫째로, (A)에 보이는 의회와 민회에 제기되는 에이산겔리아는 큰 공적 범죄, 세금의 미납, 그리고 성문의 법규정에 없는 새로운 경우에 관한 것이다. 여기서 성문의 법규정이 없는 새로운 경우는 피고가 아직 죄가 있는지 없는지가 확실치 않은 것이라 할 수 있다. 16 어떤 처벌을 할 것인가를 논하기 전에 먼저 유죄 여부를 판가름하는 것으로 되어 있기 때문이다. 처벌은 유죄를 인정한 의회나 민회에서 함께 결정하는 경우도 있고 민중재판소로 위임되는 경우도 있다. 죄가 가벼워서 경미한 처벌로 그치거나 아니면 너무 무거워서 사형이나 추방으로 쉽사리 결정할 수 있는 경우이다. 전자의 경우에 관해 의회는 최대 5백 드라크메의 벌금을 부과할 권한을 가지고 있었다. 죄의 유무를 결정하는 1차 판결에서 피고가 유죄로 판단되었다 하더라도 더 세부적인 조사가 필요한 경우에는 사건이 재판소로 넘겨져 처벌의 양이 결정된다. 만일 피고가 1차 예심에서 무죄로 판명되고 또 원고가 5분의 1의 지지표도 얻지 못하면 1천 드라크메의 벌금을 물게 된다.

두 번째로, (B)의 경우 사건은 (고아나 상속인 등에 관한) 부당한 행위에 대한 것으로 아르콘에게 제소된다. 이때 원고는 첫 번째 경우와 달리 5

이는 에이산겔리아라는 용어는 법률적 의미를 가진 것이 아니라고 주장하였으나 이 견해는 객관적으로 수용되는 것은 아니다.

16 유죄 여부(ean haloi)가 판가름 난 다음 처벌이 논의되는 절차에 대해서는 다음을 참조하라. cf. Demosthenes, 23. 26ff.

분의 1의 지지표를 얻지 못하는 경우라 하더라도 처벌받지 않는다고 명시되어 있다. 이것을 앞의 (A)와 비교해본다면, 첫 번째 경우는 두 번째 경우보다 더 중대한 국가의 공익과 관련되거나 새로운 준거설정이 필요한 경우에 관한 것이라고 말할 수 있다. (B)는 첫 번째보다 상대적으로 비중이 더 작은 사건에 관한 것이라 할 수 있다. (고아나 상속인 등에 관한) 부당한 행위라 하더라도 국가의 중대한 공적 범죄에 직접 관련된 것이 아니다. 그런데 (B)에서도 (A)의 경우처럼 어떤 행위가 부당한 행위인가 아닌가가 분명하지 않은 경우에 관한 것이며, 피고가 무죄로 판명될 가능성이 있음을 보여주고 있다. 왜냐하면 원고가 5분의 1의 지지도 얻지 못하는 경우가 언급되고 있기 때문이다. 피고가 부당한 행위를 했다고 판명되면 처벌받는다.

세 번째 범주 (C)에서의 에이산겔리아는 '중재인'에 관한 것이며, 처음부터 민중재판소에서 처리된다. 여기서 앞의 두 경우와 다른 점으로 주의할 것은 원고가 5분의 1의 지지도 얻지 못할 경우에 관한 규정이 없다는 것이다. '잘못을 한 사람'에 대해 에이산겔리아로 고발하게 되어 있으며, '죄 있는 사람'을 벌하는 내용으로 되어 있다. 5분의 1의 찬성표도 얻지 못하는 데 대한 규정이 없는 것은 재판소로 넘어오는 사건은 미리 관리의 예비판정(아나크리시스)을 거치기 때문이라고 볼 수도 있다.

(4) 에이산겔리아와 민회

로즈는 기원전 4세기에 에이산겔리아 사건은 의회에서 민중재판소로 위임되었고 민회로 위임된 것이 아니라고 주장하였다. 더구나 그 이전 의회에서 민회로 위임될 수 있었던 시기에도 실제로는 민회가 아니라 민중재판소로 위임된 경우가 많았다는 것이다.[17] 그 이유는 부분적으로 민중재판소가 훨씬 더 간편하고 경비가 적게 들기 때문이라고 한다. 그러나 앞에서 서술한 내용에 따르면, 의회에서 민중재판소로 위임된 사건은 의회가 혐의를 인정한 경우에 한한다. 사건이 매우 중대한 것으로 의회가 혐의를 인정하기 어려울 때는 민회에 다시 회부되어 유무죄를 가리게 된다. 이때 의회의 기능은 사건의 접수에 한정된다. 사건이 민회에 회부되어 혐의가 인정되면 그 처벌은 민회 자체에서 이루어지거나 민중재판소에 위임된다. 기원전 362년 이후 민회는 에이산겔리아 사건을 취급하지 않은 것으로 보인다. 로즈는 이것이 부분적으로는 경제적 비용과 절차의 간편화를 위한 것이었다고 생각하였지만, 필자는 이것을 민중의 정치적 발언권 약화와 관련지을 수 있다고 생각한다. 기원전 5세기 후반의 급진민주정이 쇠퇴하면서 4세기 중반 이후 민회가 갖는 결재권이 줄어들었기 때문이 아닌가 한다. 로즈가 말하는 민회 개최에 드는 경제적 비용의 절감 필요성은 그것 자체가 주요 원인이 되어 다른 분야에 영향을 미친 것이 아니라는 점이다. 오히려 아테나이 해상제국의 쇠퇴로 인한 경제적 수입원의 고갈과 그에 따른 민중세력의 약화로 인해 그런 필요성이 생겼는지도 모른다. 에이산겔리아가 민회에 회부되지 않았다는 사실은 민회가 다른 분야와 마찬가지로 국가나 공익에 대한 범법행위를 가리는 데 있어서도 발언권을 상실해갔다는 큰 테두리 안에서 이해되어야 할 것이다.

---

17 로즈는 그러한 예가 아리스토파네스, 《꿀벌》(*Sphekes*), 590~591(의회나 민중이 중요한 사건을 다룰 때 어려움이 있으면 잘못을 범한 사람을 민중재판소의 배심원에게 넘긴다는 내용)에 나타나 있다고 추측한다.

(5) 에이산겔리아와 그라페

그라페도 원고가 5분의 1의 찬성표도 얻지 못했을 때 1천 드라크메의 벌금을 무는 점에서 에이산겔리아와 닮은 점이 있다. 또 그라페는 에이산겔리아처럼 공적 범죄에 대한 기소의 성격이 강하며 1천 드라크메의 벌금도 대개 기소자 개인이 아니라 국가로 귀속된 것으로 보인다. 다음의 내용이 이와 같은 것을 나타낸다.

> 법에 의거하여 기소(그라페) 한 자가 기각되거나 재판정으로 넘어가 5분의 1의 지지표도 얻지 못하면, 1천 드라크메를 국가에 문다[18](Demosthenes, 21. 47).

> 공적인 범죄를 말한다. 조령이나 법조문을 비난할 때뿐 아니라 불법에 대한 것을 기소하는 것을 말한다. 또 다른 많은 부정이 공적 범죄이거나 공적인 것이라고 누가 주장을 할 때(*hos epi demosiois autois egkalei tis*)이다 (Harpokration, s. v. *graphe*).

실리는 유무죄를 가리는 첫 번째 판결이 어디서 행해지는가에 따라 에이산겔리아와 그라페의 절차가 구분되는 것이라고 생각하였다. 그런데 루셴부슈(E. Ruschenbusch)는 이 두 기소절차에 대하여 또 다른 의견을 제시하였다. 'eisangellein'이란 단어는 원래 구두의 고발을 의미하는 것

---

18 Cf. Demosthenes, 58. 6; 26. 9(5분의 1의 지지표도 얻지 못한 사람은 그다음부터 그라페, 아파고게, 에페게시스를 할 수 없도록 하였다). 또 '엔데익시스'(고발의 일종)하여 5분의 1표를 얻지 못한 경우는 cf. Andok. 1. 33(불명예에 처해져 '두 여신' 신전에 출입하지 못하며 이를 어기면 사형에 처해진다).

으로, 그라페가 의미하는 '성문의 고발장' 제도가 생기기 이전에 다루어지던 범법행위에 관계된다는 것이다.[19] 그러나 이런 루셴부슈의 주장도 정확한 것이 아니라고 필자는 생각한다. 오히려 그라페는 성문의 법 규정이 마련되어 있는 것에 대한 위법사항에 관련되나,[20] 에이산겔리아는 주로 성문법 관련 위법사항 중에도 국가적·사회적 중대사(특히 아직 구체적 전례가 없는 사안)이거나 기존의 법이 규정하지 않은 새로운 경우에 관련되는 것이 아닌가 하는 것이다. 그런데 전자에 속하는 것으로 하르포크라티온이 전하는 (고아나 상속인 등에 관한) 부당한 행위나 중재인의 범법행위를 들 수 있다. 앞에서 말한 것처럼, 사건이 조금이라도 기존의 위법사항에 관련될 때 사건은, 이사이오스에 보이는 것처럼 에이산겔리아인 동시에 그라페로 기소될 수도 있을 것이다.

그리고 민회와 의회에서 다룬 공적인 범죄가 다 에이산겔리아 절차를 통하는 것은 아니다. 혐의가 더 명백하면 사건은 위험부담이 적은 더 평이한 절차를 통하거나 관리에게 직접 제출될 수 있다. 민중재판소로 제기된 사건은 먼저 피고의 유무죄를 가리는 투표를 1차로 행하고 난 뒤, 유죄로 결정되면 다시 투표를 하여 그 형량을 결정하기도 하였다. 그 대표적인 예를 소크라테스의 재판에서 볼 수 있다.

그러면 의회나 민회가 1차적으로 피고의 유무죄를 판가름했던 에이산겔리아 사건의 경우는 아르콘에 의해서나 민중재판소에서 다루어진 사건과 무엇이 다른가? 저자의 견해에 따르면, 모든 에이산겔리아는 국가 정

---

19 Ruschenbusch, E. (1968), *Untersuchungen zur Geschichte des Athenischen Strafrechts, Graezistische Abhandlungen* IV, pp. 73~74. Cologne & Graz.
20 Cf. Demosthenes, 21. 47; 58. 6; Harpokration, s. v. *graphe*; Lex. Cant. s. v. *graphe* (cf. Harrison, A. R. W., *The Law of Athens*, I, p. 83).

치나 시민의 사회생활에 크게 영향을 주는 것으로 판단되는 공적 성격의 사건을 다룬다. 이 가운데는 법률이 아직 마련되어 있지 않은 경우도 광범하게 포괄될 수 있다. 그런데 (고아나 상속인 등에 관한) 부당한 행위나 비리를 저지른 중재인에 관한 것은 공공의 질서를 훼손하는 공적인 성격의 범죄로 취급되나 민회나 의회에서 다루는 사건보다는 그 비중이 약하다 할 것이다. 다시 말하면, 에이산겔리아는 사건의 종류에 따라 상대적으로 중요성이 다를 수는 있겠지만, 언제나 시민의 공공생활에 영향을 미칠 수 있는 공적인 성격의 재판이었다고 하겠다. 이 점에서 에이산겔리아는 보다 비중이 약하거나 사적 영역에 관련되는 재판사건과는 구분될 수 있다.

그런데 기원전 4세기 후반 에이산겔리아는 정치적·사회적 중대사에 관해서만 적용된 것이 아니라 현실적으로 본래 취지를 무시하고 개인 간의 사소한 대립에도 이용된 듯하다. 당시 히페레이데스는 에이산겔리아가 중요성이 없는 사소한 사건에도 적용되었다고 한탄한다. [21]

(6) 'epi'(혐의가 불확실한 경우)와 'kata'(혐의가 짙은 경우)

이상의 에이산겔리아 사건은 어떤 행위가 전에 없던 새로운 죄목에 해당되는 경우이거나, 또는 죄목이 법 규정에 있는 경우라도 '일정' 행위가 그 죄목에 해당되는지 아닌지를 논할 때 이루어지는 기소절차라고 할 수 있다. 여기서 법 용어 가운데 'epi'와 'kata'의 차이를 생각해볼 수 있다.

하르포크라티온이 구분한 에이산겔리아 종류 중 (A)와 (B)는 'epi'라는 용어를 사용하고, (C)는 'kata'를 쓴다. 즉, (A)는 '*epi demosios adikemasi*

---

21 Hypereides, 4. 2~3. Cf. Sealey, R. *Ephialtes*, *eisangelia*, *and the Council*, p. 126.

megistos …'(중대한 공적 범죄를 저질렀는가), (B)는 '*epi tais kakosesin*'(악덕한 사람들에 해당되는가)인 데 반해, (C)는 '*kata ton diaiteton*'(중재인을 비난하며)으로 표현되는 것이다.

그런데 '*epi*'로 표현되는 (A)와 (B)에서는 앞에서 말했듯이 피고의 유무죄를 가리는 절차가 의회나 민회, 혹은 관리들에 의해 먼저 이루어진다고 되어 있다. 이때 피고는 무죄로 판단될 수도 있다. 그런데 의회나 민회에서 접수하는 (A)의 경우에는 만일 원고가 5분의 1의 지지표도 얻지 못하면 벌금을 물게 되어 있다. 그러나 관리에게 접수되는 B의 경우에는 원고가 5분의 1의 지지도 얻지 못해도 벌을 받지 않는다고 규정되어 있다. 또 재판소에서 재판이 이루어지는 (C)의 경우에는 원고가 5분의 1의 지지도 얻지 못하는 경우에 대한 염려가 나타나 있지 않다.

원고가 5분의 1의 지지표도 얻지 못할 때에 대한 규정이 있는 것으로 보아 (A)와 (B)의 경우에는 아직 피고가 유죄인지 무죄인지가 불확실할 뿐만 아니라 원고가 오히려 부당하게 피고를 무고했다는 비난을 받을 가능성도 있다. 그리고 그런 규정이 아예 없는 (C)는 피고의 혐의사항이 보다 더 짙은 경우가 아닌가 하는 생각을 해볼 수 있다. 재판소로 넘어오는 사건은 의회나 민회 혹은 적어도 관리의 예비판정(*anakrisis*)을 통해 혐의의 가능성이 있는 것으로 간주되는 것들이기 때문이다.

(A)와 (B)는 원고가 주장하는 혐의사실에 대해 피고가 사실 자체를 부인하거나 혹은 사실은 인정하되 그 유죄성을 완전히 부인하는 경우이다. 특히 후자의 경우에는 기정사실이 위법이라는 죄의식을 갖지 않는 경우이다. 이런 때에는 일정 사실의 위법성 여부를 밝혀야 하므로 자연히 성문의 규정이 없는 새로운 사례가 될 수밖에 없다. 그러나 중재인에 관한 (C)의 경우는 이와 다르다. 이 경우는 피고와 원고는 어떤 행위가 위법이라는 것을 같이 인정하고 그것이 기존의 법에 비추어 용서를 받을 수 있는

지 혹은 어느 정도로 벌을 받아야 하는지가 주로 문제가 되는 경우이다. 해당 성문법 규정이 있고 또 쌍방이 어떤 기정사실을 대상으로 쟁송을 하는 것이라면 이때는 어떤 행위의 범죄성 여부를 먼저 가려야 할 필요가 적어지는 것이다. 여기서 (A) 와 (B) 에 사용된 'epi'는 (C) 의 'kata'보다 더 중립적인 용어로 혐의사실이나 유죄성이 아직 명확하지 않은 경우, 즉 범죄구성 여부를 조사하는 것이고, 'kata'가 쓰인 (C) 는 범죄성이 짙다고 판단되는 경우라고 하겠다.

관리의 범법혐의에 대한 에이산겔리아 사건의 판결에서 의회가 피고에 대해 무죄판결을 내릴 수도 있는 사실은 《아테나이 정치제도사》(45. 2) 의 다음 구절에서 보인다.

의회는 많은 경우 관리들을 재판하며 특히 공금을 취급하는 관리를 판결한다. 그러나 의회의 판결은 최종적인 것이 아니고 사건은 민중재판소로 위임된다. 개인은 관리가 법을 어겼다고 생각되면 에이산겔리아를 제기할 수 있으며 의회가 '만일 혐의를 인정하면(ean ⋯ katagno)' ⋯ 민중재판소로 위임된다.

여기서 의회가 혐의를 인정하지 않으면 무죄로 풀려날 수도 있다는 말이 되는 것이다.

한 가지 참고로 덧붙인다면, 법 용어에서 아직 범법자로 증명되지 않은 사람에 대해 그 위법 여부를 가려내는 과정에 대해서는 'kata'보다 'peri'(대하여) 가 쓰이는 것을 볼 수 있다.

⋯ 관리들이 죄지은 사람들을 벌하고 의심스러운 사람들에 대해서는(peri ton amphisbetoumenon) 재판을 한다(Isokrates, 7. 26).

의심스러운 사람들의 정당성 여부에 대해서(*peri ton dikaion tois amphis-betousin*) … 논의하고 재판한다(Aristoteles, *Politeia*, 1291a. 39).

그리고 이와 관련 있는 것으로 의회에 제기된 에이산겔리아 사건은 이미 잘못된 행위로 인정된 경우와는 다르다는 것을 다음의 구절에서도 엿볼 수 있다.

잘못된 행위에 대해서는 민중재판소에서 판결을 하고, 에이산겔리아는 의회에 제기한다(Isokrates, 15. 318).

이상에서 'epi'는 일정 행위가 죄가 되는지 분명치 않은 경우에 관련되며, 'kata'는 어떤 정도로든 위법성이 확실하다고 판단되는 행위에 대해 그 정황과 처벌의 양을 정하는 것이라 할 수 있다. 이소크라테스에 보이는 것처럼 에이산겔리아와 그라페의 기소절차를 병행하는 경우는 한 사건이 범법성을 가진 면과 함께 판단하기 어려운 부분도 함께 가지고 있는 경우라고 할 수 있겠다.

3) 개인 송사

(1) '비난하는 것'(kata)과 '대응하는 것'(pros)

앞에서 언급한 에이산겔리아나 그라페와 달리 개인 간에 권리를 두고 다투는 것은 주로 협의의 디카이(*dikai*) 재판의 개념으로 파악할 수 있다. 개인 간의 송사(訟事)에는 앞에서 살펴보았던 공공의 범죄와 다른 점이 있다. 그것은 상대에게 피해를 줌으로써 발생하는 형사범죄뿐 아니라 범죄의 개념과 관련 없이 서로 더 강한 권리를 주장하는 소송이 있다는 점이다. 전자는 주로 'kata'로, 그리고 후자는 'pros'(… 에 대하여)로 표현된다. 후자는 우리의 민사소송 개념과 연관되는 것이라고 하겠다. 개인 간 송사의 구체적 예도 아테나이에 많이 남아 있으므로 이를 중심으로 살펴본다.

① 비난하는 소송(dikai kata tinos)

여기에는 강탈(*dike biaion*)과 무례(*dike aikeias*) 등이 속한다. 강탈에는 탈취(*dike exaireseos*) 소송, 무례에는 악담, 손해 등이 속한다. 또 계약위반(*parabaseos synthekon*)이나 퇴거(*dike exoules*) 관련 소송도 있다.

강탈 소송은 두 가지로 구분할 수 있다. 첫째, 원래의 의미로 움직일 수 있는 물건을 힘으로 빼앗는 것을 말한다. 둘째, 주로 움직이지 않는 물건을 점유할 때는 축출 소송(*dike exoules*)이 적용되는데, 이것이 움직일 수 있는 물건에도 어느 정도로 적용되었는지는 확실하지 않다. 움직일 수 있는 것으로 자주 문제가 된 것은 예속노동자(노예)이다. 그래서 누가 예속노동자를 그 주인으로부터 힘으로 빼앗아 자유인으로 만들려 할 때, 강탈 소송이 쓰인다. 여기서 유죄가 되면 해당액의 두 배를 보상하여, 국가와 피해자가 각각 반씩 가져간다.

자유인에 대해 그가 예속노동자라고 주장하는 이가 나타나는 경우도 여기에 속한다. 예속노동자를 자유인으로 만들려 할 때 벌어지는 소송도 여기에 속한다. 어떤 이를 보고 자신의 예속노동자라고 주장하는 사람이 나타나면, 그이가 예속노동자로 끌려가지 못하도록, 그전에 그가 자유인이었다는 사실을 보증해주는 이가 있으면 된다. 모든 아티카 시민 혹은 거류외인들은, 공공의 길에서뿐만 아니라 제 3자의 집에서도, 소유를 포기했던 예속노동자를 잡아서 취할 수 있는 권한이 있었다. 다만 서로 자기 소유라고 주장할 때는 분쟁이 생기게 된다. 또 이소크라테스22의 설명에 따르면, 자기 소유의 예속노동자라고 주장하는 자뿐 아니라 남의 예속 노동자에 대해서도 원하는 사람은 관여할 수 있다. 다만 성소는 그런 행위가 금지되었다.

강탈 소송은 후에 강간 소송(*dike bias*)이라 불리는데, 남성이든 여성이든, 기혼이든 미혼이든 자유인을 강간하기 위하여 폭행을 하거나 의도적으로 강탈하는 자에 대한 것이었다.

무례 소송은 다른 이를 괴롭히는 사람에 대한 것이다. 피해보상과 동시에 명예회복을 목적으로 한다. 이 소송은 반드시 해치려는 의사를 전제로 하는 것이 아니다.

언어폭력 소송(*dike kategorias*)과 관련하여, 살아 있는 사람은 성소, 법정, 관청 혹은 축제에서 욕을 하면 안 된다. 죽은 자에 대한 모욕을 법정에 고소하는 것은 그 후손들, 무엇보다 그 자식의 의무·권리이다. 특별법으로 참주살해의 공로자인 하르모디오스와 아리스토게이톤에 대한 욕이 금지되어 있다.[22] '발설해서는 안 되는 것'(*aporrheta*)이라 언급되는 모든 사람이나 상황에 대해 특히 몇몇 모욕이 되는 언어를 쓰지 못하도록 한 법은 더 후기에 생긴 법일 것이다.[24] 리시아스(11.3)에 따르면, 누가 자기 아버지를 '죽였다'(*apektonenai*)고 하는 것은 괜찮으나, '살인자'(*androphonos*)라고 하는 것을 법으로 금지하였다고 한다. 전자는 그냥 죽인 사실을 이를 뿐 유무죄는 불분명한 상황을 말하나, 후자에서 쓰이는 '살해'(*phonos*)는 흔히 유죄의 의미로 쓰이기 때문이다.

---

22 Isokrates, 12.13f; 49; Cf. *Ibid.* 12.97.

23 Hypereides, 2, Fr. 21.3.

24 Lysias, 11.3; Isokrates, 20.3; Demosthenes, 18.123; 58.40; cf. Demosthenes, 21.79; 22.61.

손해 소송(*dike blabes*)도 개인에게 해를 끼치는 것에 관한 것이다. 사법적으로 거래나 채무 불이행 시 재산 혹은 특히 이익에 대한 손해를 말한다. 25 여기에는 거래에 의한 손해와 거래 불이행의 경우가 있을 수 있다. 법에는 고의와 비고의에 의한 손해를 구분, 여기서 고의는 이중으로 배상하고 비고의는 액수만큼 배상하며, 이런 구분은 다른 범죄에도 볼 수 있는 것이다. 이때 고의란 어떤 의도가 결과적으로 남에게 손해를 초래한 경우까지 포함할 수도 있고, 또 남을 해치려는 의도만을 말할 수도 있으나, 후자가 더 타당한 듯하다. 26

손해 소송의 한 예로, 솔론의 것으로 간주되는 경계법을 들 수 있는데, 이는 건축, 무덤, 식목을 할 때 남의 경계에서 거리를 두는 것을 말한다. 이를 위반하면 손해죄(*blabe*)로 고소된다는 것을 데모스테네스의 '칼리클레스에 대항하여'에서 알 수 있다. 플라톤의 《법률》에서 언급되는 것으로, 경계 바깥으로 자기 밭을 넓힌 사람, 이웃 땅에서 자기 가축을 방목한 사람, 이웃 꿀벌을 잡은 자, 남의 노예나 가축을 해치거나 죽인 사람에 대한 것들이 바로 여기에 해당한다.

다른 한편, 배은망덕 소송(*dike acharistias*)이 있다. 폴리데우케스는 이것을 아티카의 민사소송 대열에 넣고 있다. 반면, 크세노폰은 아테나이의 경우 자식의 부모에 대한 불손 이외의 다른 배은망덕죄는 법정에 서지 않는다고 한다. 또 배은망덕은 부모학대 관련 그라페(*graphee kakoseos goneon*) 소송으로 이루어지기도 한다.

---

25 Cf. Aristoteles, *Politika*, 1267b 38. 밀레토스의 Hippodamos는 넓은 의미로 파악하여 *hybris*, *blabe*, *thanatos*의 세 가지 개념으로 요약할 수 있다고 한다.
26 Cf. Aristototeles, *Ethika Nikomacheia*, 1111a 22. Cf. 1135a 23; *Ethika Megala*, 1188b 25; *Ethika NIkomacheia*, 1135b 8.

② 대응 소송(dikai pros tina)

누가 더 큰 권리를 가지고 있는가를 정하는 대응 소송은 크게 두 종류가 있다. 소유권과 채권(채무) 법이 그것이다.

소유권은 제3자를 배제하고 원하는 대로 처분하는 권한이다. 그러나 이것은 근대적인, 완전히 배타적인 소유권의 개념이 아니고, 아티카의 법에 따른다면, 관여하는 제3자를 방해하는 권한이라 하겠다. 한 물건에 대해 두 사람 이상이 권리를 주장할 때는 폭력(*dike biaion*), 축출(*dike exoules*), 손해 소송 등을 제기하여 재판을 받게 된다. 이 재판에서는 소송 쌍방 중 어느 쪽도 범죄자가 아니며 원고나 피고의 구분이 없다. 그저 더 큰 권리자가 누구인가를 가릴 뿐이다. 이러한 재판은 소유권을 보호하는 것이 아니라 어느 정도 모호(*amphisbeteseis*)한 권리의 싸움에서 점유권과 상속권에 대한 조정을 이끌어내는 권리확정 소송(*diadikasia*)이라고도 할 수 있다. 이것은 언제나 상대적인 권한만 규정하므로 반드시 소유권을 보증하는 것이 아니다. 일단 권한을 인정받으면 해당 분쟁뿐 아니라 그 이후 모든 반대주장을 배제하는 법적 근거가 된다.

아티카 법에서는 권리확정 소송의 경우와 달리 재산권 소송(*dike ousias*)에서는 반환청구 소송(*Vindikationsklage*)을 인정하고 있다. 하르포크라티온은, 이사이오스와 테오프라스토스 각각 두 개의 변론문을 인용하면서, 남이 보유한 집이나 땅을 요구하는 사람이 먼저 임대(*dike enoikiou*) 혹은 실과(實果, *dike karpou*) 소송을 제기하여 승소하면 임대세 혹은 과실수확을 요구한다. 이때 승소한 사람은 반드시 땅의 소유권을 가지는 것은 아니다. 두 번째 법적 절차로 재산 소송(*dike ousias*)이 있다. 보유자가 여기서 지고서도 땅을 내놓지 않으면 그를 쫓아내는 세 번째 방법으로 축출 소송(*dike exoules*)이 있다. 재산 소송은 소송 대상물 자체를 인도하도록 하는 데만 관계한다. 이 소송은 근대적 재산 소유권은 아니지만, 수익권뿐 아니라 재산 자체의 보유권을 인정하는 것이다.

재산권 소송은 권리확정절차(*diadikasia*)와 달리 원고와 피고가 있다. 그러나 여기서도, 이사이오스의 변론들을 통해 추측한다면, 권리확정절차에서처럼 소송 쌍방이 모두 자신의 권리를 증명해야 한다. 소송 도중에는 기득권자가 물건을 보유한다.

그 외에도 권리분쟁 관련 소송으로 '지역'(*peri choriou*), '집안'(*peri oikias*), '노예'(*peri andrapodon*), '선박'(*peri neos*), '말'(*peri hippou*), 그리고 … 여러 가지 소유권 분쟁으로 '수레 끄는 말'(*hypozygion*), '선주(船主) 부담'(*trierarchikai*) 등에 관한 것이 있다.

(2) 개인송사의 진행과정: 아테나이의 11인, 검사 40인

아테나이에서 공사의 소송을 제출하는 기관으로 각종 아르콘을 제외하고는 11인, 5명의 검사(*eisagogeis*), 40인을 들 수 있다. 이들은 의회에서 선출한다.

11인은 추첨으로 선출되어 유치장을 돌본다. 끌려온 도둑・인신예속범・강도들은 자백을 하면 사형에 처하고, 혐의가 짙으면 재판소로 넘긴다. 무죄가 인정되면 방면하고 그렇지 않으면 처형한다. 몰수된 토지와 집의 목록을 재판소로 넘기고 공공의 재산으로 판단되는 것은 경매상인에게 넘긴다. 이는 11인이 기소하지만 법무부 장관(테스모테네스)이 기소할 때도 있다.

또 검사 5명이 추첨으로 뽑힌다. 이들은 1달 시한부처리 사건을 기소하는데, 두 부족(필레)에 한 사람씩이다. 약속된 지참금을 받지 못했을 때, 빚진 것을 돌려주지 않을 때, (원금 1므나에 대한 1달 이자)1드라크메 이자(즉, 연리 12%)로 돈을 빌린 사람이 약속을 어길 때 대부금 반환 소송, 시장의 사업자금으로 돈을 빌린 사건 등에 관계한다. 또 폭력・친목

계 · 회사 · 인신예속 · 노역가축 · 삼단노전선주 · 은행 등에 관련된 것도 다룬다. 이들은 이러한 사건을 기소하여 한 달 안에 판결한다. 그러나 사건을 접수한 자들은 세금청부업자들에 의해 제기되거나 혹은 그들을 비난하는 사건에서 10드라크메까지 처벌권한이 있으며, 그 이상은 한 달 이내에 재판소로 넘긴다.

또 각 부족에서 4인씩 40인을 추첨하여, 다른 재판사건을 접수하게 한다. 이들은 원래 30인이었는데, 30인 참주정 이후 40인으로 증원되었으며 데모스별로 순회하면서 재판을 하였다. 이들은 10드라크메까지 자체적으로 판결할 수 있었으며, 그 이상의 금액은 중재인들에게 넘긴다. 사건을 넘겨받은 중재인들이 원만하게 해결하지 못하면 판결이 필요하다. 만일 쌍방이 이에 만족하고 따르면 재판은 끝이 난다. 쌍방 중 한 편이 재판소로 상정하면, 증인과 소송내용과 관련법을, 원고와 피고의 것을 각각 따로 문서 상자에 넣고는 그것을 봉한다. 그리고 중재인의 의견을 서판에다 적어 첨부한다. 이렇게 한 것을 피고가 속한 부족의 사건을 관장하는 4명의 재판관들에게 넘긴다. 이들이 이것을 받아서 재판소에 넘기는데, 1천 드라크메 이내는 201명 재판관, 그 이상은 401명 재판관들이 맡는다. 이때 중재인들이 이용한 후 문서상자 속에 넣어둔 것 이외의 법안이나 소송내용이나 증거는 제시될 수 없다.

중재인은 60세가 되는(만 59세) 사람이어야 한다. 이것은 (수석) 아르콘들과 (각 부족의) 명칭대표27의 이름을 통해 알 수 있다. 부족들의 명칭

---

27 아테나이의 명칭대표(*eponymos*)에는 두 가지 범주가 있다. 첫 번째는 도시국가의 9인(혹은 10인) 아르콘 가운데 1명인 수석 아르콘이 한 해를 대표하는 것이다. 두 번째는 42개 각 연령층 명칭대표(바로 아래 주 참조) 혹은 '추첨 명칭대표'(*lixeon eponymoi*)로 불린다. 이들은 해마다 누가 에페보스로 등록되어야 하는가를 확인한

대표는 10명이며, 42개 연도 수에 속하는 연령의 사람28이어야 한다. 에페보스29 등록은 과거에는 흰 판에다 적었고, 거기다 등록될 당시의 아르콘과 그 전년도 중재자인 명칭대표를 적었다. 그러나 후기에는 청동기둥에다 기록하고 기둥은 의회장 앞 명칭대표 목록이 있는 옆에 세웠다. 40인은 명칭대표 가운데 제일 마지막 사람 아래 적힌 목록30을 보고 그들에게 중재사건을 분배하며 각자가 중재할 사건을 추첨으로 정한다. 중재자는 각기 추첨을 통해 배당받은 사건을 중재해야 한다. 법에 따르면, 나이가 찼는데도 중재자로 봉사하지 않는 사람은 불명예를 당하게 된다. 다만 그해에 관직에 임하거나 해외에 있을 때는 예외적으로 의무가 면제된다. 누가 중재자에 의해 부당한 처우를 받으면 중재자들 집단 앞으로 탄핵(eisangellein)을 제기한다. 유죄로 인정된 사람은 불명예를 당하도록 법에 규정되어 있다. 이 경우 상소할 수 있다. 명칭대표들은 또 군역에 대해서도 관여한다. 장정을 내보낼 때는 어느 해 아르콘과 명칭대표 때부터 어느 해까지 군역에 임해야 하는지 그 연도를 고시한다.

다. 이들 중 한 명이 추첨으로 뽑혀 수석 명칭대표가 되어 군사원정 시 어느 세대의 군인들이 출정하는가 등을 결정한다.

28 18세 성년의 나이부터 60세 되는 사람까지 42년 동안 각 연령층에 속하는 사람을 말한다.

29 18세 성년이 된 청년을 말한다. 아테나이에서는 만 18세가 된 청년은 각 촌락에서 합법적 시민인지에 대해 검증을 받고, 자격을 인정받으면 그로부터 약 2년간 군사 훈련을 받게 된다.

30 이것은 60세가 되는 사람들이 적혀 있는 난이다.

4) 기타 고발 절차

사회적 범죄의 기소도 국가 등의 단체가 아니라 개인의 발의에 의해 이루어진다는 사실은 그리스 사회의 특징을 가장 잘 보여주는 것이다. 그래서 기소 주체와 상관없이 사건의 성격에 따라서 송사가 개인적인 것인가 사회적인 것인가가 구분된다고 하겠다.

  '스켑시스'(각종 납세 부담의 부당성 호소와 그 재조정을 위한 절차)와 '안티도시스'(재산교환 소송)는 개인과 국가 사이에 일어나는 것으로 당연히 공적인 비중의 송사라고 하겠다. 그러나 부모 학대나 후견인에 의한 고아 학대, 무남상속녀의 거취문제 등은 가사(家事)이지만 거기에 각별한 비중을 부여하여 사회적 범죄로 다룬다. 반면 사적인 분쟁은 상호 간 권리의 유무 혹은 그 많고 적음을 다투는 것으로 범죄와 무관하게 이루어질 수 있지만, 범죄의 차원으로 다루어지기도 한다. 이것은 사안의 성격에 달렸다기보다 기소하는 개인의 의지와 선택에 달려 있는 바가 크다고 하겠다. 다음에 소개하는 몇 가지 기소 절차는 개인적 혹은 사회적인 것을 막론하고 이른바 민사 쟁송이 아니라 이른바 형사범(egklimatos)에 대한 것이다.

(1) 아파고게, 엔데익시스, 에페게시스

고대 그리스 송사(訟事)의 개인적 성격이 가장 잘 드러나는 것이 '아파고게'(apagoge, 강제 구인), '엔데익시스'(endeixis, 제보), '에페게시스'(ephegesis, 현장 혹은 범인 적시) 등 세 가지 기소절차이다. 이 세 가지는 모두 피고에 대한 소환절차(proklesis) 없이 바로 혐의자를 구인(拘引) 혹은 체포하게 된다. 이 용어들은 특별한 절차에 관련되어서만 아니라 얼마든지 다른 상황에도 일반적으로 쓰일 수 있는 것이다. 그러나 여기서는 개인에 의한 구인이나 제보가 발단이 되어 나라의 관리가 사건을 처리하게 되는 것을 다룬다.

데모스테네스31에는 '도시를 배반하거나 민주정체를 해체하거나, 혹은 나라의 재산을 이용하는 사람이나 보증인이나 수세인이 세금을 나라에 납부하지 않는 경우를 제외하고는, 같은 세금을 내는 동일한 계층의 세 사람을 보증으로 앉힌 아테나이인을 절대로 구금하지 않겠다'는 맹세의 법조문이 소개된다. 이 변론문의 화자는 이 맹세는 원래 의회에서 일을 하는 정치가 · 변론가(synistamenoi hoi rhetores) 들이 마음대로 시민을 구금 하지 못하도록 솔론이 정한 법으로, 재판소에 적용되는 맹세가 아니라고 함으로써 상대의 주장에 응수한다. 그래서 아파고게와 엔데익시스를 통 하여 개인이나 나라의 관리가 사람을 구금하는 것은 불법이 아니라는 것 이다.

구인의 정당성에 대해 화자가 이런 주장을 펴는 것 자체가 어떤 경우에 나 구인의 합법성이 문제가 될 수 있었음을 보여주는 것이다. 일정한 범 죄의 경우 구인의 절차가 가능했다 하더라도 이것은 위험부담이 적지 않 아서, 특히 사적으로 구인하여 나라의 관리에게 인도하는 경우에 그 행위 자는 나중에 행위의 정당성에 대해 5분의 1의 지지표도 얻지 못할 경우 1 천 드라크메의 벌금을 물게 되어 있었다.

아파고게와 엔데익시스는 서로 밀접하게 연관된 것으로 나타난다. 가 끔 이 두 가지 절차가 나란히 언급된다. 32 이뿐만 아니라 리시아스의 〈아

---

31 Demosthenes, 24. 144~147.
32 Platon, *Apologia*, 32b; Andokides, 1. 91; Demosthenes, 20. 156; 24. 146; 58. 11; Hypereides, 3(*kata Athenogenous*), 29; Aristoteles, *Athenaion Politeia*, 29. 4.

고라토스의 고발 행위를 비난하여〉는 아파고게를 다룬 것이다. 아고라토스는 비천한 출신으로 완전한 참정권을 갖지 못한 사람이었는데, 기원전 4세기 말 30인 참주정 시기에 희생당한 디오니소도로스의 죽음에 연루된 살해자로 아파고게(구인, 拘引)의 절차로 기소되었다. 아파고게의 형식적 원고는 살해된 디오니소도로스의 형제 디오니시오스였다. 아파고게의 절차에 대한 변론문의 제목이 '엔데익시스'(제보, 提報)로 되어 있는 것은 이 두 개 절차가 별개로 분리하기 어려운 사정을 반영하는 것이라 하겠다.

변론문 안에는 "이 '아파고게'를 인정한 '11인 위원'(사건을 담당하는 주무자들)들이 아주 적절하게도 아파고게 관련 서류를 가져온 디오니시오스에게 '현장범'(ep' autophoro)이라는 표현을 넣도록 조언하였다"라는 표현이 나온다. 그리고 화자는 이때 현장범이라는 것은 행동하는 순간의 현장범을 말하는 것이 아니라 주된 책임이 있는 것을 뜻하는 것이라고 해석한다. 이해 당사자가 혐의자를 구인하는 경우에도 담당관리가 이것을 받아들이자면 그에 합당한 정보제공(엔데익시스)이 수반되어야 한다는 점에서 이 두 가지 용어가 같은 사건에 대해 쓰이고 있음을 이해할 수 있다. 다만 이때 관리가 아파고게를 수용하는 과정은 정식으로 이루어지는 담당관리의 '예비판정'(아나크리시스)보다 더 신속하게 약식으로 이루어지는 것이라 하겠다. 그리고 그 구인에 대한 책임은 담당관리가 아니라 구인을 한 개인에게 돌아간다.

만일 개인이 구인하지 않고, 담당관리에게 정보만 제공하고 관리가 구인하는 경우라면 이것은 개인에 의한 무리한 아파고게(구인)의 형식을 빌리지 않는 것이므로 '엔데익시스(제보)' 절차를 통한 것이 된다.

① 아파고게(강제 구인)

아파고게33는 원고가 범죄자를 담당관리 앞으로 강제로 구인해 와서 그를 구속하도록(eis desmoterion) 하는 것이다. 그런데 사후 이런 행위의 정당성에 대해 5분의 1의 지지표도 얻지 못하면 1천 드라크메의 벌금을 문다.34 아파고게는 주로 절도범, 옷 도둑, 인신예속범, 강도, 소매치기 등의 파렴치범(kakourgoi)35이나, 금지된 장소에 나타난 살인범, 그리고 부모학대죄나 군역기피죄로 일정한 장소에 출입이 금지된 사람이 금기를 어겼을 때 이들을 강제 구인하는 경우 등이 있다.

살인죄가 있어 출입이 금지된 장소에서 죄인을 발견한 경우 원고는 그를 그 자리에서 죽이거나 강제 구인(apagein) 할 수 있으나 고문하거나 벌금을 강제할 수는 없다.36 강제 구인의 경우 구인된 살인자가 유죄가 되면 사형에 처해지나, 그렇지 않고 원고가 5분의 1의 지지표도 얻지 못하면 1천 드라크메의 벌금을 문다.37 반면, 부모학대죄나 군역기피죄로 금지된 장소에서 강제 구인된 사람은 판결에 따라 마땅한 벌을 받고 벌금형을 받으면 그것을 낼 때까지 구금당한다.38

그 외에도, 리시아스에는 기원전 4세기 말 아테나이 30인 참주정 시기

---

33 Cf. Lysias, 10. 10; 13. 85~86; Antiphon, 5. 9; Andokides, 4. 18; Isokrates, 15. 90; Demosthenes, XXIII, 28; Aistoteles, *Athenaion Politeia*, LII, 1; Suda/ Hesichios, s. v. *apagoge*; Bekker, *Anecdota Graeka*, I, Lexika Segueriana, p. 200, 25ff; p. 414, 19~22.

34 Demosthenes, 22. 26.

35 Aristoteles, *Athenaion Politeia*, 52. 1; Antiphon, 5. 9; Andokides, 4. 18; Lysias, 10. 10; Isokrates, 15. 90.

36 Demosthenes, 23. 28.

37 Demosthenes, 23. 80.

38 Demosthenes, 24. 105.

에 정치적 음모에 말려 살해된 사람의 형제가 살인 혐의자를 강제 구인하는 예가 나온다.[39] 데모스테네스[40]에는 테오크리네스가 상거래 문제로 배를 가진 미콘을 '파시스'[41]로 기소했다가 예비판정(anakrisis)을 거친 후 소송을 포기하였다. 테오크리네스같이 마땅한 근거도 없이 다른 사람의 명예를 훼손하는 사람들(sykophantountes)은 1천 드라크메의 벌금뿐만 아니라 아파고게나 엔데익시스의 대상이 된다.

② 엔데익시스(제보)

엔데익시스는 개인이 혐의자를 강제구인하지 않고 바로 관리에게 고발·제보하는 것이다.[42] 엔데익시스의 예로는 국가에 채무를 지고 있는 사실에 대한 제보가 있고,[43] 또 안도키데스가 밀의를 흉내 낸 사건에 대한 고발이 있다.[44] 살인사건 재판에 회부되어 추방 혹은 망명한 사람이 금지된 장소에 나타났을 때 그에 대한 제보도 이루어진다. 또 앞의 아파고게에서 소개한 것으로, 데모스테네스[45]에 나오는 테오크리네스같이 상거래 문제로 상대를 '파시스'[46]로 기소했다가 소송 진행 중에 포기하면 명예훼손죄로 1천 드라크메의 벌금뿐 아니라 아파고게나 엔데익시스의 대상이 된다.

---

39 Lysias, 13. 85~86.
40 Demosthenes, 58. 10~11.
41 이 책 278~280쪽 '파시스' 항목 참조.
42 Lysias, 6. 15; Andokides, 1. 33; Demosthenes, 20. 156; 50. 49; Aristoteles, *Athenaion Politeia*, 63. 3; Polydeukes, 8. 50; Harpokration(Suda), s. v. *endeixis*.
43 Demosthenes, 25; 26; 58. 14.
44 Andokides, 1. 71; cf. Lysias, 6. 9; 24.
45 Demosthenes, 58. 10~11.
46 이 책 278~280쪽 '파시스' 항목 참조.

한편, 데모스테네스[47]에 인용되는 법에는 추방된 자가 금지된 장소에 있었음을 증명 (*endeiknymi*) 하는 사람은 〔그 사람을 살해한 경우에도〕 살인 사건 재판에 회부되지 않는다고 한다. 이때 동사 '증명하다' (*endeiknymi*) 란 살해의 정당성에 대한 정보를 제공한다는 의미이다. 여기서 '증명'을 하는 사람은 추방된 자가 금지된 장소에 나타난 사실을 담당관 앞에서 '증명'하기도 전에 이미 금기를 어긴 그 사람을 살해했음을 알 수 있다. 이 경우에는 살해 사건이 있은 다음에 살해의 정당한 근거로서 엔데익시스(증명)의 절차가 이루어지는 것이다.

데모스테네스의 한 변론문에서 화자인 에피카레스는 국가에 대한 채무를 갚지 못해 완전한 시민권을 행사하지 못했으므로 상대를 직접 기소하지 못하고 엔데익시스의 절차로 국가 관리를 통해 기소했다. [48]

③ 에페게시스(현장 혹은 범인 적시)

에페게시스[49]는 관리를 범죄자가 있는 곳으로 직접 안내해 오는 것이다. 개인이 힘이 강하면 직접 범죄자를 구인(아파고게) 하여 관리 앞으로 데리고 오지만, 이런 강제 행위는 나중에 5분의 1의 지지표도 얻지 못할 때는 1천 드라크메의 벌금을 물어야 한다. 그런데 힘이 약하여 겁이 날 때는 관리를 현장으로 데리고 가는 것이라고 한다. [50] 이것은 제보자 개인에게 돌아오는 위험부담이 강제 구인의 경우보다 적은 것으로 생각할 수 있다.

---

47 Demosthenes, 23. 51.
48 Demosthenes, 58. 6.
49 Demosthenes, 20. 26; 26. 9; Polydeukes, 8. 50; Suda, s. v. *ephegesis*; Bekker, *Anecdota Graeka*, I, *Lexika Segueriana*, p. 312, 31ff.
50 Demosthenes, 22. 26.

리시아스의 변론51에 나오는, 성(聖) 올리브나무 관련 사건에서 에페게시스라는 말은 쓰이지 않지만 그런 절차와 관련되었을 가능성이 있다. 성(聖) 올리브나무는 파내버리지 못하도록 되어 있었는데 파내버렸다는 혐의를 받는 화자가, 증인도 없이 그런 주장을 하는 원고에 대해, 그런 사건을 관장하는 9인 아르콘이나 아레오파고스 의원들을 데리고 와서 현장을 보여주었더라면 다른 증인이 필요 없었을 것이라고 말하고 있다.

(2) 파시스

파시스(phasis)는 그라페와 같이 이미 법률에 규정하고 있는 위법사안에 관한 고발 절차이다. 여기에는 공사의 범죄가 모두 포함되지만, 공적인 범죄는 특히 재물에 관련된 사안이 많다. 고발은 민회나 의회가 아니라 주로 아르콘 앞으로 이루어진다.

파시스와 관련하여 기소를 했다가 5분의 1의 지지도 얻지 못하여 벌금을 문 사례가 드물게 언급되기도 하지만,52 대개는 이 경우 그런 벌금에 대한 언급이 없다. 파시스에도 무고에 대한 규제가 적용되었겠지만, 무고로 직접 처벌된 예는 많지 않다. 그 이유는 파시스가 주로 재물에 관련되므로 구체적 물증이 있는 경우가 많은 만큼, 원고 측이 5분의 1의 지지표도 얻지 못하여 무고로 몰리는 경우가 적었기 때문일 수 있다. 또한 재판소에 회부되기 전에 아르콘이 혐의의 가능성을 미리 검토하는 여과장치가 있었기 때문이라고도 하겠다.53

---

51 Lysias, 7. 22.
52 Demosthenes, 58. 6.
53 아르콘이 원고의 주장이 근거가 약하다고 보아 사건을 재판소로 넘기지 않고 기각하는 경우에도 원고가 벌금을 물었을 가능성에 대해서는 Demosthenes, 58 참조.

파시스에 대한 구체적 설명에는 다음과 같은 사료가 있다.

이것은 공공범죄의 여부(*epi dimosiou egklimatos*)에 관련된 것이다. 어떤 공공의 것을 가지고 세금을 거두어들이지 않은 사람을 고발하는 것이다. 또 고아의 집에 관련한 것(*epi ton orphanidon oikon*)도 있다. 피후견인의 집을 관리하는 사람이 임대료를 거두지 않았을 때, 원하는 사람이 그를 아르콘 앞으로 고발하여 임대하게 한다. 또 시가보다 싼 값으로 임대한 것도 파시스로 고소한다〔Harpokration (Suda) s. v. *phasis*〕.

파시스란 광맥에 대해 부정을 하거나, 교역, 납세 등에서 속이거나, 공공이익을 저버리거나, 험담을 하거나, 고아를 학대하거나 할 때, 고발하는 것(*phainein*)이다(Polydeukes, 8. 47).

공적 범죄와 사적 범죄에 관련된다. 공공의 재산을 가지고 있는 자가 그것을 임대하지 않거나, 교역을 하면서 아테나이가 아닌 다른 곳으로 수입을 하는 자가 있으면 이는 공적인 범죄가 된다. 후견인이 고아의 집을 임대하지 않으면 민사 죄가 된다(Bekker, *Anecdota Graeka*, I, *Lexika Segueriana*, p. 313, 20~25, *phainein*).

광맥을 파는 사람들을 비난할 때나, 마을이나 집, 공익을 해치거나, 고아의 집을 임대하지 않은 후견인을 비난할 때는 아르콘 앞으로 고발한다(Bekker, *Anecdota Graeka*, I, *Lexika Segueriana*, p. 315, 16~19, *phasis*).

'probole'는 명백한 부정에 대해서, 'phasis'는 은밀한 부정에 대해 고발하는 것이다. 카이킬리오스에 따르면, 공공의 광맥을 파는 사람이나 전반적으로 공공재산을 훔치는 자에 대한 고발이다. 그래서 상거래 고발이라고 불린다 (*Lexicon Cantabrigiense*, s. v. *probole*).

공공의 광맥을 파는 사람이나, 마을, 집, 다른 어떤 공공의 것을 해치는 사람에 관한 것이다. 또 고아의 후견인이 고아의 집을 적절하게 임대하지 못했을 때 아르콘 앞으로 고발하는 것이다(Photios(Suda), s. v. *phasis*).

(3) 에피스켑시스

에피스켑시스(*episkepsis*)에 관해 많은 정보가 전해지지는 않으나 위증 소송을 처음으로 만든 사람은 카론이었던 것으로 전해진다.[54] 아테나이에서도 이와 유사한 위증소송(*dike Pseudomartyrion*)이 있었다.

(4) 스켑시스와 안티도시스

스켑시스(*skepsis*)와 안티도시스(*antidosis*)는 아테나이에서 볼 수 있다. 국가에 대한 의무를 배당받은 사람이 부당함을 호소하고 재고(再考)를 청하는 절차가 스켑시스[55]이다. 자신보다 부유하면서 국가의 부담을 지지 않는 사람을 발견하면 자신의 것을 그에게 전가할 수 있다. 만일 상대가 거부하면 소송이 일게 된다. 타협이 되지 않으면 상대는 원고와 재산을 교환(*antidosis*)[56]한 후 국가의 의무를 부담해야 한다.

---

54 Aristoteles, *Politika*, 1274b 6~8.
55 Cf. Aristoteles, *Athenaion Politeia*, 56. 3.
56 Cf. Lysias, 4; Isokrates, 15; Demosthenes, 20. 40; 42. 18~19; 27.

3. 소송 억제 장치: 벌금제도

그리스 사법의 특징으로, 소송의 남발을 방지하기 위해 원고가 5분의 1의 지지도 얻지 못했을 때는 벌금을 무는 규정이 흔하다. 사적 소송의 경우에는 원고의 위험부담이 더 크다. 반면 반역이나 반인륜 및 미풍양속의 침해 등 공적 소송 관련에서는 원고는 벌금을 물지 않고 소송을 제기할 수 있다.

사소(私訴)의 경우 벌금은 흔히 승소한 소송당사자가 가지게 되나 공적 범죄에 관한 소송에서는 원고나 피고가 무는 벌금은 국가가 취하거나 혹은 국가와 원고가 나누어서 취한다.

정해진 날까지 벌금을 갚지 못하면 그것은 두 배로 증가한다. [57] 그리고 한꺼번에 다 갚지 못하면 분납도 가능했다. [58]

1) 벌금이 국가로 들어가는 경우

하르포크라티온이 전하는 내용의 첫 번째 에이산겔리아는 큰 공적 범죄, 세금 미납, 그리고 성문법 규정에 없는 새로운 경우에 관한 것이다. 여기서 만일 피고가 1차 예심에서 무죄로 판정되고 또 원고가 (재판에서) 5분의 1의 지지표도 얻지 못하면, 그 원고는 1천 드라크메의 벌금을 문다. 데모스테네스의 다음 글에서도 원고가 지불하는 1천 드라크메의 벌금은 공공기관으로 들어간다고 한다.

---

57 Cf. Demosthenes, 25. 17; 58. 1.
58 Demosthenes, 25. 71.

법에 의거하여 기소(그라페)한 자가 기각되거나 재판정으로 넘어가 5분의 1의 지지표도 얻지 못하면, 1천 드라크메를 국가에 문다(Demosthenes, 21.47).

기소하여 5분의 1 표도 얻지 못하면 1천 드라크메의 벌금을 문다. 기소가 되지 않을 때도 … 1천 드라크메를 문다. 이것은 아무도 가볍게 무고하지 못하도록 하고 또 공연히 사리를 추구하고 국가(polis)를 해치는 일이 없도록 하기 위함이다(Demosthenes, 58.6).

2) 국가와 승소한 원고가 벌금을 나누어 취하는 경우

〈솔론법〉59에 따르면, 죽은 사람을 욕하지 못한다. 산 사람에 대해서는 신전, 재판소, 경기감독관에 대해 욕을 하지 못하도록 했다. 이것을 어기면 5드라크메의 벌금을 물리고, 그중 3드라크메는 피해 당사자에게, 2드라크메는 국고로 들어간다. 또 죽은 사람을 욕하여 그 아들이 들으면, 욕을 한 사람은 관청에 5백, 피해당사자에게 3백 드라크메의 벌금을 문다. 60 축출 소송(dike exoules)에서 다른 사람이 소유한 물건을 점유하여 유죄가 되면 두 배로 배상하고, 국가와 피해자 개인이 같이 배상금에 대한 권리를 갖는다.

한편, 어떤 '부정한 방법'으로 아테나이 시민인 여자와 사는 이방인 남

---

59 Plutarchos, *Solon*, 21. 1.
60 그런데 Hypereides(F. 100)에 따르면, 죽은 사람을 모독했을 때는 1천 드라크메, 산 자를 욕하면 5백 드라크메의 벌금을 물린다. 그래서 기원전 4세기 변론가들이 활동하던 시기에 벌금액은 그전보다 더 증가된 것으로 생각하기도 한다.

자는 노예로 팔리고 그 재산은 몰수당하며, 수익의 3분의 1이 고발인에게 돌아간다. 61 아테나이 시민인 남자와 사는 이방인 여자도 같은 벌을 받고, 남자는 1천 드라크메의 벌금을 물어야 한다. 그리고 또 이방인 여자를 '자기 가속'인 것처럼 속이고 남에게 준 남자는 불명예(*atimia*)에 처해지고, 그 재산은 몰수당하며, 3분의 1이 고발인에게 돌아간다. 62

데모스테네스에서는 파시스63와 관련하여 원고가 승소하면 유죄선고를 받은 피고의 몰수된 재산의 2분의 1을 받게 된다. 64

3) 승소한 피고가 벌금을 취하는 경우

개인에 대한 소송의 경우, 기소하여 바로 기각되거나 혹은 재판소로 사건이 넘어가서 원고가 5분의 1의 지지표도 얻지 못했을 때는 6분의 1벌금(에포벨리아)를 물게 되는데 이것은 대개 승소한 피고에게 돌아간다. 다음 예문은 원고가 판결에 의한 손해배상액뿐 아니라 6분의 1 벌금, 법정보증금(프리타네이아)까지 모두 차지함을 보여준다.

나는 판결에 의해 그에게 빚진 돈을 갚았는데, 여러 증인들 앞에서 패소한데 대해 1,100드라크메를 갚고, 그 6분의 1의 벌금으로 183드라크메 2오볼

---

61 Demosthenes, 59. 16.

62 Demosthenes, 59. 52.

63 세금 포탈 등 주로 금전문제에 관련된 특별기소 절차. 이 책 278~280쪽 '파시스' 항목 참조.

64 Demosthenes, 58. 13. Cf. 반면 사건이 기소되어 원고가 5분의 1표도 얻지 못하면 1천 드라크메의 벌금을 문다. 기소가 되지 않을 때도 … 1천 드라크메를 문다 (Demosthenes, 58. 6).

로스, 그리고 재판비용으로 30드라크메를 갚았습니다. 그래서 다른 벌금은 아무것도 빚진 것이 없습니다. 그는 은행에서 나로부터 1,313 드라크메 2 오볼로스를 가져가 놓고 … (Demosthenes, 47.64).

4) 승소한 원고가 벌금을 취하는 경우

사자(死者)의 직계비속(혹은 그렇다고 주장하는 사람)이 사자의 재산을 장악하려 할 때 방해를 받게 되면 진정(diamartyria)[65]을 한다. 이때 진정하는 사람의 상대인 권리주장자는 진정한 사람을 대상으로 위증소송(dike pseudomartyrion)을 걸 수 있다. 진정을 하려면 재산의 10분의 1에 해당되는 보증금(parakatabole)을 걸어야 하며, 만일 진정한 사람이 상대가 건 위증 소송에서 지면 이 돈은 상실한다.

5) 원고가 패소했을 때도 벌금이 없는 경우

다른 남녀 존속은 물론 부모는 늙어서 자식에게 부양받을 권한을 지닌다. 어기면 '조상에 대한 불경혐의'(graphe goneon kakoseos)로 문죄 당한다. 여기에는 육체적 폭력이나 사후 제사를 소홀히 한 것까지 다 들어간다. 당사자가 노인인 경우나 사후 제사에 관련해서는 제3자도 고발(graphe) 할 수 있다. 이 소송에서는 수석 아르콘이 사건의 유무죄를 조사(anakrisis)한다. 원고는 소송을 도중에 철회하거나 5분의 1의 지지표를 못 얻는 경우에도 벌금이 없다.[66] 더구나 물시계에 준한 변론시간 제한도 없다.

---

65 자신이 적법한 상속인이므로 타인이나 법정이 재산에 관여할 수 없음을 주장하는 것이다.

하르포크라티온이 전하는 두 번째 에이산겔리아67의 경우 사건은 (고아나 상속인 등에 관한) 부당한 행위에 대한 것으로 아르콘에게 제소된다. 이런 사건에서는 원고가 5분의 1의 지지표를 얻지 못해도 처벌받지 않는다.

4. 재판절차 선택의 자의성

같은 사건을 어떤 절차의 재판에 의뢰할지 결정하는 것은 담당관리가 아니라 주로 기소자의 선택에게 달려 있었던 것으로 보인다. 이것은 공적·사적인 성격을 막론하고 재판 자체가 흔히 개인의 발의에 의해 이루어지는 사실과도 상통한다. 앞에서 소개했듯이, 죄목과 절차의 선택에 따라 원고가 지는 위험부담과 피고가 처하는 상황이 달라지기 때문이다. 기소자는 될 수 있는 대로 자신에게 돌아오는 위험부담이 적은 기소 절차를 선택하는 경향이 있다. 그래서 혐의자는 가끔 해당 사건이 잘못된 재판절차에 회부되었다고 불평한다.

예를 들어 안도키데스(5. 9)의 〈헤로데스의 살인에 관하여〉에서 피고는 사건이 '살인사건 법정'(dike phonou)에 회부되어야 마땅하나 '악덕 행위자'(kakourgos)로 고발(endedeigmenos)되었다고 불평한다. 관련 사건은 법에서 악덕행위로 규정하는 절도나 옷 도둑질 같은 것과는 관련이 없다는 것이다. 악덕행위(kakourgema) 관련 절차는 원고가 혐의자를 직접 구인(拘引)할 수 있다. 그러나 '살인사건의 법정'에 기소되면 혐의자는 법에 따라 일정 장소에 출입을 금지당하는 상태(eirgesthai)에서 법정이 진행

---

66 Aristoteles, *Athenaion Politeia*, 59. 6.

67 이 책 258쪽 참조.

된다. 피고에 말에 의하면, 원고는 살인도 악덕행위의 하나라고 주장하고 있다. 그러나 피고는 신성모독이나 국가반역죄 같은 것도 악덕행위에 들어가지만 이런 사안들에 대한 재판절차는 이른바 법에 규정하는 악덕행위와 다른 절차에 의해 이루어진다고 반박한다. 상대를 살인혐의로 몰아서 '살인사건 재판'에 회부하기 위해서는 원고가 자신의 거짓이 드러나면 '자신과 친족과 집안이 저주받을 것'을 맹세해야 한다. 피고는 원고가 그런 위험부담을 피하기 위해서 '악덕행위'의 절차를 택한 것이라고 비난한다.

이사이오스(11. 29~35)의 〈하그니아스의 재산에 관하여〉에서 피고는 물려받은 유산의 반을 원고 측 고아에게 주기로 고아의 사망한 아버지와 한 약속을 어긴 죄로 기소되었다. 그런데 피고는 자신이 후견인으로 있는 고아를 위해 그 아버지와 한 약속을 저버렸다는 것은 구실에 불과하다고 주장한다. 사실은 자신의 재산을 탐하나 고아에게 상속권이 없으므로 고아를 핑계로 기소를 하였다는 것이다. 원고 측 고아의 아버지로 사망한 스트라토클레스와 피고 테오폼포스는 형제로 피상속인인 하그니아스 2세의 재종형제인데 이들 형제까지 우선상속범위에 들어가며 그다음에는 원고 측의 고아가 아니라 피상속인의 모계로 우선상속순위가 넘어가기 때문이다. 피고는 상속권이 없는 고아를 위해서 자신이 재산의 반을 준다는 약속을 고아의 아버지와 할 이유가 전혀 없다고 하며, 원고 측이 자신의 후견권을 빼앗고 재산을 탐하여 사실을 날조한 것이라고 주장한다. 이 사건의 핵심은 상속재산을 둘러싼 것이지만 고아 학대의 죄목이 이용되고 있음을 알 수 있다. 소기의 목적을 달성하기 위해서 여러 가지 구실이 형식적으로 이용될 수 있음을 보여준다.

리시아스 변론 원제목의 그리스어 표기

1. 변론

1. 〈에라토스테네스를 살해한 행위를 변호하여〉
   (*Hper tou Eratosthenous phonou apologia*)
2. 〈코린토스를 도우다 전사한 이들을 위한 장례추도사〉
   (*Epitaphios tois Korinthion Boethois*)
3. 〈시몬을 반박하는 변론〉(*Pros Simona Apologia*)
4. 〈계획적 상해에 대하여: 무명의 의뢰인과 소송상대인〉
   (*Peri traumatos ek pronoias hyper ou kai pros on* 〈*adelon*〉)
5. 〈신성모독죄 혐의를 쓴 칼리아스를 변호하여〉
   (*Hyper Kalliou hyerosylias apologia*)
6. 〈안도키데스의 불경죄를 비난하여〉(*Kat' Andokidou asebeias*)
7. 〈아레오파고스 재판소: 성역을 위한 변론〉
   (*Areopagitikos peri tou sekou apologia*)
8. 〈동아리 회원을 중상하는 데 대한 고발〉
   (*Kategoria aros tous synousiastas kalologion*)
9. 〈병사를 변호하여〉(*Hyper tou stratiotou*)

10. 〈테옴네스토스를 비난하여 1〉(*Kata Theomnestou* A)

11. 〈테옴네스토스를 비난하여 2〉(*Kata Theomnestou* B)

12. 〈30인에 속했던 에라토스테네스를 비난하여:
    리시아스 자신의 변론〉(*Kata Eratosthenous tou Genomenou
    ton Triakonta, on aoutos eipe Lysias*)

13. 〈아고라토스의 고발 행위를 비난하여〉(*Kata Agoratou Endeixeos*)

14. 〈알키비아데스의 탈영을 비난하여〉(*Kata Alkibiadou Lipotaxiou*)

15. 〈알키비아데스의 군역회피를 비난하여〉
    (*Kata Alkibiadou astrateias*)

16. 〈의회 의원의 자격심사에 임한 만티테오스를 변호하여〉
    (*En Boulei Mantitheoi dokimazomenoi apologia*)

17. 〈에라톤의 재산을 옹호하고 몰수에 반대하여〉
    (*Peri ton Eratonos Chrematon, pros to Demosion*)

18. 〈니키아스의 형제의 재산몰수에 대한 맺음말〉
    (*Peri the Demeuseos 〈ton〉 tou Nikiou adelphou epilogos*)

19. 〈아리스토파네스의 재산에 대한 권리를 주장하고 그 몰수에
    반대하여〉(*Hyper ton Aristophanous Chrematon, pros to Demosion*)

20. 〈폴리스트라토스를 변호하여〉(*Hyper Polystratou*)

21. 〈특정되지 않은 뇌물 혐의에 대한 변호〉
    (*Apologia dorodokias aparasemos*)

22. 〈곡물상들을 비난하여〉(*Kata ton sytopolon*)

23. 〈플라타이아인이 아닌 사실에 관련하여 판클레온을 비난하여〉
    (*Kata Pankleonos hoti ouk en Plataieus*)

24. 〈무능력자를 위하여〉(*Hper tou adynatou*)

25. 〈민중해체 혐의에 대한 변호〉(*Demou katalyseos apologia*)

26. 〈에우안드로스의 자격심사에 대하여〉(*Peri the Euandros dokimasias*)

27. 〈에피크라테스와 그 동료 사신들을 비난하는 맺음말〉
    (*Kata Epikratous kai ton sympresbeuton epilogos hos Theodoros*)

28. 〈에르고클레스를 비난하는 맺음말〉(*Kata Erfokleous epilogos*)

29. 〈필로크라테스를 비난하는 맺음말〉(*Kata Philokratous epilogos*)

30. 〈니코마코스를 비난하여: 서기직 감사에 따른 고발〉
    (*Kata Nikomachou* 〔*Grammateos Euthynon kategoria*〕)

31. 〈자격심사에 임한 필론을 비난하여〉(*Kata Philonos dokimasias*)

32. 〈디오게이톤을 비난하여〉(*Kata Diogeitonos*)

33. 〈올림피아코스: 올림픽에 부치는 찬사〉(*Olympiakos*)

34. 〈아테나이의 전통적 정체의 해체에 반대하여〉
    (*Peri tou me katalysai ten patrion politeian Athenesi*)

2. 단편들

1. 〈소크라테스학파 아이스키네스의 빚에 대하여〉
   (*Pros Aischinen ton Sokratikon Chreos*)

2. 〈증인들〉(*Matryres*)

3. 〈아리스토파네스 재물의 몰수에 관해 아이스키네스를 비난하여〉
   (*Kat' Aischinou peri tes Demeuseos ton Aristophanous Chrematon*)

4. 〈아이스키네스의 횡포에 반대하여〉(*Pros Aischinen Blabes*)

5. 〈알렉시데모스에 반대하여〉(*Pros Alexidemon*)

6. 〈집안 문제 관련하여 알키비아데스에 반대하여〉
   (*Pros Alkibiaden peri oikias*)

7. 〈소(小) 알키비아데스에 반대하여〉(*Pros Alkibiaden hysteros*)

8. 〈알키비오스에 반대하여〉(*Pros Alkibion*)

9. 〈신부(新婦) 맞이 잔치에 대하여〉(*Peri ton Anakalypterion*)

10. 〈안도키데스 아포스타시우에 반대하여〉

   (*Pros Andokiden Apostasiou*)

11. 〈안드로티온을 비난하여〉(*Kat' Androtionos*)

12. 〈유산(流産)에 관해 안티게네스를 비난하여〉

   (*Kata Antigenous Ambloseos*)

13. 〈안티폰의 여식에 관한 재산교환 소송에 대하여〉

   (*Peri tes Antiphontos thygatros*)

14. 〈아폴로도로스를 비난하여〉(*Kata Apollodotou*)

15. 〈아레산드로스에 반대하여〉(*Pros Aresandron*)

16. 〈아리스타고라스의 고발을 비난하여〉(*Kat' Aristagorou endeixeos*)

17. 〈아리스토데모스의 고발에 대한 항의〉

   (*Pro ten Aristodemou graphen diamartyria*)

18. 〈계원(契員)의 보증에 관해 아리스토크라테스에 대하여〉

   (*Pros Aristokraten peri engyes eranou*)

19. 〈아리스톤의 태만을 비난하여〉(*Kata Aristonos argias*)

20. 〈이피크라테스의 뇌물에 관해 하르모디오스에 대하여〉

   (*Pros Armodion peri Iphikratous doreon*)

21. 〈아르케비아데스에 반대하여〉(*Pros Archebiaden*)

22. 〈아르키노스에 반대하여〉(*Pros Archinon*)

23. 〈책을 훔친 사실에 관해 아시온에 반대하여〉

   (*Pros Asiona peri ton biblion Klopes*)

24. 〈아스피도포이오스를 위하여〉(*Hyper tou Aspidopoiou*)

25. 〈가옥에 관련하여 아소포도로스에 반대하여〉

(Pros asopodoron peri oikias)

26. 〈아우토클레스를 비난하여〉(Kat’ Autokleous)

27. 〈아우토클레스의 간통을 비난하여〉(Kat’ Autokratous moicheias)

28. 〈아킬레이도스의 살인을 변호하여〉(Hyper Achilleidou phonou)

29. 〈바키오스와 피타고로스(피타고라스)를 위하여〉

    (Hyper Bakxiou kai Pythagorou)

30. 〈바트라코스의 살인을 변호하여〉(Hyper tou Batrachou phonou)

31. 〈보이온에 반대하여〉(Pros Boiona)

32. 〈보온의 자식들을 위한 후견인단에 반대하여〉

    (Pros tous epitroous ton Boonos paidon)

33. 〈디카이오게네스의 유산에 관해 글라우콘에 반대하여〉

    (Pros Glaukona peri tou Aikaiogenous Klerou)

34. 〈덱시오스 아포스타시우를 위하여〉(Hyper Dexiou Apostasiou)

35. 〈덱시포스를 비난하여〉(Kata Dexippou)

36. 〈데모스테네스의 후견인단을 비난하여〉

    (Kata Demosthenous epitropes)

37. 〈디오게네스의 유산에 대하여〉(Peri tou Diogenous Klerou)

38. 〈전원 토지에 관해 디오게네스에 반대하여〉

    (Pros Diogenen peri Choriou)

39. 〈가옥 임차에 관해 디오게네스에 반대하여〉

    (Pros Diogenen peri misthoseos oikou)

40. 〈디오도토스를 비난하여〉(Kata Diodotou)

41. 〈디오클레스의 횡포를 비난하여〉(Kata Dioleous hybreos)

42. 〈전원토지에 관해 디오판토스를 위하여〉

    (Hyper Diophanou peri choriou)

43. 〈디오카레스에 반대하여〉(*Pros Diochare*)

44. 〈디온에 반대하여〉(*Pros Diona*)

45. 〈보관함에 대하여〉(*Peri tes engythekes*)

46. 〈특별세 납부에 관하여〉(*Peri tes eisphoras*)

47. 〈에피게네스의 유언에 대하여〉(*Peri tes epigenous diathekes*)

48. 〈재산에 관해 에테오클레스에 반대하여〉
    (*Pros Eteoklea peri chrematon*)

49. 〈사적 시혜에 대하여〉(*Peri ton Idion eyergesion*)

50. 〈눈을 다친 아이를 위해서 에우티데모스에 반대하여〉
    (*Pros euthydemon hyper tou paidos tou diaphtharentoston ophthalmon*)

51. 〈에우티디코스를 비난하여〉(*Kat' Euthydikiou*)

52. 〈에우티노스를 위하여〉(*Hyper Euthynou*)

53. 〈에우티클레스의 토지 소개(疏開)를 비난하여〉
    (*Kat' Eukleous choriou Exoules*)

54. 〈에우크리토스의 항의에 찬성하여〉(*Hyper Eukritou diamartyria*)

55. 〈에우페이테스에 반대하여〉(*Pros Eupeithe*)

56. 〈헤게산드로스의 유산에 관하여〉(*Peri tou Hegesandrou Klerou*)

57. 〈후견의 종결에 관해 테오페이테스에 반대하여〉
    (*Pros Theopeithe epitropes epilogos*)

58. 〈테오폼포스의 악의를 비난하여〉(*Kata Theopompou aikias*)

59. 〈테오폼포스의 유산에 관하여〉(*Peri tou Theopompou klerou*)

60. 〈트라시불로스를 비난하여〉(*Kata Thrasyboulou*)

61. 〈히포테르세스에 반대하여〉(*Pros Hyppothersen*)

62. 〈히포크라테스의 자식들에 반대하여〉
    (*Pros tous Hippokratous paidas*)

63. 〈이소데모스에 반대하여〉(*Pros Isodemon*)

64. 〈이소크라테스의 악의에 반대하여〉(*Pros Isokraten aikias*)

65. 〈이피크라테스의 배반 혐의에 대한 변호〉

    (*Hyper Iphikratous prodosias apologia*)

66. 〈칼라이스크로스를 위하여〉(*Hyper Kallaischrou*)

67. 〈칼리오스의 고발을 비난하여〉(*Kata Kalliou Endeixeos*)

68. 〈칼리오스의 오만을 비난하여〉(*Kata Kalliou hybreos*)

69. 〈칼리오스를 위하여〉(*Hyper Kalliou*)

70. 〈칼리피데스에 반대하여〉(*Pros Kallippiden*)

71. 〈칼리파네스의 우정에 반대하여〉(*Pros Kalliphane xenias*)

72. 〈칼리폰을 비난하여〉(*Kata Kalliphontos*)

73. 〈키네시아스에 반대하고 파니오스의 범법행위를 변호하여〉

    (*Pros kenesian Hyper Phaniou paranomon*)

74. 〈키네시아스에 반대하여 B〉(*Pros Kinesian B*)

75. 〈클레이니아스의 항의에 반대하여〉(*Pros Kleinian Diamartyria*)

76. 〈클레오스트라토스에 반대하여〉(*Pros Kleostraton*)

77. 〈금제 세발솥에 관해 클레온에 반대하여〉

    (*Pros Kleona peri chrysou tripodos*)

78. 〈크테시아르코스를 위하여〉(*Hyper Ktesiarchou*)

79. 〈크테시폰을 비난하여〉(*Kata Ktesiphontos*)

80. 〈개의 변호에 관하여〉(*Peri tou kynos apologia*)

81. 〈라이스에 반대하여〉(*Pros Laida*)

82. 〈라크라테스에 반대하여〉(*Pros Lakraten*)

83. 〈렙티네스에 반대하여〉(*Pros Leptinen*)

84. 〈리시테오스의 고의 상해를 비난하여〉

(*Kata Lysitheou traumatos ek pronoias*)

85. 〈마카르타토스의 재물에 관련된 헤미클레리오스에 대하여〉

    (*Peri Hemikleriou ton Makartatou chrematon*)

86. 〈만티오스를 비난하여〉(*Kata Mantiou*)

87. 〈위증한 메돈에 반대하여〉(*Pros Medonta pseudomartyrion*)

88. 〈메익시데모스의 고발에 반대하여〉

    (*Pros ten Meixidemou graphe*)

89. 〈메네스트라토스에 반대하여〉(*Pros Menestraton*)

90. 〈미키노스의 살해를 비난하여〉(*Kata Mikinou phonou*)

91. 〈므네시마코스를 비난하여〉(*Pros Mnesimachon*)

92. 〈모스코스를 비난하여〉(*Kata Moschou*)

93. 〈주형(鑄型)에 관련된 나우시아스에 반대하여〉

    (*Pros Nausian peri tou typou*)

94. 〈네소클레스를 위하여〉(*Hyper Nesokleous*)

95. 〈피리연주가 니카르코스에 반대하여〉

    (*Pros Nikarchon ton Auleten*)

96. 〈보증금에 관해 니키아스에 반대하여〉

    (*Pros Nikian peri parakatathekes*)

97. 〈니키아스를 위하여〉(*Hyper Nikiou*)

98. 〈니코마케를 위하여〉(*Hyper Nikomaches*)

99. 〈크세노폰(혹은 크세노크라테스)에 반대하여〉

    〔*Pros Xenophonta* (*e Xenokraten*)〕

100. 〈오노마클레스의 딸에 대하여〉(*Peri tes onomakleous thygatros*)

101. 〈고아 집안에 관련된 파시스에 반대하여〉

    (*Pros ten Phasin tou orphanikou oikou*)

102. 〈판탈레온을 비난하여〉(*Kata Pantaleontos*)

103. 〈포세이디포스를 비난하여〉(*Kata Poseidippou*)

104. 〈소크라테스의 변호〉(*Sokratous apologia*)

105. 〈소크라테스를 위하고 폴리크라테스에 반대하여〉
(*Hyper Sokratous pros Polykraten*)

106. 〈소스트라토스의 횡포에 반대하여〉(*Pros Sostraton hybreos*)

107. 〈테이시스를 비난하여〉(*Kata Teisidos*)

108. 〈티몬에 반대하여〉(*Pros Timona*)

109. 〈티모니데스에 반대하여〉(*Pros Timoniden*)

110. 〈틀레폴레모스에 반대하여〉(*Pros Tlepolemon*)

111. 〈안드로클레이데스가 유증한 토지에 관해 페레니코스를 위하여〉
(*Hyper Pherenikou peri tou Androkleidou klerou*)

112. 〈필리포스의 후견(감독)을 비난하여〉(*Kata Philippou epitropes*)

113. 〈테오클레이도스의 살인과의 관련에서 필론에 대하여〉
(*Pros Philona hyper Theokleidou phonou*)

114. 〈필로니데스의 폭력을 비난하여〉(*Kata Philonidou biaion*)

115. 〈카이레스트라토스에 반대하여〉(*Pros Chairestraton*)

116. 〈키트리노스에 반대하여〉(*Pros Cytrinon*)

117. 〈무명의 피고〉(*Aparasema*)

118. 〈서신들의 단편〉(*Epistolai*)

119. 〈아시바로스에 반대하여〉(*Pros Asybaron*)

120. 〈메타네이라스에 반대하여〉(*Pros Metaneiran*)

121. 〈엠페도스를 비난하는 폴리크라테스에 반대하여〉
(*Pros Polykraten kat' Empedou*)

122. 〈무명인으로부터 온 서신〉(*Apo agnostes epistoles*)

리시아스의 생애와 작품

1. 리시아스의 생애

리시아스의 생애에 대한 정보는 많지 않다. 그의 전기에 관한 주요 정보는 디오니시오스 할리카르나소스와 위서-플루타르코스(Pseudo-Plutarchos)에게서, 자전적 기록은 자신의 작품인 〈자격심사에 임한 필론을 비난하여〉, 〈30인에 속했던 에라토스테네스를 비난하여〉, 〈코린토스를 도우다 전사한 이들을 위한 장례추도사〉에서 나온다. 이외에도 그에 대한 단편적 언급들이 플라톤, 데모스테네스, 키케론 등의 저술에 산재해 있다.

  리시아스는 아테나이에서 태어났던 것으로 추측되지만, 그 출생연대는 불확실하여 기원전 459년경 혹은 445년경이나 그 이후인 것으로 보는 등 견해가 다양하다. 그는 시라쿠사이 출신인 시켈로스 케팔로스의 아들이었는데, 케팔로스는 아들 리시아스가 태어나기 얼마 전에 친구였던 페리클레스의 권유로 아테나이로 와서 거주하게 된 거류외인(metoikos)이다. 플라톤의 《국가》 1권에는 케팔로스에 대한 칭찬이 언급되어 있다. 여기서 케팔로스는 소크라테스와 친분이 있는 것으로 묘사되며 소크라테스는 케팔로스에게 삶에 관한 조언을 구한다. 케팔로스는 시라쿠사이에서 운영하던 방패 제조산업을 페이라이에우스(아테나이의 외항)로 옮겨왔다. 이 공장에서는 많은 노동자들이 일했고 리시아스 가족에게 부를 가져다주었다. 리시아스의 형제로 폴레마르코스와 에우티데모스가 있었다. 이들도 플라톤의 《국가》에 언급되며, 전자는 활동적이었고 후자는 묵묵한 인물이었다.

리시아스의 출생 연대 추정은 불확실한 점이 있다. 위서-플루타르코스에 따르면 리시아스는 이탈리아 반도 남쪽에 있는 투리오이(이탈리아 남부)로 갔는데, 그때가 아테나이가 이곳에 식민지를 건설하던 해(기원전 444년)였던 것으로 전한다. 일설에 따르면, 리시아스가 투리오이로 건너간 것은 그의 부친이 죽은 기원전 429년경 이후라고 한다. 리시아스 자신이 〈30인에 속했던 에라토스테네스를 비난하여〉에서 "내 아버지 케팔로스는 페리클레스의 권유로 이 곳으로 와서 30년을 살았다"고 했으므로, 케팔로스가 페리클레스의 권유로 아테나이로 온 것은 기원전 459년경으로 추정한다. 또 안도키데스(〈알키비아데스를 비난하여〉. 4)에 따르면, 아테나이가 투리오이를 식민지로 만든 다음 사람들이 계속하여 그곳으로 이민을 갔다. 위서-플루타르코스가 전하는 정보를 받아들인다면, 리시아스는 기원전 459년에 태어났고, 투리오이로 간 것은 444년경이라고 추정할 수도 있겠다.

리시아스가 15세쯤 되었을 때, 그는 형제들과 함께 아테나이를 떠나 있었다. 이탈리아 남부에서 코라카스의 제자인 시라쿠시오스 테이시아스에게서 변론술을 배웠고, 아마도 변론가로서의 경력을 투리오이에서 시작했던 것으로 보인다. 투리오이에서는 정치적으로 친아테나이 노선에서 활약했으나, 시라쿠사이에서 아테나이 전함이 스파르타에게 패전했던 413년 이후 활동을 중단했다. 시켈리아 전역과 투리오이를 포함한 남부 이탈리아에서 리시아스를 포함한 많은 이들이 친아티카 노선에 섰던 것 때문에 비난을 받았고, 이 때문에 리시아스는 투리오이를 떠나 아테나이로 오게 되었다. 아테나이에서는 부친이 물려준 사업체에서 들어오는 수입으로 리시아스의 생활은 궁핍하지 않았으며, 동시에 교사, 변론작가로서도 활동했다.

형제 가운데 에우티데모스는 일찍 죽었고, 남은 형제 폴레마르코스와 함께 리시아스는 그들의 아버지처럼 '동일세 납부자'(isoteles)의 자격으로 아테나이에 거주했다. 동일세 납부자란 아테나이 도시에 특별히 봉사한 거류외인에게 부여되는 특권으로, 통상 거류외인이 부담해야 하는 거류외인세를 면제받아서 시민에 준하며, 정치적 참정권은 없으나 각종 사회적 특권을 누렸다. 그래서 리시아스는 아테나이 시민과 유사한 지위에서 살았으며 도시를 위해 각종 기부금을 부담하기도 했다.

아테나이가 펠로폰네소스전쟁(기원전 429~404년)에서 마침내 패배하고 30인 참주정이 수립되었을 때 리시아스에게 시련이 닥쳤다. 30인은 리시아스의 재산을 노려 그의 재물과 집을 몰수해 갔다.[1] 리시아스의 형제 폴레마르코스는 재판도 없이 사약을 받고 죽었다.[2] 리시

---

1   Lysias, 12. 19~20.
2   Lysias, 12(30인에 속했던 에라토스테네스를 비난하여). 5~22.

아스도 체포되었으나 어렵사리 도망쳐서3 메가라로 피신한 다음 거기서 아테나이의 민주정 회복을 도모했다. 트라시불로스의 지휘하에 아테나이에서 추방된 사람들이 합세하여 페이라이에우스를 함락할 때 리시아스도 적극적으로 도왔다. 기원전 403년 가을 아테나이에 민주정이 회복되었을 때 리시아스는 다시 아테나이로 들어왔다. 리시아스의 공로를 기려서 트라시불로스는 아테나이 시민권을 주자고 제안하기도 했다. 이런 제안은 의회에서 이루어진 다음 민회에서 최종 비준되어야 하는 것이었다. 그러나 변론가 아르키노스의 반대로 이 제안은 무산되고 리시아스는 영영 아테나이 시민권을 얻지 못했다.

기원전 403년 이후 리시아스는 주로 변론작가로서 활동했다. 이것은 소송 당사자들이 재판소에서 하고 싶은 주장을 대필하는 것이었다. 이것은 30인 참주정하에서 재산을 몰수당하여 경제적 타격을 받아서 시작한 일이었다. 또한 수사학 교습도 그만두게 되었다. 플라톤의 〈파이드로스〉(266e)에 전하는 바에 따르면, 테오도로스 비잔티오스가 이 분야에서 그를 능가했다고 전한다.

변론작가로서 성공한 리시아스는 상당한 수입을 올렸던 것으로 전한다. 확실하게 그 자신이 재판소에서 한 변론으로 알려진 것은 〈30인에 속했던 에라토스테네스를 비난하여〉이다. 여기에는 그 자신의 자전적 정보와 함께 당시 아테나이의 정치적 상황이 기록되어 있으며, 그는 이 변론으로 명성을 얻었다.

변론문 〈네아이라를 비난하여〉는 현재 데모스테네스가 작자로 전

---

3 Lysias, 12. 15~17.

해지나 실제로 그가 썼는지 의혹이 제기되는 작품이다. 이 글에서 리시아스는 코린토스의 예속 창녀 메타네이라와 관계를 가졌던 것으로 언급된다. 리시아스는 브라킬로스의 사위의 딸과 혼인을 맺었으나, 한동안 메타네이라와도 관계를 가졌으며, 그 시기는 기원전 403년 이전으로 추측된다. 그의 출생연도가 모호한 것과 마찬가지로 그의 사망 시기도 확실하지는 않으나 기원전 380년경으로 추정된다. 4

2. 리시아스의 작품

리시아스의 많은 작품 가운데 오늘날 전하는 것은 소수에 불과하다. 420개 변론문이 있었다고 하나, 그중 실제 그의 작품은 233개로 간주된다(cf. Dionysios, Kaikilios). 또 그 가운데서 34개 변론문이 오늘까지 전해지는데, 그중에는 변론의 일부만 남아 전해지는 것도 있다.

리시아스는 투리오이에서 변론에 종사하기 시작하여 그 후 아테나이로 건너온 다음에도 변론교사, 이어서 변론작가로서 일했다. 그가 남긴 작품은 축사(기념사)와 재판 변론문이다.

축사로서 〈올림피아코스〉(올림픽에 부치는 찬사)는 올림픽 축제 즈음에 발표된 축사로서 그 서두만 남아 전해지는데, 이 글에서 리시아스는 시라쿠사이의 디오니시오스 참주정이 전복되길 기원한다. 〈코

---

4 리시아스는 83세, 70세, 혹은 80세가 넘어서 죽었던 것으로 각기 다르게 전한다.
   Cf. Pseudo-Plutarchos, 836a.

린토스를 도우다 전사한 이들을 위한 장례추도사〉는 코린토스전쟁(기원전 395~386년)에서 전사한 사람들을 위한 기념사로서 이때 아테나이, 코린토스, 테바이, 아르고스가 연합하여 라케다이몬과 싸웠다.

　나머지 리시아스의 작품은 거의 재판소 변론문들이고, 그것도 대개 기원전 403년 30인 참주정이 해체되고 난 후에 쓰였다. 블라스(F. Blass)는 이 변론문들을 내용에 따라 다음과 같이 크게 4가지로 구분한다. 5

1) 정치적 문제를 다룬 글

〈아테나이의 전통적 정체의 해체에 반대하여〉는 포르미시오스 조령에 반대하는 정치가를 위해 쓰였다. 〈에피크라테스와 그 동료 사신들을 비난하는 맺음말〉은 공기금 횡령 문제, 〈에르고클레스를 비난하는 맺음말〉은 원정 시 권력 남용 문제, 〈필로크라테스를 비난하는 맺음말〉은 뇌물과 부정축재 문제, 〈니코마코스를 비난하여〉는 부패, 입법절차의 정도를 어기고 현행법을 위반한 문제, 〈곡물상들을 비난하여〉는 곡물상들의 불법적 이윤추구 문제를 다루었다. 〈에우안드로스의 자격심사에 대하여〉는 수석 아르콘(장관) 에우안드로스를 비판했고, 〈자격심사에 임한 필론을 비난하여〉는 의회 의원이 되기 위해 자격심사에 임한 필론의 부적절한 행동을 지적했으며, 〈알키비아데스의 탈영을 비난하여〉에서는 알키비아데스(유명한 정치가

5　F. Blass, *Die attische Beredsamkeit* (Leipzig, 1868: 2nd ed. 1887), vol. 1.

알키비아데스의 아들)가 불법으로 중무장보병에서 기병으로 전역한 사실을 비난했고, 〈알키비아데스의 군역회피를 비난하여〉는 바로 앞의 사건과 관련된 3조의 비난 글이다.

2) 공공 현안에 대한 변호의 글

〈특정되지 않은 뇌물 혐의에 대한 변호〉는 공공기금을 남용한 혐의에 대한 변호이며, 〈폴리스트라토스를 변호하여〉는 민주정체 전복시도 혐의에 대한 변명이다. 후자는 확실히 리시아스의 작품이 아니라는 증거가 있는 것으로 간주된다. 〈민중해체 혐의에 대한 변호〉는 30인 참주들을 지지했다는 한 시민에 대한 혐의를 부정하는 변명이다. 〈의회 의원의 자격심사에 임한 만티테오스를 변호하여〉는 의회 의원 후보자 만티테오스가 30인 참주정에 협조했다는 혐의를 반박하는 변명의 글, 〈니키아스의 형제의 재산몰수에 대한 맺음말〉은 니키아스 장군의 형제인 에우크라테스의 재산경매에 관한 글, 〈아리스토파네스의 재산에 대한 권리를 주장하고 그 몰수에 반대하여〉는 아리스토파네스의 재산경매에 관한 글인데, 그는 도시로 하여금 원정을 부추겨서 마침내 실패에 이르게 한 혐의로 사형에 처해졌다.

3) 정치적 문제에 대한 개인의 변(辯)

〈30인에 속했던 에라토스테네스를 비난하여〉는 리시아스의 사적 문제를 다룬 글로 재판소에서 스스로 행한 변론이다. 기원전 5세기 말 잠시 수립된 30인 참주정에 대한 정보를 함축하고 있으며 리시아스의 작품 중에서 가장 훌륭하고 중요한 작품으로 평가받는다. 〈아고라토스의 고발 행위를 비난하여〉에서는 대대장 디오니소도로스에 대한 음해 공작에 가담한 혐의를 받는 아고라토스를 변호하였고, 〈안도키데스의 불경죄를 비난하여〉에서는 비의(秘儀)의 신성모독죄에 연루된 변론가 안도키데스를 비난하였다. 한편, 리시아스의 비난에 대응하여 안도키데스가 쓴 글인 〈비의에 관하여〉가 남아 전해진다.

4) 기타 개인적 문제

〈에라토스테네스를 살해한 행위를 변호하여〉는 간음한 자를 살해한 사건을, 〈시몬을 반박하는 변론〉은 사랑의 질투로 저지른 잘못을 다룬다. 〈계획적 상해에 대하여〉도 이와 유사한 사례이며, 〈신성모독죄 혐의를 쓴 칼리아스를 변호하여〉는 신전모독 혐의에 대한 반론이다. 〈아레오파고스 재판소〉는 공공의 땅에 심은 무화과나무를 훼손한 죄에 대해 아레오파고스 재판소에서 이뤄진 변론이다. 〈병사를 변호하여〉는 장관들에 대한 모욕죄 혐의를 부정하는 글, 〈테옴네스토스를 비난하여〉 1, 2는 험담을 통한 명예훼손 행위를 비난한 글이다. 〈디오게이톤을 비난하여〉는 수가 부족한 고아 후견인 실태를 다루었으며, 〈플라타이아인이 아닌 사실에 관련하여 판클레온을 비난하여〉는 거류외인 판클레온을 재판한 재판소의 권한을 검토했다. 〈무능력자를 위하여〉는 그 관련인에게 가해진, 빈궁한 자로서 공공기금의 혜택을 받을 자격이 없다는 비난을 반박하는 것이다.

이상 4가지 분류에 들어가지 않는 글, 혹은 단편들이 다음과 같이 전해진다.

5) 험담한 친구들에 대한 비난

이 글은 예외적으로 친구들 앞에서 행해진 변론으로서 더 이상 친구들 집단에 함께 소속되지 않겠다는 취지의 글이다.

6) 리시아스의 서신과 논술(교재)들의 단편들

리시아스가 쓴 서신은 사적 성격을 지녔으며 주로 메타네이라에 관한 내용이 많다. 그리고 〈변론술〉과 〈준비〉 등 교재도 있다. 이런 논술들은 리시아스가 체득한 변론의 이론과 기술을 교습하기 위한 것이다. 리시아스가 썼다고 알려진 〈소크라테스의 변명〉은 변론가이자 소피스트인 폴리크라테스의 〈소크라테스에 대한 비난〉을 재구성한 것이다. 폴리크라테스는 소크라테스의 가르침에 비판적이었고 그것이 초래할 정치적 부작용을 염려했다. 지금은 전하지 않는 리시아스의 논술인 〈자신의 공적에 관하여〉는 자신의 자전적 정보를 담고 있다.

3. 리시아스 작품의 특징과 의미

리시아스의 작품에 대한 주요 평가는 디오니시오스 할리카르나소스로부터 나온다. 그에 따르면 리시아스의 글은 언어적으로 단순하다. 다른 방언이 없이 순수 아티카어로 구사되었고, 다양한 단어를 사용하지만 표현이 명백하다. 문단은 짧고 이해하기 쉽다. 기념사에서는 더 시적이고 다양한 용어들을 사용하여 생동감 있고 극적인 효과를 구사한다. 인간의 특성에 대한 자신의 이해를 이용하여 사건과 자연성을 아울러 용해하며, 자신의 가치관을 투영함으로써 자신이 목적하는 바를 표현한다. 리시아스가 놀라울 만큼 간결한 문체로써 의미를 전달하는 기교가 투키디데스와 같은 수준이라고 많은 학자들이 인정하고 있다. 또 넘침도 모자람도 없이 수수하고 간결한 문체가 크세노폰과 비교할 만하다고 평가되기도 한다.

리시아스의 변론문의 구조와 연결방식은 다양하다. 서언 격인 도입부에서는 강력하게 재판관들의 주의를 모으면서 화자의 인격을 긍정적으로, 반대편을 부정적으로 소개하거나 현안의 문제점에 대해 소개하면서 재판관들의 동정을 구하는 전략을 구사한다. 이어서 본론에서는 사건의 개요를 명확하고 사실적으로 소개하며, 사건의 설명과 그에 대한 증거를 제시한다. 동시에 실제와 감정을 잘 엮어서 호감을 사도록 한다.

디오니시오스에 따르면, 리시아스의 변론 중에서 증거 제시 과정은 구조적으로 무질서한 면이 보인다. 이런 무질서는 이소크라테스의 방법론과 대조적이며, 재판관을 설득하는 목적을 달성하는 데 장점으로 작용한다. 서투른 화법은 거짓말을 덜 하는 것처럼 보이는 경향이 있기 때문이다. 이런 점이 리시아스가 변론문을 써준 소송당사자가 번번이 승소한 이유를 해명하는 것이라고도 할 수 있다. 결론 부분에서도 리시아스는 자만의 말을 쓰지 않고 겸손한 어투로 재판관들의 호감을 얻는다.

한편, 리시아스 변론의 단점은 과장이나 감성적 접근이 부족하다는 점일 것이다. 이런 특징은 교육수준이 높은 사람이 아니라 보통 사람들을 주로 상대하고 또 구체적인 사건의 성격을 고려한 데 연유한 것으로 볼 수 있다. 리시아스의 변론에는 재판소에서 그것을 발표할 고객의 성격과 그들의 입장에 그 자신을 대입하는 능력이 반영되어 있다. 바로 이런 이유로 리시아스는 자신이 변호하는 측의 이해관계에 따라 입장을 바꾸었던 것으로 보인다. 실로 리시아스는 민주정체를 지지했지만 과두정체 지지자를 변호하기도 했다.

리시아스의 변론문은 당시 아테나이의 사회적·경제적 상황, 정치적 사건, 도덕적 가치관을 살펴볼 수 있는 주요 사료이다. 위서-플루타르코스(836c)가 언급한 필리스코스의 금석문에서는 리시아스의 능력을 높이 평가한다. 리시아스는 아티카를 대표하는 10명의 변론가 중 한 명이며, 훗날 많은 로마인들이 키케로의 웅장한 수사보다 리시아스의 간결한 수사를 더 선호했다. 키케로와 코이딜리아노스도 리시아스 문체의 매력에 대해 경탄했다.

리시아스 작품의 주요 전거는 12세기의 〈Palatinus 88〉 판본으로 19세기에 베커(Bekker)가 처음으로 이에 근거하여 출판했다. 또 변론문은 필사본 〈Marcianus F 416〉, 〈Urbinas 117〉 등에 있다. 그 외에도 파피루스에 단편들과 서신들이 남아 전해진다.

이런 초기의 판본들을 바탕으로 하여 19세기 말부터 20세기에 걸쳐 독일(Teubneri), 미국(Loeb Classical Library), 프랑스(Les Belles Lettres), 그리스(Kaktos) 등지에서 고전 시리즈(총서)의 일환 등으로 리시아스의 작품이 편집 혹은 번역 발간되었다. 그 주요 서지사항은 다음과 같다.

① *Lysias*, Orationes, ed. K. F. Scheibe(Lipsiae: B. G. Teubneri, 1880)

② *Lysias*, ed. & trans. W. R. M. Lamb(Cambridge Mass.: Harvard University Press, 1930/1976; London: William Heinemann LTD)〔Loeb Classical Library〕

③ *Lysias*, ed. & trans. L. Gernet & M. Bizos(Paris: Les Belles Lettres, 1962)〔Collection des universités de France: l'Association Guillaume Budé〕

④ *Lysias*, ed. & trans. Odysseas Chatzopoulos(Athens: Kaktos, 1992) 3 vols.〔Archaia Elliniki Grammateia, 131, 132, 133〕

이 책은 우리나라에 가장 많이 보급된 미국 로브(Loeb) 총서의 *Lysias*를 근간으로 번역하였다. 부분적으로 복구된 글자나 해석상의 차이가 있는 경우 나머지 3개 판본을 참고하였음을 밝힌다.

용어 해설

거류외인

거류외인(metoikos, 복수형 metoikoi)은 다른 지역에서 옮겨와서 함께 거주하는 사람이라는 뜻이다. 이때 '다른 지역'이 반드시 오늘날의 해외 혹은 국외를 의미하지는 않는다. 같은 아테나이 내에서도 본향이 아닌 다른 지역으로 옮겨 가면 그곳의 거류외인이 되기도 한다. 다만 그전에 살았던 지역에서 시민이었던 사실을 옮겨간 지역에서 인정받는 경우 새 주거지에서도 시민의 자격을 인정받을 수 있었다. 거류외인 중 아테나이에 공헌한 바가 있는 것으로 인정받은 경우 아테나이인과 같은 비율로 세금을 내거나('동일세 납부') 몇 가지 한정된 사안에서 시민과 동등한 권리를 부여받았다. 리시아스는 아테나이에서 태어났으나, 그 부친이 시켈리아의 도시 시라쿠사이에서 이주해 왔으므로 거류외인의 신분에 속했으며 그중에서도 동일세 납부 자격, 혹은 한정된 사안에서 동등한 권한을 누리는 거류외인(isoteles metoikos)이었다.

고발

고대 아테나이의 고발조처에는 프로볼레, 아포파시스, 아포그라페, 아파고게, 엔데익시스, 그라페 파라노몬 등 여러 가지가 있었다. 이에 관해서는 이 책 부록 3 및 다음을 참조하라. Hansen, M. H. (1975), "Eisangelia: The Sovereignty of the People's Court in the Fourth Century and Politions", *Odense University Classical Studies*, VI. Odense, pp. 9, 38ff.

그라페(graphe)

공적 이해관계가 걸린 사안에 관한 특별 기소절차로, 단어의 뜻은 '기록한다'이다. 기소가 기각되거나, 재판정에서 5분의 1의 지지표를 얻지 못하면 고발인은 1천 드라크메의 벌금을 물며, 벌금은 국가 공공기관으로 들어간다(Demosthenes, 21. 47). 이렇게 고발인이 엄청난 위험 부담을 지므로 그라페의 절차로 기소된 사건은 그 비중이 크다. 이 책 부록 3 및 다음을 참조하라. 최자영(2007), 《고대 그리스 법제사》, 아카넷, 599쪽.

그라페 파라노몬(graphe paranomon)

불법을 행함에 대한 고발로. 이 경우 사건은 먼저 테스모테테스(법무장관) 앞으로 제출되고 근거가 있다고 판단되면 재판에 회부된다. 정치적으로 정적을 제거하기 위해 자주 이용되는 경향이 있었다. 아리스토폰이라는 사람은 자신이 75번이나 이 절차로 고발되었다고 호언한다.

도시(아테나이 도심)

리시아스의 변론 중 언급되는 '도시'는 폴리스 아테나이 전체를 의미하는 경우와, 아테나이의 중심이 되는 시가지 아테나이만을 의미하는 경우가 있다. 이 중 후자의 원어는 'asty'로서, 이 시가지 아테나이는 함께 아테나이 폴리스에 속하는 항구인 페이라이에우스와 대조적인 의미를 갖는 공간이다. 특히 이 경우 '도시'에 있던 사람이란 30인 참주정에 동조하거나 그를 묵인한 사람들로서, 추방되어 페이라이에우스 항구를 통해 들어온 이른바 페이라이에우스의 민주파와 대조적 의미를 갖는다. 아테나이 도심으로서의 'polis' 혹은 'asty'의 용법에 대해서는 이 책 부록 2를 참조하라.

맺음말(epilogos)

이 단어가 제목에 들어간 변론이 원고의 비난과 피고의 대답 다음에 행해진 것으로 전체 문제를 요약하고 재판관들을 설득하는 마지막 시도임을 뜻한다.

명판

나무판자에다 석회를 칠해서 각종 공적 공지를 적는 것이다. 이 명판의 기록
은 강조로서의 의미를 갖는다.

보호자(prostatos)

시민권이 없는 이방인 출신 거류외인의 권리를 대변하며 보호와 감독의 역할
을 하는 사람으로, 거류외인의 공적·사적 거래를 보증한다.

부족장

아테나이 10개 각 부족(phyle, 군사조직으로는 tagma에 상응)의 수장이다.
군사적으로는 기병장교들로 그들 산하에 아테나이 기병이 소속된다. 이 10
명의 기병장교 위에 2명의 기병대장이 있어 이들을 관할한다.

아레오파고스 의회

고의적 살인이나 계획적 상해, 신성모독 등 중대한 사안은 일반 재판정이 아
닌 아레오파고스 의회에서 재판했다. 아레오파고스 의회는 전직 아르콘 등
명망 있는 사람들을 중심으로 구성되는 아테나이의 권위 있는 전통적 회의체
로서 주요 국사(國事)나 살인죄 등 중대 현안에 대한 재판소로 기능했으며,
각 부족 혹은 지역에서 일정 수로 구성되는 400인 혹은 500인 의회와 구성
방법이 다르다.

아르콘(Archon)

아테나이 민주정에는 9인(서기를 합하여 10인) 아르콘(장관)이 있었다. 본
디는 유명 가문 사람들 중에서 선출되었으나, 기원전 487년 이후에는 유명

가문 사람들뿐만 아니라 모든 아테나이인을 대상으로 하여 추첨으로 뽑게 되었다. 아르콘의 임기는 1년이었다. 이 중 서기를 제외한 9인의 직책 및 구성은 다음과 같다.

수석(명칭) 아르콘: 폴리스를 대표하며 행정을 관장하는 서열 1위의 아르콘으로서, 한 해의 이름을 그 해 선출된 수석 아르콘의 이름으로 명기한다고 하여 명칭 아르콘으로 불렀다. 수석 아르콘의 관할에는 고아와 후견관리에 관한 일도 포함된다.

바실레우스: '왕'이라는 뜻으로, 오랜 옛날부터 전통적으로 종교와 제의를 관장해온 서열 2위의 아르콘이다.

폴레마르코스: 국방장관. 원래 국방 관련 사무를 관장하였으나 기원전 5세기 이후부터는 이방인, 거류외인, 피해방자유인 등에 관한 재판관의 기능을 맡은 서열 3위의 아르콘이다.

테스모테테스: 수석(명칭) 아르콘, 바실레우스, 폴레마르코스를 제외한 6인(복수형 '테스모테타이')을 말한다. 민사소송의 재판을 담당하는, 오늘날로 따지면 법무장관과 유사한 직책이었다.

아파고게(apagoge)
현행법, 혹은 기타 혐의가 있다고 생각되는 경우 11인 등 공직자나 민간인이 직접 혐의자를 체포 구인하는 절차를 말한다. 이 책 부록 3을 참조하라.

아포그라페(apographe)
주인이 불분명한 재산을 조사하여 공공 재산으로 편입하여 목록을 작성하는

것이다. 주로 11인이 담당했다. 또한 몰수되는 공적·사적 재산 혹은 생산
물의 목록으로 재판정에 제출되는 목록 그 자체를 일컫기도 한다. 이 책 부
록 3을 참조하라.

에이산겔리아(eisangelia)

그라페(*graphe*)와 마찬가지로 공직 이해가 걸린 비리에 관한 것으로, 공적
중요성이 클 때 밟는 '탄핵' 절차이다. 처음에는 중대한 사안 위주로 적용되
었으나 후에는 비중이 상대적으로 작은 사안에도 적용되었다. 이것은 피고
뿐 아니라 원고에게도 위험부담이 있는 절차로, 5분의 1의 지지표를 얻지 못
하는 원고는 처벌받았다. 그라페와 에이산겔리아 둘 다 공적인 이해관계가
걸린 사안에 대한 고소·고발 절차라는 공통점이 있고, 또 고소인이나 고발
인이 법정에서 5분의 1의 지지표도 얻지 못할 경우 1천 드라크메의 어마어마
한 금액을 벌금으로 내야 해서 고소인이나 고발인에게 위험부담이 돌아가므
로 이런 절차에 호소한다는 것은 쉬운 일이 아니었다. 그라페와 에이산겔리
아가 서로 어떻게 다른가에 대해서는 여러 가지 이론(異論)이 있다. 이 책
부록 3 및 다음을 참조하라. 최자영(2007), 《고대 그리스 법제사》, 아카넷,
569~580쪽.

엔데익시스(endeixis)

혐의 내용이나 혐의자의 소재 등에 대한 정보를 제공하는 고발조치이다. 이
책 부록 3을 참조하라.

자격심사

아르콘을 비롯한 아테나이의 모든 공직자는 임기가 시작하기 전에 500인 의
회 혹은 재판소의 자격심사를 거쳐야 한다. 이 자격심사는 공적·사적 삶의
과정 전체를 조명하는 것으로서, 도시에 대한 기여나 개인적 삶의 과정을 평

가의 대상으로 한다. 삶의 이력을 모두 들추어보므로 심사 대상의 성격, 행동 등을 이해할 수 있다.

재산교환소송(antidosis)

국가로부터 재정 부담을 할당받은 사람이 자신보다 더 부유하다고 생각되는 사람을 고발해 자신의 부담을 전가시키려 할 때 발생하는 소송이다. 이때 양측의 분쟁이 조정되지 않고 재판관이 판정하기 어려운 경우, 고발된 자가 그대로 부담을 떠안든지, 아니면 서로 상대편의 것이 많다고 주장하는 재산을 맞바꾼 다음 부담을 떠안게 된다는 뜻에서 '재산교환소송'으로 불린다. 이 책 부록 3을 참조하라.

주요민회

매달(1년에 10번의 프리타네이아 행정회기[1]) 열리는 4번의 민회 가운데 제일 먼저 열리는 민회를 지칭하며, 이 민회에서 가장 중요한 주제들이 논의될 수 있도록 그 내용에 따른 순서가 이미 정해져 있었다.

프로볼레(probole)

명백한 부정에 대한 고발로서, 은밀한 부정(*phasis*)에 대한 고발과 대조되는 것으로 전한다. 《캠브리지 수사 사전》(*Lexicon Rhetoricum Cantabrigiense*)(*s. v. probole*)과 이 책 부록 3 및 다음을 참조하라. 최자영(2007), 《고대 그리스 법제사》, 아카넷, 567쪽.

---

1   이에 관해서는 다음 '프리타네이스' 항목을 참조하라.

프리타네이스(prytaneis)

아테나이 10개 부족으로 구성된 500인 의회의 10분의 1의 인원, 즉 각 부족 출신 50명의 의원들이다. 1년 10달 동안 이 각 부족 출신 의원들이 1년의 10분의 1의 기간(약 36일)마다 번갈아가면서 대표행정부(프리타니스)를 구성하는데, 그 행정부를 맡은 당번 의원들로, 의회, 민회에서 회의를 주관하는 등 도시의 사무를 주관한다.

11인

형벌의 집행, 감옥의 감독, 일부 재판 관련 사무를 맡기 위해 아테나이의 10개 부족(클레이스테네스 부족 개편 이후 아테나이에는 총 10개 부족이 있었다)에서 1명씩 추첨되는 10명에 서기 1명을 더해 '11인'이라 했다. 이들이 맡은 재판 관련 사무로는 주인이 불분명한 재산을 조사하여 공공 재산으로 편입하여 목록을 작성하는 것(*apographe*), 체포 구인(*apagoge*, 혹은 특정한 범죄의 현장범의 경우에는 *prosagoge*) 등이 있었다.

30인 참주정

기원전 404~403년에 걸쳐 아테나이에 들어섰던 과두적 참주정체. 펠로폰네소스전쟁 말기, 아테나이 폴리스의 민주정이 해체되고 스파르타의 영향을 받는 30인 참주정이 수립되었다. 이때 30인의 주요 인물로는 크리티아스, 테라메네스 등이 있었다. 이 과정에서 민주정을 지지하던 사람들은 30인에 의해 추방되었고, 30인 체제에 동조 혹은 묵인의 태도를 보인 이들은 아테나이 도심에 남아 있었다. 30인이 크리티아스의 과격파와 테라메네스의 온건파로 분열되고, 테라메네스가 그 온건 노선으로 인하여 처형된 후에는 급격하게 공포정치화했다. 한편 추방된 이들 중 민주정을 회복하려는 이들이 트라시불로스를 선봉으로 하여 아테나이 북쪽의 요새 필레에 집결했다가 아테나이의 외항 페이라이에우스로 내려가 그곳을 장악하고 참주파와 서로 대립

했다. 마침내 페이라이에우스 사람들이 아테나이 도심에 있던 사람들과 서로 적대하지 않고 보복하지 않겠다는 화해의 협약을 맺은 후 아테나이로 진군해 참주파를 몰아내면서 아테나이 민주정이 회복되었다.

400인 과두정

기원전 411~410년에 걸쳐 아테나이에 들어섰던 과두정체. 기원전 413년 시켈리아에서 아테나이가 시라쿠사이-스파르타 연합 세력에게 패배한 다음, 아테나이에서는 정치체제 변혁의 토양이 마련되었고, 마침내 기원전 411년 400인 과두정이 수립되었다. 프리니코스와 페이산드로스가 과두정부의 중심이 되었다. 과두정체는 기존의 민회를 무력화하고 그 대신 5천 명으로 참정권자의 수를 축소하려 했다. 그러나 그것은 오래가지 못해 약 4달 후에 무너지고 다시 민주정체로 환원되었다.

500인 의회

아테나이의 10개 부족에서 각 부족당 50인씩으로 구성되는 의회이다.

찾아보기(용어)

찾아보기(인물)

지은이 소개

리시아스 Lysias (BC ?~BC 380?)

리시아스는 시라쿠사이 출신인 시켈로스 케팔로스의 아들이었고, 아테나이에서 태어났던 것으로 추측되는 거류외인(metoikos)이다. 출생연대는 기원전 459년 혹은 445년경, 사망연대는 기원전 380년경으로 추정될 뿐 확실하지 않다. 아버지 케팔로스는 아테나이의 외항 페이라이에우스에서 방패 제조 산업을 경영했다. 리시아스의 형제로는 폴레마르코스와 에우티데모스가 있었다. 15세쯤 되었을 때 리시아스는 형제들과 함께 아테나이를 떠나 이탈리아 남부 투리오이로 갔고, 코라카스의 제자인 시라쿠시오스 테이시아스에게서 변론술을 배웠다. 시라쿠사이에서 아테나이의 전함이 스파르타에게 패전했던 기원전 413년 이후 친아티카 노선에 섰던 리시아스는 투리오이를 떠나 아테나이로 오게 되었다. 리시아스는 그 아버지처럼 '동일세 납부자'의 자격으로 아테나이에 거주했다. 아테나이가 펠로폰네소스전쟁에서 마침내 패배하고 30인 참주정이 수립되었을 때, 30인은 리시아스의 재산을 노려 재물과 집을 몰수해 갔다. 당시 리시아스의 형제 폴레마르코스는 재판도 없이 처형되었다. 리시아스도 체포되었으나 구사일생으로 도주했고, 기원전 403년 가을 아테나이에 민주정이 회복되었을 때 다시 아테나이로 들어온다. 이후 변론작가로서 활동하며 다양한 작품을 남겼다.

옮긴이 소개

최자영

경북대 문리대 사학과를 졸업(1976)하고, 동 대학교에서 석사학위(1979)를 취득했다. 그리스 국가장학생(1987~1991)으로 이와니나대 인문대학에서 역사고고학 박사학위(1991), 이와니나대 의학대학에서 의학 박사학위(2016)를 취득했다. 그리스 오나시스재단 방문학자(2002~2003), 부산외국어대 교수(2010~2017), 한국서양고대역사문화학회 학회장(2016~2017)을 역임했으며, 현재 한국외국어대 그리스·불가리아과 겸임교수로 있다. 저서로 《고대 아테네 정치제도사》(1995), 《고대 그리스 법제사》(2007), 《시민과 정부 간 무기의 평등》(개정판, 2019) 등이 있고 역서로 크세노폰의 《헬레니카》(2012) 등이 있다.